Franziska Klein

Freundschaft

www.fontis-verlag.com

FREUNDSCHAFT

SCHÖN. SCHMERZHAFT. LEBENSWICHTIG.

FRANZISKA KLEIN

Bibliografische Information der Deutschen Nationalbibliothek
Die Deutsche Nationalbibliothek verzeichnet diese Publikation in der Deutschen Nationalbibliografie; detaillierte bibliografische Daten sind im Internet über www.dnb.de abrufbar.

Der Fontis-Verlag wird von 2021 bis 2025 vom Schweizer Bundesamt für Kultur unterstützt.

Fontis AG
Steinentorstrasse 23, 4051 Basel, Schweiz
info@fontis.ch

Verantwortlich in der EU:
Fontis Media GmbH
Baukloh 1, 58507 Lüdenscheid, Deutschland
fontis@fontis-media.de

3. Auflage 2025

Umschlag: Carolin Horbank, Leipzig
Grafik U4: Kanatex by freepik.com
Foto Klappe: © by sarahbergfeld_photography
Satz: Samuel Ryba – Design Ryba
Druck: Finidr
Gedruckt in Tschechische Republik

ISBN 978-3-03848-253-6

Für meine Freunde:
Für Freunde, die waren,
Freunde, die noch werden
und Freunde, die bleiben.

Und für dich, liebe Leserin, lieber Leser.
Für dich und deine Freundschaften.

INHALT

VORWORT

Als ich aus dem gleißenden Licht der Bühnenstrahler trat, stand sie plötzlich vor mir. Sie schaute mit ihren tiefschwarzen Augen zu mir hoch und sagte schlicht: «Ich möchte deine Freundin sein.» Obwohl die Situation auch seltsam hätte sein können, da ich die Person noch nie zuvor gesehen hatte, wurde mir warm ums Herz beim Blick in ihre ehrlichen und entschlossenen Augen. Ihr war während des Gottesdiensts für Studierende, den ich soeben moderiert hatte, klargeworden, dass sie mit mir befreundet sein wollte!

Nicht alle meine Freundschaften beginnen mit so einer klaren Ansage. Doch dieser Moment hat sich mir tief eingeprägt. Dieser kurze Moment, in dem eine fremde Person in mir etwas sah, was sie mochte. Und das, was sie sah, war etwas, was ich selbst sein wollte. Ich wollte diese Freundin sein, die sie in diesem kurzen Augenblick zu sehen schien. Ich wollte diese Freundin werden, die sie schon jetzt in mir sah. Also wurden wir Freunde, so richtig gute Freunde.

Ich war 24 Jahre alt, als ein guter Freund mich fragte, zu welchem Thema ich ein Buch schreiben würde, wenn ich die Chance bekäme.

«Freundschaft», platzte es aus mir heraus, ohne dass ich überlegen musste und ohne, dass ich konkret darüber nachgedacht hatte, ein Buch zu schreiben.

«Warum Freundschaft?», fragte er.

Ich zuckte die Schultern. «Weiß nicht. Vielleicht, weil ich darüber in den letzten Jahren einiges gelernt habe.»

«Fang doch mal mit 'nem Inhaltsverzeichnis an», sagte er.

Also schrieb ich ein Inhaltsverzeichnis – das wunderbarerweise meine kompletten Zwanziger und zwei neue Laptops in einer virtuellen Schublade archivierter Dokumente überlebte.

Es war September 2020, als ich zum ersten Mal nach Jahren wieder darauf stieß. Ich stand kurz vor einer Quarantäne im ersten Corona-Jahr und hatte Kontakt zu einer Buchcoachin.

«Hast du eine Idee für ein Buchprojekt?»

«Freundschaft», sagte ich.

Ich verbrachte zwei Wochen in Quarantäne, schaute mir das alte Inhaltsverzeichnis an – und schrieb ein komplett neues, frei nach dem Motto: Was interessieren mich meine Ideen von früher?

Trotz der Möglichkeit, dass ich das in ein paar Jahren wieder sagen werde, ist jetzt dieses Buch da. Ein Buch zum Thema Freundschaft.

Damit geht auf jeden Fall ein Traum in Erfüllung. Freundschaft ist ein Thema, das mich in den vergangenen Jahren tief bewegt, überrascht und herausgefordert hat. Es ist für mich sowohl Wunder und Geschenk als auch Herausforderung und Aufgabe.

Ich habe mich in Bezug auf das Thema «Freundschaft» verändert, musste vieles lernen – und dennoch fangen meine Augen immer an zu leuchten, wenn ich darüber spreche. Es ist daher in erster Linie ein Thema, das ganz nah an meinem Herzen liegt.

Gleichzeitig sind meinen Gedanken dazu aber auch nur ein Ausschnitt eines lebenslangen Unterwegsseins, das noch nicht am Ziel ist. Ich habe vieles noch nicht verstanden, stehe inmitten offener Fragen und bin nicht immer der Mensch, der ich in Freundschaften gerne sein will.

Dieses Buch ist daher eine Einladung. Eine Einladung, ein Stück Weg mitzugehen. Ich möchte dir zeigen, was ich in Freundschaften entdeckt habe, und Geschichten teilen, bei denen ich lachen und weinen musste, als ich sie aufgeschrieben habe.

Vielleicht findest du dich an manchen Stellen wieder, und andere Erfahrungen sind dir fremd, das ist okay. Du musst beim Lesen nicht in meinen Schuhen laufen, sondern mein Wunsch ist es, dass meine Worte dich inspirieren, deine eigenen Freundschaften zu reflektieren, zu feiern und vielleicht auch, dass du um deine eigenen Freundschaften trauerst.

In allererster Linie ist dieses Buch eine Hommage an meine Freundschaften. Ein Hoch auf die Beziehungen, in denen ich ganz viel über mich, über andere und über Gott lerne.

Der Philosoph Martin Buber hat den Satz geprägt: «Am Du werden wir erst zum Ich.»[1] Ich schaue auf meine Freundschaften und merke, wie sehr sie mich zu dem Menschen, der ich heute bin, gemacht haben. Meine Freunde sind meine Wegbegleiter, die mich anspornen, inspirieren, trösten und enttäuschen und mich mit jedem Beitrag – ihren Worten und Taten – formen. Mich mehr zu dem Menschen machen, der ich bin und sein möchte. Freundschaft hat Potenzial. Mehr Potenzial, als wir ihr zutrauen. Mehr Potenzial, als ich von ihr erwartet habe.

In den vergangenen Jahren lagen viele Freundschaften aber auch brach, da Kontakt vielfach nicht möglich war. Und jetzt stehe ich an einer Wegkreuzung, und es lohnt sich, nachzudenken und neu zu fragen: Wer sind meine Freunde? Und warum sind sie eigentlich meine Freunde?

Manchmal ist es Zeit für einen Kassensturz – und ich möchte dich einladen, ihn ganz behutsam, ehrlich und in deinem Tempo zu machen. Ich lade dich ein, in meine Gedanken und Gefühle zum Thema einzusteigen und eine Weile mit mir unterwegs zu sein. Ich hoffe, dass es eine Fahrt wird, auf der du Bekanntes und Vertrautes entdeckst, innehältst, staunst, aber vielleicht auch herausgefordert wirst und Neues siehst. Das wäre zumindest mein Wunsch, denn deine Freundschaften haben Potenzial. Mehr Potenzial, als du glaubst.

Auf dich & deine Freundschaften!

Deine Franzi,
Frankfurt, April 2022

Anmerkung der Autorin: Mein Anliegen ist, dass du dich mit *deinen* Freundschaften auseinandersetzt, weshalb alle Geschichten in diesem Buch ohne Namen der Person erzählt werden. Ich wünsche mir, dass du dich angesprochen fühlst, auch wenn ich nicht immer die männliche *und* die weibliche Ansprache verwende. (Da ich mehr Freundschaften zu Frauen als zu Männern pflege, haben viele Beispielgeschichten weibliche Protagonistinnen. Da ich zwischen meinen weiblichen und männlichen Freundschaften unterscheide, macht es an vielen Stellen auch keinen Sinn, beides zu nennen, da die Unterscheidung eine Rolle spielt. Ich habe mir Mühe gegeben, das generische Maskulinum nicht allzu steif zu verwenden, und ich hoffe, dass die Transferleistung für dein eigenes Leben keine allzu große Hürde darstellt.)

Kapitel 1

WARUM FREUNDSCHAFT?

Zum Leben braucht niemand, zur höchsten Form des Lebens jeder einen Freund.[2]
—*Aristoteles*

20 JAHRE DU UND ICH

Das Geheimnis unserer Freundschaft liegt darin, dass wir die andere nicht für selbstverständlich genommen haben und die Zeit, die Liebe und Ermutigung auch nach 20 Jahren noch wertschätzen. Es liegt darin, dass wir einander Gutes unterstellen, das Beste von der anderen glauben und keine Vorwürfe machen.

Aus der Rede, die ich als Trauzeugin im Sommer 2019 hielt

Ich schlucke. *Jetzt bloß nicht weinen!* Die Worte meiner Rede kommen von Herzen, als ich in das Gesicht meiner ältesten, besten Freundin blicke, die in ihrem weißen Kleid mit glitzernden Augen vor mir sitzt. Seit zwanzig Jahren sind wir befreundet, und es ist weiß Gott keine Selbstverständlichkeit, dass unsere Freundschaft noch besteht.

An ihren Beginn können wir uns beide nicht einmal mehr erinnern. Aber als wir elf Jahre alt waren, waren wir auf jeden Fall schon Freundinnen. Es war klar, dass wir auf der Freizeit ein Zimmer teilten und für die andere einen Platz beim Essen freihielten. Unausgesprochen klar. Wir waren füreinander da, wenn wir einander brauchten, und es herrschte nie Zweifel darüber, dass wir Freundinnen sind. Obwohl unsere Wege mehrfach geografisch auseinandergingen: Mich zog es nach dem Abitur ins Ausland, sie nach der Ausbildung. Ich zog fürs Studium in eine andere Stadt, ins Ausland, und es folgten weitere Umzüge; Sie ließ sich in unserer Heimatstadt nieder. Wir haben uns auch persönlich und theologisch unterschiedlich entwickelt, machten unsere eigenen Erfahrungen und trafen eigene Entscheidungen. Und doch sind wir in allen Veränderungen Freundinnen geblieben, engste Freundinnen. So eng, dass ich zwanzig Jahre später ihre Trauzeugin bin.

So selbstverständlich unsere Freundschaft auf der einen Seite schon immer war, so wenig selbstverständlich haben wir sie doch genommen. Wir wussten beide, dass unsere Freundschaft nur dann Bestand haben wird, solange sie uns beiden wichtig ist. Solange wir beide investieren und der anderen vertrauen, dass sie sich nicht aus purer Laune dagegen entscheiden, sondern an der Freundschaft festhalten wird.

WAS IST FREUNDSCHAFT?

Eine Freundschaft ist nicht erst dann Freundschaft, wenn sie sich seit zwanzig Jahren bewährt hat. Die meisten meiner Freundschaften existieren noch nicht so lange. Ich kann auch gar nicht von Anfang an wissen, ob aus einer bloßen Begegnung eine Freundschaft wird. Denn ganz so simpel wie Freundschaft in den sozialen Medien verstanden wird, ist sie in der Realität nicht.

Mein letzter Blick auf Facebook zeigt an, dass ich dort 1500 «Freunde» habe. Zumindest werden sie dort so genannt. Natürlich ist uns allen klar, dass es sich dabei nicht nur um engste Seelenverwandte handelt, sondern eher um eine Sammlung von nahen, fernen und sogar vergessenen Begegnungen des Lebens. Nicht überall, wo «Freundschaft» draufsteht, ist auch Freundschaft drin. Eine Online-Freundschaftsanfrage ist nicht gleichbedeutend mit einem realen Freundschaftsbeginn. Jemandem 24/7 auf Instagram zu folgen, kann zwar zu einem einseitigen Vertrautheitsgefühl führen, entspricht aber keiner echten Verbundenheit. Doch ich bin überzeugt, dass Facebook, Instagram, und was es sonst noch so gibt, Freundschaften auch ermöglichen und bereichern können. Mir würde es fehlen, wenn ich meine Freunde nicht unter bescheuerten Memes verlinken würde, und ich glaube, meinen Freunden auch. Wenn allerdings jede und jeder «Freund» oder «Freundin» genannt werden kann, dann leiern wir den Freundschaftsbegriff aus. Wir entkräften ihn, wenn wir nicht klar wissen, was er bedeutet. Aber: Wie fängt man an, Freundschaft zu definieren?

Ein Lexikon kann da weiterhelfen, und da heißt es recht schlicht: *«[Freundschaft, die]: Verhältnis zwischen Menschen [...], das auf gegenseitiger Neigung und auf gegenseitigem Vertrauen beruht.»*[3]

Feindschaft ist bei dieser Definition also zwischen Freunden schon einmal ausgeschlossen. Aber mal ehrlich, viel allgemeiner kann man Freundschaft vermutlich kaum ausdrücken. Freundschaft ist nach dieser Beschreibung also eine Beziehung, in der zwei Menschen sich nicht hassen, sondern mögen und einander vertrauen. Allerdings könnte man laut dieser Definition wohl fast jede höfliche Beziehung zwischen zwei Menschen als Freundschaft auffassen. Das erinnert mich an meinen dreijährigen Neffen, der momentan alle Kinder auf dem Spielplatz als seine Freunde bezeichnet. Ich liebe seine Offenheit gegenüber Freundschaft!

Aber wenn «alles» Freundschaft sein soll, ist irgendwie auch «nichts» Freundschaft. In unseren Breitengraden verbinden wir den Sommer mit Hitze und Sonne und den Winter mit Eis und Kälte. Wenn es jedoch ganzjährig heiß ist, dann macht es keinen großen Unterschied, ob ich etwas «Sommer» nenne, weil sich alles wie Sommer anfühlt. Nicht alle Beziehungen, die auf gegenseitiger Zuneigung beruhen, sind Freundschaften. Ich glaube auch, dass meine Lehrer mich mochten, was sie aber nicht zwangsläufig zu meinen Freunden macht.

Über Menschen und ihre unterschiedlichen Beziehungen kann man verschieden sprechen. Ich habe dabei folgende vier Aspekte vor Augen, wenn ich über mich als Beziehungsmensch nachdenke:

1. Ich glaube an einen Gott, der mich geschaffen hat und zu dem ich in irgendeiner Art in Beziehung stehe.
2. Ich habe auch eine Beziehung zu mir selbst, als ein Wesen, das sich als Seele und Körper zu sich selbst verhält.
3. Ich stehe auch in einer Beziehung zu der Gesellschaft und Kultur, und ich bin eingebettet in diese Welt.
4. Ich stehe in Beziehungen zu anderen Menschen.

Diese Beziehungen wiederum lassen sich unterscheiden, indem man sie in Geltungsbereiche unterteilt: Ich habe Beziehungen zu den Menschen in meiner Herkunftsfamilie, zur Verwandtschaft, zu einem Partner, zu Nachbarn, in meinem Arbeitsumfeld und eben auch zu Freunden. Alle

Bereiche können sich überschneiden, teilweise deckungsgleich erlebt werden und haben dennoch ihre Besonderheiten, die sie von den anderen unterscheiden. Vielleicht ist dein Papa oder Arbeitskollege auch dein bester Freund, oder deine Nachbarin oder deine Schwester ist deine beste Freundin.

Ich habe beispielsweise «Cousinenfreundinnen»: Menschen, die in erster Linie meine Verwandten sind – ein Umstand, den ich mir nicht ausgesucht habe. Sie sind über die Jahre aber auch Freunde geworden und unterscheiden sich dadurch von anderen Cousins und Cousinen. Mit Nachbarn und Mitbewohnern ist die gemeinsame Bezugsgröße der Ort, mit Arbeitskollegen die Arbeit, aber zu beiden könnte der Aspekt der Freundschaft hinzukommen. Freundschaft lässt sich demnach auch mit anderen Beziehungsformen koppeln.

Manche Menschen scheinen den Begriff «Freundschaft» eher als Sammelbecken für enge Beziehungen allgemein zu verwenden. Aber wenn *jeder* mein Freund sein könnte – meine Familienangehörigen, mein Partner, meine Nachbarinnen und Kollegen, sprich: alle Menschen –, ist Freundschaft an sich dann überhaupt eine Größe? Und wenn ich dann auch noch Freund einer Partei, einer Marke oder Religion sein kann, ist Freundschaft dann nicht vielmehr ein Grundprinzip und weniger eine eigenständige Beziehungsform?

Ich denke: Freundschaft ist ein Grundprinzip *und* eine eigenständige Beziehungsform. Ich plädiere aber dafür, dass die eigenständige Beziehungsform neben dem Grundprinzip nicht vergessen wird.

Aristoteles, der große Philosoph der Antike, schreibt, dass es drei Elemente braucht, damit man von echter Freundschaft sprechen kann: Erstens muss die Zuneigung *gegenseitig* sein, so viel hatten wir ja schon festgestellt. Zweitens geht es darum, dass man die oder den anderen *um seiner selbst willen* liebt und ihm oder ihr das Beste wünscht. Aristoteles nennt das «Wohlwollen». Und drittens geht es bei Freundschaft nicht ohne «Gesinnung». Damit meint Aristoteles, dass die Zuneigung und das Wohlwollen des anderen auch als solche *zu erkennen sind.* Sprich, dass die Freundschaft auch ankommt. Klar, es kann vorkommen, dass man in Freundschaften auch Bedingungen stellt, wie in etwa: «Solange sie mir etwas bringt» oder «Solange sie Spaß macht». Aber die höchste Form der Freundschaft ist, laut Aristoteles, die Zuneigung zum anderen «um seiner selbst willen». Ich mag die Formulierung «um seiner oder ihrer selbst willen». Sie rückt in den Fokus, dass es bei der Freundschaft um die ganze Person geht und nicht allein um bestimmte Eigenschaften des Freundes oder um seinen Nutzen für mich. Es geht um das Gesamtpaket. Du, so wie du bist, bist mein Freund, meine Freundin.

Vor ein paar Jahren wurde ich gefragt (und vor allem, seit ich dieses Buch schreibe, passiert das immer öfter), was Freundschaft für mich im Kern bedeutet.

Ich definiere Freundschaft für mich so: Sie ist ein «Sein-Können, ohne etwas tun zu müssen». Es geht um mein Sein, mein ganzes Sein, das angenommen wird, ohne dass ich die Beziehung permanent durch mein Tun absichern muss. So eine Beziehung habe ich vor Augen, wenn ich über dieses Thema spreche: eine Freundschaft, die es mir erlaubt, unverstellt zu sein, die mich in verheultem Zustand genauso akzeptiert wie in meinen glanzvollsten Auftritten. (Dazu später mehr.)

Ich erlebe es bei mir und in meinem Umfeld, dass die Sehnsucht, «um unser selbst willen» geliebt zu werden, irgendetwas ganz tief in uns berührt. Tief in uns schlummert eine Sehnsucht nach Annahme, Verbundenheit, Geliebt-und-gesehen-Werden. Ich erlebe Überraschung bei Menschen, wenn sie die Erfahrung machen, dass jemand sie nicht verlässt, obwohl sie einen Komplettausfall hatten. Ich erlebe große Emotionen in der Seelsorge, wenn Menschen diese Sehnsucht in Worte fassen. So sein zu können und so angenommen zu sein, wie wir sind. Geliebt zu werden, einfach, weil wir sind. Wir suchen nach dieser Erfahrung und nach Beziehungen, die das ermöglichen.

Wir streben eigentlich unser ganzes Leben lang nach dieser Liebe, dieser Anerkennung und diesem Gefühl von Freiheit. Wie schon viele Menschen vor mir würde ich sogar behaupten, dass es diese Beziehungen sind – genauer: die Menschen dahinter –, die unser Leben lebenswert machen. Beziehungen, in denen Raum für Nähe und Freiheit ist. Es geht um eine Beziehung, nach der wir uns sehnen und die wir zutiefst brauchen, selbst wenn wir es nicht so sehen, erleben oder glauben können. Doch eins nach dem anderen.

FREUNDSCHAFT KOMMT VON FREIHEIT

«Nennt dich überhaupt jemand bei deinem eigentlichen Namen?», fragte er mich.

«Kaum», antwortete ich.

«Fränz», nennen mich ein paar meiner besten Freundinnen. Oder «Fränz-Bänz», «Fräni» oder «Fränzi-Däncy». Ich heiße eigentlich Franziska, auch wenn mich kaum einer so nennt. Meine unzähligen Spitznamen sind an bestimmte Freundschaften geknüpft und stehen für ein gewisses Level an Nähe, und aus dem Mund meiner Freunde klingen sie vertraut.

Neulich rief mich jemand «Fränz», den ich nur flüchtig kenne, und das hat mich irritiert. *Nee, also für dich bin ich die «Franzi»!,* schoss es mir durch den Kopf.

Selbst wenn ich meine Freundschaften nicht komplett erklären kann, so kann ich dir beschreiben, wie sie sich anfühlen. Es fühlt sich richtig an, dass meine engsten Freunde sich für mich einen Spitznamen überlegen, und es fühlt sich falsch an, wenn jemand ihn verwendet, der nicht zu ihnen gehört. Meine Freunde haben diese Freiheit, andere haben sie nicht.

Überhaupt hat Freundschaft für mich sehr viel mit Freiheit zu tun, und du kannst damit rechnen, dass ich das in diesem Buch mehrfach betonen werde. Lange war es einfach ein Gefühl und Bedürfnis, das ich mit Freundschaft verband. Ich fand es spannend festzustellen, dass die beiden Wörter in der deutschen Sprache näher beieinander liegen, als mir bewusst war: Das deutsche Wort Freund leitet sich nämlich von dem althochdeutschen Wort «friunt» ab. Die Wortwurzel «fri» steckt gleichzeitig in dem Wort «friheit», zu neudeutsch Freiheit. «Friunt» und «friheit» teilen sich also die gleiche Wurzel, die ursprünglich in der germanischen Rechtsordnung «zu den Lieben/zur Sippe gehörend und daher geschützt» bedeutete.[4]

Ich bin keine Sprachwissenschaftlerin, aber ich fand das sehr passend. Freundschaft und Freiheit gehören eng zusammen und das nicht nur sprachlich. In meinen Augen macht gerade der Aspekt der Freiheit die Freundschaft einzigartig. Sie unterscheidet sich von anderen Beziehungsformen dadurch, dass sie auf der bloßen Freiwilligkeit zweier Menschen aufbaut und in ihrer gesamten Dauer mit der Freiheit rechnen muss und auf sie angewiesen bleibt. Es ist deine freie und freiwillige Entscheidung, dich mit jemandem anzufreunden. (Es sei denn, deine Eltern haben dich im Sandkasten zur Freundschaft mit dem Nachbarskind, das du nicht leiden konntest, gezwungen ;-)) Anders als die eigene Familie sucht man sich die eigenen Freunde in der Regel aus. Anders als bei einer Partnerschaft, abgesehen von der polyamourösen, gibt es auch keine einheitliche Grenze, wie viele Freundinnen und Freunde ein Mensch haben kann. Freundschaften sind kein exklusiver Rahmen, sondern jeder und jede kann jederzeit neue Freundschaften beginnen. Du kannst also frei entscheiden, wie viele Freunde und Freundinnen du hast.

Eine Freundschaft ist lebenslang an pure Freiwilligkeit gebunden. Eine Ehe kann auf dem Papier weiter bestehen, selbst wenn die Partner nicht aktiv in ihre Beziehung investieren. Für Freundschaften gibt es keinen äußeren Rahmen, der die Beziehung an Verpflichtungen knüpft. Keiner sagt vor einem Standesamt: «Ja, ich will», oder unterschreibt eine Adoptionsurkunde, um eine Freundschaft offiziell zu machen. Es gibt kein Gremium, das das Ende einer Freundschaft rechtskräftig beschließen kann, Freunde investieren selten in eine gemeinsame Immobilie, und die Vernachlässigung einer Freundschaft kann bei keiner Behörde angezeigt werden.

Neben dem «Sein, ohne tun zu müssen» definiere ich Freundschaft daher als ein «freiwilliges Bleiben». Es ist mein Entschluss, für jemanden da zu sein und treu bei dieser Person zu bleiben, ohne dass es äußere Gründe wie familiäre oder partnerschaftliche Verpflichtungen gäbe, die erfüllt werden müssen. Es ist gerade die Freiheit, die Freundschaft so schön und so besonders macht. Sie eröffnet eine Weite und birgt gleichzeitig auch Unsicherheiten und Risiken, auf die ich in den folgenden Kapiteln eingehen möchte.

Witzigerweise bedeutet mein Name Franziska auch «die Freie» oder «die Kühne». Sprich, dass Freiheit nicht nur mit meinen Freundschaften, sondern sogar mit meinem Namen zu tun hat, scheint mir mit auf den Weg gegeben.

Freiheit macht Freundschaften zum einen flexibel und dynamisch, aber in der Regel auch unverbindlicher und optionaler. In ihnen liegt eine große Freiheit und gleichzeitig eine große Verletzlichkeit.

Das heißt nicht, dass Beziehungen in der Familie oder einer Partnerschaft/Ehe zwangsläufig unfrei wären! Idealerweise sind auch sie ein «freiwilliges Bleiben», auch wenn sie unter anderen Voraussetzungen beginnen und unter weiteren Bedingungen bestehen. Ich will keine Beziehungsform abwerten, sondern den Wert von Freundschaft betonen und zeigen, welchen Reichtum wir in ihr neu entdecken können. Freundschaft an sich ist eine wertvolle Beziehungsform und nicht nur eine Vorstufe oder Nebensache zur Partnerschaft oder der Familie. Und auch Partnerschaft ist nicht gleich «Freundschaft plus», sondern eine andere Beziehungsform, auch wenn sich natürlich viele Gemeinsamkeiten finden lassen.

Der Blick in die Menschheitsgeschichte der letzten zwei Jahrtausende zeigt, dass sich die gesellschaftliche Wichtigkeit der einzelnen Beziehungsformen im Laufe der Zeit verändert hat. Ich möchte in einem kurzen Überflug anhand ein paar weniger Schlaglichter aufzeigen, wie unterschiedlich Freundschaft im Laufe der Geschichte wahrgenommen wurde.

EINE KLEINE GESCHICHTE DER FREUNDSCHAFT

Beim Schreiben dieses Teils kommt mir mein Kollege in den Sinn, der sich stets darüber amüsiert, dass ich bei allen Themen «immer mit der Geschichte ankomme». Und er hat Recht! Weil ich Geschichte studiert habe und von

Haus aus eine Faszination für das Fach mitbringe, glaube ich, dass wir aus der Geschichte ganz viel lernen können. Wir können Situationen in der Gegenwart besser einordnen, wenn wir nachverfolgen, wie es historisch überhaupt dazu gekommen ist. Und die Zukunft können wir nur gestalten, wenn wir uns in der Gegenwart orientieren und diese verändern. Überzeugt? Dann los.

Freundschaft ist so alt wie die Menschheit selbst, auch wenn sich das Konzept im Laufe der Zeit verändert hat. In vorantiken Texten Vorderasiens, sprich aus Mesopotamien und den benachbarten Kulturen, gelten die Begriffe «Freunde» und «Verwandte» als austauschbar. Meine Freunde waren mein engstes Bezugssystem, mein «Dorf», und daher häufig auch meine erweiterte Familie. Als Freunde wurden oftmals auch Kampfgenossen oder Reisegefährten bezeichnet. Wegbegleiter also.

Doch schon in der Antike entwickelt sich «der Freund» zu einem eigenständigen und zentralen Begriff. Die Freundschaft gilt in der Antike nämlich als das Beziehungsideal schlechthin, und Philosophen bezeichnen sie als «das Notwendigste im Leben». Aristoteles, quasi der Universalgelehrte der Antike, geht so weit, zu sagen, dass nicht nur jeder Einzelne sich um Freundschaften bemühen, sondern sogar der Staat das Thema als seine Aufgabe betrachten sollte. Eine Gesellschaft sollte Freundschaften fördern, da sie zu einem glücklichen Leben beitragen. Freundschaften sind in seinen Augen so erstrebenswert, weil in ihnen der intellektuelle Austausch, das «Geistige», im Mittelpunkt steht. Das klingt zumindest nach einem Anfang, auch wenn Aristoteles den Wert des «intellektuellen Austauschs» für eine Freundschaft meiner Meinung nach überhöht und das gemeinsame Erleben komplett außen vor lässt. Doch für Aristoteles und seine philosophischen Zeitgenossen ist der Freund das Gegenüber auf Augenhöhe, der Seelenverwandte, der Herzensmensch, derjenige, mit dem ich das teilen kann, was mich geistig und seelisch beschäftigt: «Keiner würde ein Leben ohne Freunde ergreifen, wenn er die Möglichkeit hätte, welche zu finden.»[5]

- **Ein Leben ohne Freundschaft ist für Aristoteles zu bemitleiden, gilt als arm und freudlos. Spannend, oder?**
- **Findest du, es ist bemitleidenswert, wenn jemand zu wenig Freundschaft erlebt?**

Im Unterschied zur Freundschaft ist die Ehe in der antiken Gesellschaft in erster Linie eine Zweckgemeinschaft und deshalb wichtig, weil sie das Fortbestehen der Gesellschaft absichert. Zwar punktet die partnerschaftliche Liebe damit, dass in ihr sexuelle Bedürfnisse gestillt werden können, allerdings gelten diese im Vergleich zu der geistigen Dimension als minderwertiger. Deshalb dominiert in der Antike die Auffassung, dass die partnerschaftliche Liebe zu den Alltagsdingen gehört, während die Freundschaft sich dem «Höheren» verschreibt. Aristoteles schreibt dazu: «Zum Leben braucht niemand, zur höchsten Form des Lebens jeder einen Freund.»[6]

Die Christen im ersten Jahrhundert tragen dazu bei, dass die Ehe gegenüber dem antiken Eheideal, in dem die institutionalisierte Unterordnung der Frau vorgesehen war, eine neue Aufwertung und Reform erhält. Das paulinische Wort aus Epheser 5: «Ihr Männer, liebt eure Frauen», ist als Aufforderung zu verstehen, der eigenen Ehefrau auf Augenhöhe zu begegnen. Das ist neu, das ist anders. In der antiken Gesellschaft ist Gleichrangigkeit in einer Ehe nicht unbedingt Programm. Gleichzeitig wird in der frühen Kirche in Abgrenzung zur Antike auch das Ledigbleiben aufgewertet, weil neutestamentliche Autoren argumentieren, dass der Beziehungsstatus allein nicht entscheidend ist, sondern viel wichtiger, wie man ihn lebt und an welchen Zielen man sich ausrichtet. Die Aufwertung der Ehe und die im frühen Christentum bestärkte Aufwertung der Frau führen dazu, dass Männer und Frauen in der Kirche vermehrt auf Augenhöhe miteinander agieren.

Dieses Prinzip wird in den darauffolgenden Jahrhunderten leider nicht nachhaltig fortgesetzt. Mit der Institutionalisierung des Christentums werden geistliche Ämter hauptsächlich von Männern besetzt. Die Kluft der Geschlechter wird in den nachfolgenden Jahrhunderten wieder größer, die Ehe wird der «Welt» zugeordnet und «geistliche Beziehungen» idealisiert. Als Abkehr von einer sich «verweltlichenden» Kirche treten Männer wie Frauen in Klöster ein, um Gott mit ihrem ganzen Leben zu dienen. Keuschheit wird zu einem zentralen Gelöbnis und der Stand der Ehe ihr gegenüber als «weltlich» abgewertet.

Wir wissen heute, dass nicht alle Keuschheitsgelübde eingehalten wurden, und dennoch ist es beachtlich, wie viele Männer und Frauen sich damals freiwillig dafür entscheiden, ledig zu bleiben, um ihre ganze Energie in den Dienst für Gott zu investieren. Innerhalb dieser Klostergemeinschaften entstehen freundschaftliche Beziehungen, manche davon sind heute noch in Briefform überliefert.

Der englische Mönch Aelred von Rievaulx schreibt im 12. Jahrhundert in seiner kurzen Schrift «Über die geistliche Freundschaft», diese sei ein Ideal für die Jesus-Nachfolge, und in Freundschaften könne man erleben, wie Gott uns sieht.[7] Was für eine tiefe geistliche Dimension von Freundschaft das aufzeigt!

Gegen Ende des Mittelalters, mit dem Übergang zur Neuzeit, kommt es zu einer Neubewertung der Ehe. Der ehemalige Mönch Martin Luther heiratet die ehemalige Nonne Katharina von Bora und ermutigt auch andere Mönche und Nonnen zur Heirat. Im evangelischen Verständnis wird die Pfarrfamilie zum neuen Ideal, während in der katholischen Theologie der Zölibat weiterhin für höhere geistliche Ämter vorgegeben ist.

Die unterschiedlichen Bewertungen von Ehe und Freundschaft entsprechen also immer den jeweils geltenden gesellschaftlichen Werten und Idealen. Die Pendelbewegungen durch die Geschichte hindurch zeigen, welche kollektiven Erfahrungen und welches Menschen- und Gottesbild jeweils vorherrschten. Wo geistliche Ämter nur mit Ehelosigkeit einhergehen, wird suggeriert, es sei geistlicher, unverheiratet zu bleiben.

Das wirft auch für uns heute die Frage auf, welche Werte eigentlich hinter den Beziehungsidealen unserer Zeit stehen und ob wir in dieser Entweder-oder-Bewertung der Geschichte bleiben wollen? Doch es sind noch ein paar Jahrhunderte bis zur Gegenwart.

Im 16. Jahrhundert schreibt der Philosoph Michel de Montaigne über die vollkommene Freundschaft Folgendes: «Nun ist die Freundschaft die eigentliche Erfüllung des Ideals der Gesellschaft: alle anderen Beweggründe für menschliche Bindungen, sexuelle Anziehung, Vorteil, Notwendigkeit für die Gruppe oder für den einzelnen, sind weniger schön und uneigennützig.»[8] Damit scheint Montaigne wieder stark ein antikes Ideal vor Augen zu haben: Freundschaft als Verbindung zweier Seelen, die sich von der erotischen Liebe grundlegend unterscheidet.

An dieser Stelle will ich kurz anmerken, dass die männlichen Autoren weitgehend Männerfreundschaften vor Augen hatten und diese in ihren Schriften loben. Die Literaturgeschichte ist demnach vor allem voll von männlichen

Freundespaaren: Da gibt es Achilleus und Patroklos in Homers Ilias, Scipio und Laelius bei Cicero, Antonio und Bassanio bei Shakespeare, Phintias und Damon bei Friedrich Schiller und Narziß und Goldmund bei Hermann Hesse – um nur ein paar wenige bekannte zu nennen. Die Freundschaft zwischen Frauen wird wenig thematisiert und in der Literatur, im Gegensatz zu der Freundschaft zwischen Männern, als minderwertig beschrieben. Dahinter steckt im Kern ein negatives Frauenbild. Zwar seien Frauen zu Zuneigung fähig, schreibt beispielsweise Montaigne, allerdings fehle ihnen der geistige Inhalt für den Austausch. Frauen sind in seinen Augen also quasi zu dumm für die hohe Beziehungsform der Freundschaft.

Man kann Montaigne wohlwollend zugutehalten, dass er für seine Zeit eine revolutionäre Option zumindest theoretisch für möglich hielt: Die Frau könnte die beste Freundin ihres Mannes sein, wenn sie mit ihm intellektuell auf Augenhöhe wäre, denn dann würden in einer Freundschaft sogar Geist, Seele und Leib aufeinandertreffen. Für Montaigne musste dieser Gedanke aber theoretisch bleiben, da Männer und Frauen in seiner Zeit noch nicht als gleichwertige Partner angesehen wurden.

Später kommt der Gedanke jedoch wieder auf, beispielsweise bei Jeremy Taylor, einem anglikanischen Theologen des 17. Jahrhunderts, der in seinen Schriften über die Freundschaft die Ehe als «Königin der Freundschaft»[9] bezeichnet: Es wäre doch ideal, wenn man den besten Freund oder Freundin einfach heiraten könnte. (Mit der Frage, ob diese Verschmelzung von Freundschaft und Partnerschaft wirklich so ideal ist, werden wir uns später noch beschäftigen.)

Obwohl männliche Autoren vor allem männliche Freundschaftspaare herausstellen, wissen wir aus der Geschichte auch von Freundschaften zwischen Männern und Frauen, und seit dem 18. Jahrhundert auch von Freundschaften zwischen Frauen. Eine Kunstausstellung, die 2018 unter dem malerischen Titel «Freundinnen – vom romantischen Salon zu Netzwerken heute» im Frauenmuseum Bonn zu sehen war, widmete sich Frauen des 18. und 19. Jahrhunderts, die sich über Standesgrenzen miteinander vernetzten, um für Frauenrechte zu kämpfen.

Das ist insofern interessant, weil seit dem 19. Jahrhundert gemeinsame Interessen zunehmend als Ausgangsbasis für Freundschaften gelten. Freundschaften verlagern sich in den öffentlichen Raum, als die Trennlinie zwischen Arbeit und Privatleben im Zuge der Industrialisierung schärfer wird. Man trifft sich in Salons und bildet Interessensgemeinschaften mit ähnlichen Werten und Zielen. Im 19. Jahrhundert verschwimmt die Trennlinie zwischen freundschaftlicher und romantischer Sprache vielfach und platonische Frauenfreundschaften werden als «romantic friendships» bezeichnet. In dem Roman «Diana Victrix» von 1897 lehnt die Figur der Enid einen Heiratsantrag mit der Begründung ab, dass eine weibliche Freundin bereits den Platz besetzt, den der Verehrer beanspruchen möchte. Enid sagt dem Mann: «Du müsstest an erster Stelle stehen. Aber es geht nicht, denn sie steht an erster Stelle.»[10]

Der englische Schriftsteller C. S. Lewis attestiert Mitte des 20. Jahrhunderts hingegen, dass die moderne Welt Freundschaft ignoriert und sie auf einen Nebenschauplatz des Lebens gestellt hat. Seine These lautet, dass Freundschaft in der Gesellschaft an Bedeutung verloren hat, weil nur wenige Menschen *wirkliche* Freundschaften kennen. Da Freundschaft nicht für das Überleben gebraucht werde, sei sie von der Bühne des Lebens verdrängt worden und spiele leider nur noch eine Nebenrolle. Während der Wert der Freundschaft in den weltabgewandten Philosophien der

Antike und des Mittelalters Hochkonjunktur gehabt habe, weil er das geistige Ideal verkörperte, ticke die Moderne anders. Lewis sieht das in der Romantik begründet und in der «Verherrlichung der Emotionen». Die Freundschaft sehe neben der erotischen Liebe «dünn und bleichsüchtig aus, wie vegetarischer Ersatz für die fleischlicheren Liebesarten».[11] Heutzutage kommen vegetarische Fleischersatze dem Originalgeschmack sehr viel näher, aber das konnte C. S. Lewis vor 70 Jahren ja noch nicht wissen ...

Die erotische Liebe in einer Partnerschaft entwickelt sich im 20. Jahrhundert zum Beziehungsideal und lässt für die Postmoderne nur noch einen schwachen Freundschaftsbegriff übrig. Während Lewis die erotische Liebe gegenüber der Freundschaft nicht abwertet, bedauert und kritisiert er doch, dass die Freundschaft ihr gegenüber an Wertschätzung so sehr eingebüßt hat.

Als ich C. S. Lewis' Gedanken über die Freundschaft[12] zum allerersten Mal las, ging mir ein Licht auf. Ich konnte mich längst nicht so gekonnt ausdrücken, aber C. S. Lewis verlieh einem Gefühl Worte, von dem ich bis dahin nicht einmal richtig wusste, dass ich es hatte. Er verlieh der Erfahrung Worte, dass Freundschaften für mich seit Jahren die wichtigsten Beziehungen waren, aber die häufige Nachfrage, ob man «in einer Beziehung» sei, immer der romantischen Beziehung galt. Es war, als würde endlich einmal jemand die Spannung zwischen Ideal und meiner Erfahrungswelt zur Sprache bringen. Die Themen Partnerschaft, Ehe und Sexualität wurden in meinem Umfeld oft thematisiert. Es gab unzählige Bücher und Ressourcen, mithilfe derer man die Partnerschaft gestalten oder sich darauf vorbereiten konnte. Gleichzeitig kann ich mich weder in meinem familiären noch schulischen noch kirchlichen Kontext daran erinnern, dass viel über Freundschaft gesprochen und reflektiert wurde, obwohl das in meiner Jugend die zentralen Beziehungen waren. Schade irgendwie, und es ist an der Zeit, das zu ändern, wie ich finde.

Mir fällt bei dem Blick in die Geschichte auf, dass immer ein enger Zusammenhang bestand zwischen den gesellschaftlichen Werten und dem jeweiligen Beziehungsideal. Die Geschichte macht auch deutlich, dass es immer gewisse Spannungen gab, welche Beziehung nun die bessere sei oder mehr abdecken könne.

Im 21. Jahrhundert befindet sich das Pendel ganz klar aufseiten der romantischen Partnerschaft. Und diese hat sich in ihrer Gestalt und Vielfalt in den vergangenen Jahrhunderten verändert. Aber ist nun nicht das eingetreten, wovon Jeremy Taylor nur träumen konnte? Dass aufgrund der Augenhöhe zwischen Mann und Frau Freundschaft endlich in der Partnerschaft möglich ist? Und was bedeutet das heute für den Stellenwert von Freundschaft?

BEZIEHUNGSIDEAL PARTNERSCHAFT

In meiner Traumvorstellung vom Leben hatte die romantische Beziehung den entsprechenden Stellenwert. Wenn ich meinem 13-jährigen Selbst erzählt hätte, dass sie mit 33 noch unverheiratet sein würde, bin ich mir sicher, dass sie diese Zukunft nicht gewollt hätte. Wie bei so einer Retourensendung, nur mit Tränen in den Augen, hätte sie gesagt: «Ähm, Entschuldigung, wo bitte kann ich mein Leben zurückgeben?»

In meiner jugendlichen Vorstellung gab es keine Alternativgeschichte zu der Vorstellung, dass ich eines Tages – vorzugsweise in meinen frühen Zwanzigern – den Mann meiner Träume kennenlerne und wir später mit unseren fünf Kindern einem glücklichen Leben mit Happyend entgegensteuern. Freunde waren in dieser Traumvorstellung keine erwähnenswerte Größe.

Diese «Geschichte» hatte ich mir nicht selbst ausgedacht, sondern sie ist die Erzählung, mit der ich aufgewachsen bin und die ich damals als normal empfunden habe. Gleichzeitig ist sie, trotz Hochkonjunktur in den vergangenen Jahrzehnten, gar keine neue Erfindung, sondern reicht weit zurück. Es gibt beispielsweise den Mythos der Kugelmenschen, mit dem der antike Philosoph Platon den Ursprung erotischer Anziehungskraft erklärte: Darin heißt es, dass Menschen ursprünglich Kugeln waren, die je aus zwei Menschen bestanden. Doch diese perfekten Einheiten wurden so stark und mächtig, dass die Götter es mit der Angst zu tun bekamen und sie gewaltsam teilten. Seitdem sind die Menschen, wie sie sind: unvollständige Hälften, die sich nach ihrer besseren Hälfte verzehren. Auf der ausdauernden Suche nach Ergänzung, bis man endlich den Teil gefunden hat, mit dem man sich wieder zu einer vollkommenen Einheit zusammenfügt.

Auf der einen Seite glauben wir diese Story als aufgeklärte Menschen im 21. Jahrhundert natürlich nicht. Doch auf der anderen Seite erlebt sie gerade in den vergangenen Jahrzehnten eine Renaissance, die sich in unserer Gesellschaft und unseren Kirchen recht robust hält. Ich nenne sie gerne «Disney-Narrativ», auch wenn ich den Begriff nicht selbst erfunden, sondern irgendwo aufgeschnappt habe.

DAS DISNEY-NARRATIV

Während ich in Heidelberg Englisch auf Lehramt studierte, besuchte ich eine Vorlesung, die den desillusionierenden Titel «Deconstructing Disney» trug. Der Titel war Programm. Fein säuberlich nahmen wir Disney-Narrative auseinander und ließen kaum ein gutes Haar an ihnen. Was man da nicht alles fand: stereotype Genderrollen, rassistische und geschichtsvergessene Darstellungen, kulturunsensible Sprache – wir entlarvten die gesamte unterbewusste Agenda des guten alten Walt.

Eine beliebte Disney-Erzählung ist die des rettenden Prinzen und der geretteten Prinzessin. Die Rettung aus ihren Nöten sieht bei den Damen unterschiedlich aus: Dornröschen und Schneewittchen müssen von dem Prinzen geküsst werden, um leben zu können, bei Cinderella genügt die Suche mit dem perfekten Schuh, um sie aus den Fängen der furchtbaren Schwiegerfamilie zu befreien. Arielle, Belle und Jasmine hingegen müssen sich verändern, um mit ihrem Prince Charming leben zu können. Zur Verteidigung von Disney lässt sich sagen, dass mit Mulan und Pocahontas die Rollenklischees schon etwas aufgebrochen wurden. Und seit Rapunzel, Tiana, Merida und Elsa müsste man das Uni-Seminar möglicherweise neu auflegen.

Was die früheren Filme allerdings alle teilen, ist die Tatsache, dass das Happyend dann zum Greifen nahe ist, wenn die einzig wahre Liebe auftaucht: der Prinz, der einen aus der bis dahin tristen Existenz befreit und so perfekt passt, dass man sich fragt, wie man zuvor ohne ihn leben konnte. Während bei Disney dann meistens der Vorhang fällt, wenn sich die Liebenden trotz widrigster Umstände endlich auf immer und ewig in den Armen liegen, geht in der Realität das Leben nach dem ersten Kuss ja meistens weiter.

Zu keiner anderen Zeit waren die Erwartungen an die romantische Liebe so hoch wie heute, und nie zuvor hat die romantische Beziehung alle anderen Beziehungsformen so weit hinter sich gelassen wie heutzutage.

Unsere Vorstellungen und Erwartungen davon, was mir der oder die Richtige, das perfekte Gegenstück zu mir, bescheren könnte, sind auf der Skala ganz weit nach oben geklettert. Wir halten es für möglich, dass alle Sorgen verschwinden, wenn die oder der eine Richtige endlich auftaucht. Dass wir uns endlich so gesehen, begehrt und versorgt fühlen, wie wir uns das immer vorgestellt haben.

Unsere Erwartungen und Vorstellungen an Freundschaften, Familien, auch an Gott und uns selbst, sind in der Konsequenz gesunken und in den Schatten gestellt worden. Für den Partner oder die Partnerin können alle anderen ruhig hintangestellt werden, oder? Zwischen den Erwartungen an die Partnerschaft und an andere Beziehungsformen hat sich eine Lücke aufgetan. Die instagramreife Traumhochzeit ist in dem Zuge ein deklariertes Ziel für viele junge Menschen geworden, weil sie der Sehnsucht einer derzeit kulturell anerkannten Erzählung entspricht.

DEN BESTEN FREUND, DIE BESTE FREUNDIN HEIRATEN

«Was für ein Glück, dass ich in meine beste Freundin verliebt bin ... Zum Glück lieben wir uns in jeder Hinsicht!», singt Jason Mraz seit 2008 in seinem Lied «Lucky». Während Montaigne das vor 500 Jahren nur als Wunschvorstellung denken konnte, ist die Erfahrung heute eine andere: Männer und Frauen können sich auf intellektueller und gesellschaftlicher Augenhöhe bewegen, was geschichtlich betrachtet lange Zeit keine Selbstverständlichkeit, sondern die Ausnahme war. Vielfach lernt man seinen Partner heutzutage in freundschaftlichen Kontexten oder über Freunde kennen. Es ist nicht selten, dass romantische Beziehungen unter freundschaftlichen Vorzeichen beginnen und daraus mehr entsteht, obwohl natürlich immer darüber diskutiert wird, ob da nicht von Anfang an bewusst oder unbewusst «was lief».

Mir begegnet nicht selten die Aussage, dass der Partner die beste Freundin oder der beste Freund sei. Unter meinen verheirateten oder verpartnerten Freunden existieren darüber ganz unterschiedliche Meinungen. Für manche ist die Unterscheidung zwischen Partnerschaft und Freundschaft wichtig, für manche gehen die beiden Begriffe Hand in Hand. Es gibt Menschen, die bezeichnen ihren Partner als besten Freund und leben dennoch auch außerhalb der romantischen Beziehung sehr enge Freundschaften. Andere bezeichnen ihren Partner nicht als besten Freund und könnten gleichzeitig mir ihr oder ihm nicht glücklicher sein.

Vor einigen Jahren bin ich über einen Online-Artikel gestolpert, der den Titel «Why I didn't marry my best friend» trug. Hinter diesem Titel hätte sich auch leicht eine tragische Herz-Schmerz-Story verbergen können, allerdings ging er in eine andere Richtung. Die Autorin plädierte dafür, dass sie an ihren Mann nicht die gleichen Erwartungen haben könnte wie an ihre beste Freundin. Es würde ihre Partnerschaft überfrachten, wenn ihr Mann ihr sowohl Partner als auch bester Freund sein sollte. Interessanterweise gibt es weitere Artikel mit gleichnamigem Titel, die das Gegenteil postulieren: «Ich habe nicht meinen besten Freund geheiratet, denn mein Mann ist viel mehr als nur ein Freund.»[13]

Während Jason Mraz es als ultimativen Glücksgriff preist, wenn man in «der einen Person» nicht nur die ganz große Liebe, sondern auch die beste Freundschaft findet, gehöre ich zu den Menschen, die Schwierigkeiten mit dem Slogan *«Heirate deinen besten Freund!»* haben.

Er hinterlässt bei mir den Eindruck, dass es als Ideal gesehen wird, wenn Freundschaft und Partnerschaft ineinander übergehen. Dass durch eine Partnerschaft eine «normale» Freundschaft erweitert und um fehlende Bedürfnisse ergänzt wird. Sprich, ich habe zwar noch andere Freunde, aber dann vor allem eben meinen besten Freund, mit dem ich noch mehr teile als «nur» Freundschaft. Aus meiner Perspektive füttert es die Annahme, dass Freundschaft eine *Vorstufe* zur romantischen Beziehung ist. Oder das Nicht-Eigentliche. Dabei erscheint der Partner oder die Partnerin auf der Bühne des Lebens meist auch später als Freundschaften – welche wir ja häufig schon in unserer Kindheit und Jugendzeit geschlossen haben. Indem wir den Partner als «besten Freund» betiteln, ersetzen wir Freundschaften und suggerieren damit, dass Partner noch besser als Freundschaften sind.

Ob Partnerschaft nun als eine Freundschaftserweiterung oder als Form von Freundschaft gesehen wird, ich denke, dass wir auf den Slogan *«Heirate deinen besten Freund!»* verzichten können. Ich meine, dass dadurch der Freundschaftsbegriff verwässert und entleert wird.

C. S. Lewis formuliert es scharf: «Wer sich Freundschaft nicht als eigenständige Liebe vorstellen kann, sondern nur als Verkleidung und Zerrform von Eros, verrät, dass er nie einen Freund gehabt hat.»[14]

Wir vermischen damit Beziehungsformen, die dadurch ihre Form verlieren. Das ist nicht der alleinige Grund, weshalb Freundschaft in unserer Gesellschaft eine untergeordnete Rolle spielt. Ein Teil der Abwertung des Freundschaftsbegriffs liegt meiner Meinung nach auch an der Sexualisierung erwachsener Freundschaftsbeziehungen.

SEXUALISIERUNG DER FREUNDSCHAFT

Als ich nach meinem Abitur für ein paar Monate in Uganda war, fiel mir bereits in meinen ersten Tagen etwas auf: In der Stadt wimmelte es von händchenhaltenden erwachsenen Männern jeden Alters. Das war für mich ein überraschender Anblick, da «Händchenhalten» für mich eine romantisch konnotierte Geste ist. Die Quote homosexueller männlicher Paare in Uganda kam mir also auffallend hoch vor. Doch ich lernte schnell, dass «Händchenhalten» dort nicht romantisch belegt ist, sondern Freundschaft ausdrückt. Ich hatte demnach keine Liebespärchen gesehen, sondern Freundschaftspaare.

In Uganda habe ich selber einer Freundschaftsgeste etwas Romantisches unterstellt, aber umgekehrt ist mir auch schon Ähnliches passiert. Ich wurde in meinem Leben bereits häufiger gefragt, ob ich lesbisch sei. Ich habe es jedes Mal wahrheitsgemäß verneint, war aber neugierig zu erfahren, weshalb ich gefragt wurde.

Manchmal lag es daran, dass ich scheinbar wenig Interesse an Männern zeigte. Häufiger hatte es aber damit zu tun, dass ich sehr enge Frauenfreundschaften pflegte und gleichzeitig nicht in einer romantischen Beziehung war. Die Tatsache, dass meine beste Freundin und ich im selben Bett schlafen, wenn sie zu Besuch kommt, was für uns beide nichts Sexuelles ist, scheint aufzufallen, manchmal sogar zu irritieren. «Läuft bei euch nicht doch mehr?» Diese Frage knüpft in gewisser Weise an das Ideal an, das wir weiter oben schon angeschaut haben. In unseren Köpfen ist eine tiefste Beziehung die, auf der alle Ebenen von Intimität zusammenkommen können. Wäre doch jetzt schön, wenn meine beste Freundin und ich neben aller nicht sexuellen Intimität auch diese Ebene teilen würden, oder?

Und so drängt sich eben manchmal die Frage auf, ob nicht jede Beziehung um fehlende Bereiche ergänzt werden müsste und Sexualität entsprechend fluide ist. Aber auch, ob wir uns tiefe Beziehungen ohne sexuelle Komponente überhaupt noch vorstellen können. Halten wir es für möglich, dass eine intime Beziehung – eine geistlich, geistig, intellektuell und emotional tiefe Beziehung – ohne Sex auskommt? Nach außen hin scheinbar nicht, denn, wenn ich in Frankfurt auf der Straße nach der Hand meiner Freundin greife, ist das ein wirksames Mittel dagegen, von Männern angesprochen zu werden.

Wenn es schon ungewohnter wird, gleichgeschlechtliche Freundschaften als rein platonisch zu sehen, scheint es für viele noch unglaubwürdiger, wenn zwei Personen unterschiedlichen Geschlechts befreundet sind. Filme und Serien zeigen uns da ein eingängiges Bild: Früher oder später kommt es bei Freunden, zwischen denen es aufgrund ihrer sexuellen Orientierung knistern könnte, zum Sex. In *Grey's Anatomy* beispielsweise kommt man beziehungstechnisch mit fortlaufenden Staffeln kaum noch hinterher, weil zum einen jeder mit jedem ein Verhältnis hatte, aber es auch in jeder noch so als platonisch deklarierten Freundschaft früher oder später zum Sex kommt.

Wer keinen Sex hat, wird heute häufig als unnormal oder verzweifelt dargestellt. Meine Erfahrung ist eine andere, auch wenn ich schon gefragt wurde, wie ich so gesund und fröhlich 33 Jahre alt werden konnte – ohne Sexualpartner. Ich erlebe mein sexuell enthaltsames Leben nicht in dem Grad problematisch, wie mir manchmal durch die Medien suggeriert wird. Zudem gehört Sex auch allem Anschein zum Trotz nicht zu den Grundbedürfnissen wie Sauerstoff, Wasser und Nahrung, ohne die kein Mensch überleben könnte. Menschen sterben nicht aufgrund eines

Sexmangels, genauso wenig wie sie durch das Ausleben ihres sexuellen Triebs vollständiger werden. Ich will Sex in seiner Wichtigkeit für partnerschaftliche Beziehungen gar nicht schmälern, aber doch darauf hinweisen, dass es zu den Qualitäten des Menschseins gehört, sich freiheitlich für oder gegen etwas zu entscheiden, trotz eines Triebes oder einer Sehnsucht. Ob man diese Freiheit in Anspruch nimmt oder nicht, ist eine andere Frage.

Vielleicht liegt ein Teil des Problems darin, dass Sehnsucht nach Nähe häufig zu eng auf Sex fokussiert wird. Doch körperliche Nähe, Intimität und bewusste Berührungen sind auch jenseits von Sex wichtig und im Unterschied zu Sex tatsächlich notwendig zum Überleben. Der «non-sexual touch» hat in einer sexualisierten Gesellschaft ein Stück weit an Raum verloren und steht auch in Gefahr, aufgrund sexueller Missbrauchsskandale komplett zu verschwinden. Und während es absolut notwendig ist, dass darüber unser Bewusstsein geschärft wird und dass Dimensionen von Intimität unterschieden und Grenzen markiert werden, braucht es auch die Sprachfähigkeit über Nähe, Intimität und Berührung, die in nicht-sexuellen Beziehungen erlebt wird: das Aneinanderkuscheln, wenn der Film doch zu gruselig wird, die feste Umarmung meiner Freunde, die sanften Küsse meines Neffen auf meine Wange oder das Baby meiner Freunde, das im Gottesdienst auf meinem Arm eingeschlafen ist. Berührungen haben auch in Freundschaften ihren angemessenen Platz und senden ihre eigene Botschaft. Oder haben wir es verlernt, nicht-sexuelle Beziehungen auch als solche zu erkennen?

WOHIN SOLL ES GEHEN?

In einem Vortrag hatte ich über die Freundschaft von Jonathan und David gesprochen. Nach dem Event kam ein älterer Herr auf mich zu und meinte, dass es für unsere Generation leichter sei, Freundschaften zu schließen. In der Babyboomer-Generation hätte man das vernachlässigt, und nun stelle jeder in seinen Sechzigern fest, dass man zu wenig in enge Freundschaften investiert habe. Ich fragte, woran das liegen würde. Er gab zur Antwort, dass es mit dem Eingeständnis eines Bedürfnisses zu tun habe, das in seiner Generation nicht gelernt wurde: dem Eingeständnis, Freunde zu brauchen. In seinen Worten lag eine gewisse Traurigkeit. Ich erlebe, dass gerade die Generation meiner Eltern überraschend emotional auf dieses Thema reagiert. Wehmut darüber, Freunde verloren zu haben. Traurigkeit und Bedauern, dass man zu wenig in Freundschaften investiert hat, bis dahin, dass mir wiederholt gesagt wurde, dass sie Freunde in der Mitte ihres Lebens schmerzlich vermisst hätten.

Ich war einem bloßen Gefühl gefolgt und stieß auf einen Knotenpunkt. Ich entdeckte, dass Freundschaften, historisch betrachtet, schon einmal mehr Bedeutung hatten, und realisierte, dass Freundschaften heute kaum bewusst reflektiert werden. Ich entdeckte, dass Freundschaften gar nicht so leicht zu definieren sind und ich wenige Vorbilder kenne, die mir vorleben, was Freundschaft für ein Leben bedeuten soll, darf, kann und vielleicht sogar muss.

Vergebt mir meinen Sarkasmus an der einen oder anderen Stelle und auch die Arroganz einer Anfang-30-Jährigen. Ich schreibe dieses Buch nicht objektiv, sondern vor dem Hintergrund meiner bisherigen persönlichen Erfahrungen und meiner offenen Fragen.

«Okay, Franzi, willst du dann etwa sagen, dass Freundschaft das eigentliche Beziehungsideal sein soll?» – Vielleicht könnte man meinen, dass ich so denke, wenn ich doch kritisiere, dass Partnerschaft häufig als das Beziehungsideal schlechthin dargestellt wird.

Ich glaube nicht, dass Freundschaft das eigentliche Beziehungsideal ist, komme jedoch mehr und mehr zu der Auffassung, dass sie unberechtigterweise ein unterschätztes Dasein fristet.

Obwohl das nicht jeder findet: Jo Schück schreibt beispielsweise, dass die Freundschaft in ihrer Unverbindlichkeit und gleichzeitigen Beständigkeit für die Postmoderne die geeignetere Beziehungsform sei. Freundschaft laufe in dieser Hinsicht der romantischen Liebe und auch der Familie den Rang ab, so die These seines Buchs.[15]

Bei allem, was meinem Anliegen bei solchen Aussagen in die Karten zu spielen scheint, gibt es meiner Meinung nach auch die falsche Überhöhung von Freundschaft.

Ella Henderson singt zum Beispiel in ihrem Lied «Friends»: «Die Männer an unserer Seite mögen wechseln. Und unsere Familiennamen auch, aber eines bleibt gleich: wir.» Je nach Erfahrung kann Freundschaft auch zum eigentlichen Beziehungsideal deklariert werden. Wenn meine romantische Beziehung scheitert, dann leuchten daneben vielleicht meine Freundschaften viel heller. Dann wird die Freundschaft zur Bastion gegenüber der romantischen Beziehung. Vor dem Hintergrund negativer Erfahrungen erscheint das sehr nachvollziehbar; allerdings ergibt sich die Schönheit einer Beziehungsform nicht nur in der negativen Abgrenzung zu einer anderen, sonst läuft sie Gefahr, zum Lückenbüßer zu werden.

Ich glaube, dass keine menschliche Beziehung das Beziehungsideal ist. Jede hat ihre eigene Schönheit und Berechtigung, ihr eigenen Herausforderungen und Eigenarten.

Daher ist Freundschaft für mich nicht die ultimativ bessere Beziehungsform, sondern sie ist eine unterschätzte. Sie kann mehr, als wir glauben. Sie ist ein Schatz in sich, und wir würden Bedeutsames verpassen, wenn wir diesen Schatz nicht suchen und nicht heben.

Ich wünsche mir für unsere Generation, dass wir mit sechzig nicht feststellen, dass wir keine Freunde haben. Ich wünsche mir, dass diejenigen von uns, die Freundschaft für selbstverständlich halten, sie nicht für selbstverständlich nehmen. Und dass diejenigen, die Freundschaft vernachlässigen, neu dafür begeistert werden. Denn Freundschaften blühen auf, wenn ich Raum dafür schaffe. Platz für Freundschaft entsteht nicht von selbst inmitten eines vollen Lebens und neben anderen Prioritäten. Für Freundschaften hat man nicht irgendwann Zeit, man muss sie sich nehmen.

Und jetzt?

DU musst dir diese Zeit nehmen. Die Frage ist, willst du das? Willst du Freundschaften in deinem Leben priorisieren? Auf dieser Reise hilft es, dass du zunächst feststellst, wo du stehst. Welche Erfahrungen und Hoffnungen bringst du mit? Welche Enttäuschungen und Wunden? In diesem Kapitel ging es darum, wo wir gesellschaftlich herkommen, was wir im Hinblick auf den Stellenwert von Freundschaft problematisieren und welches persönliche Erbe wir im Hinblick auf Freundschaft mitbringen. Das ist mein Ausgangspunkt, von dem aus ich losgehe. Am Ende jedes Kapitels gibt es für deine Reflexion immer ein paar Fragen, die du für dich allein oder mit Freunden durchgehen und diskutieren kannst.

Unsere Erfahrungen mögen sich unterscheiden, aber mit den Antworten auf diese Fragen kannst du den Inhalt dieses Buches zu deiner Erfahrung machen.

DEINE FREUNDSCHAFTEN IM FOKUS

- Welchen Stellenwert hatten Freundschaften in deinem bisherigen Leben?
- Was oder wer hat dich in Bezug auf deine Freundschaften geprägt?
- Wie definierst du Freundschaft?
- Welcher Aspekt der geschichtlichen Übersicht war aufschlussreich für dich und warum?
- Was sind deine Gedanken zu dem Abschnitt «Den besten Freund, die beste Freundin heiraten»?
- Aufgabe: Erstelle eine Liste der Personen, die du als deine Freunde betrachtest und die du beim Lesen dieses Buches vor Augen haben möchtest.

Kapitel 2

FREUNDSCHAFT MIT GOTT. ODER: MEINE WICHTIGSTE BEZIEHUNG

Wir sind Bindungswesen, gestrandet
in einer immer isolierteren Welt.[16]
—Johannes Hartl

DER BEGINN EINER LEBENSLANGEN FREUNDSCHAFT

Meine Freundschaft mit Gott beginnt unspektakulär. Ich bin fünfzehn Jahre alt und sitze in der Silvesternacht um fünf Uhr morgens hellwach im Bett und kann nicht schlafen. Es ist keine Angst, die mich wachhält, sondern eine innere Müdigkeit, die kein Schlaf beheben kann. Ich bin jung und fühle mich gleichzeitig schon vom Leben und meiner sehnsuchtsvollen Suche nach Glück erschöpft. An diesem frühen 1. Januar ist es nicht nur in meinem Zimmer stockfinster, sondern auch in mir fühlt es sich kalt, leer und dunkel an. Mein Gebet ist kaum mehr als eine zweifelnde Äußerung, dass, wenn es Gott gibt, er mir doch begegnen soll. Ich spüre eine leise Einladung, die sich mir in der Dunkelheit meines Zimmers stellt. Es ist, als würde

Jesus mich fragen, ob ich ihm vertrauen will. Ich bin mir nicht sicher. Was ist, wenn Glaube nicht das ist, was ich mir wünsche? Was ist, wenn es nicht funktioniert und ich keine Veränderung erlebe? Und was ist, wenn Christen genauso langweilig sind, wie ich sie wahrnehme?

Mein Zweifeln ist echt, die Antwort von Jesus aber auch.

«Franzi, du kannst es selbst versuchen. Du kannst den Weg weiter ohne mich gehen, aber du wirst nicht das finden, wonach du dich sehnst. – Oder du kannst mir vertrauen. Mir, bei dem das Leben selbst beginnt und der die Macht hat, dir alles zu geben, was du brauchst.»

Was für ein Dilemma. Ich bin ja der Meinung, beide Angebote bereits zu kennen: Ich bin mit christlichen Werten aufgewachsen, aber meine, dass der christliche Gott nicht der ist, dem ich mich anvertrauen möchte. Die Kirche kein Ort, an dem ich ich selbst sein kann. Ich will Freiheit und das schöne Leben. Meine Vorstellung davon kollidiert mit dem strengen Gottesbild, das meine Kindheit dominiert hat, und so habe ich bisher mein Glück ohne Gott versucht. Es hat nicht viele Experimente gebraucht, um festzustellen, dass das nicht das war, was ich suchte.

Doch mein Misstrauen gegenüber den Frommen ist real. Ich fühle mich nicht zugehörig und zweifle, dass ich dazugehören kann und will. Rückblickend ähneln meine Worte mehr einem Abkommen als einem Gebet. Mehr ein Testlauf, die Bereitschaft, mal auszuprobieren, ob das trägt, was Jesus hier verspricht. In die nächtliche Stille dieses Januarmorgens läuten weder Glocken, noch brechen göttliche Lichtstrahlen hinein. Ich schlafe einfach völlig übermüdet ein, wache aber mit einem inneren Sortiertsein wieder auf.

Ein paar Wochen später kommt eine Bekannte meiner Eltern auf mich zu und fragt mich, ob etwas passiert sei. Ich erzähle ihr, dass ich der Sache mit Gott eine Chance geben möchte. Was sie darauf sagt, überrascht und berührt mich: Sie erzählt mir, dass sie seit Jahren für mich betet. Sie hätte vor ein paar Jahren angefangen, für mich zu beten, weil ich so traurige Augen hätte.

«Doch jetzt siehst du anders aus, so, als hätte jemand in dir ein Licht angeknipst.» Das beschreibt so gut, wie ich mich seither fühle. Gott hat einfach in mir ein Licht angeknipst, und er knipst es Tag für Tag neu an. Ich habe die Entscheidung, in diesem Leben auf Gott zu vertrauen, in den letzten siebzehn Jahren keinen einzigen Tag bereut, auch wenn meine Zweifel und Skepsis gegenüber dem Christentum noch in mehrere Runden gingen.

Aber Jesus und ich – das blieb. Nicht immer gleichbleibend eng, aber durch alle Höhen und Tiefen doch zunehmend inniger, vertrauter, echter. Am Ende eines jeden Jahres, wenn Jesus und ich unser Jubiläum feiern, dann bleibt doch eine Sache trotz aller Fragen und Herausforderungen für mich klar: Es gibt kein Dahinter-Zurück. Mein Leben gibt es nicht ohne Jesus, und die Freundschaft zu ihm ist seit siebzehn Jahren die treuste und engste Beziehung, die ich führe.

WARUM JETZT GOTT?

Warum fange ich jetzt an, in einem Buch über Freundschaft von Gott zu sprechen? Was hat mein Glaube denn mit meinen Freundschaften zu tun?

Ich will nicht voraussetzen, dass es offensichtlich ist, was ich meine, denn vielleicht glaubst du an einen anderen Gott oder auch an gar keinen Gott. Dann hoffe ich, dass ich dich in den kommenden Zeilen nicht abhänge. Doch der Glaube an Gott ist für mich keine abstrakte Vorstellung, sondern in erster Linie eine Beziehung. Das habe ich mir nicht ausgedacht, sondern das steht im Zentrum der christlichen Gottesvorstellung. Christen glauben, dass es einen Gott gibt, der dich persönlich kennt und sieht. Der dein Leben von Anfang bis Ende im Blick hat, dem aber auch die Weltgeschichte nicht aus dem Ruder läuft. Gott übersteigt aber nicht nur die Größe dieses Universums, sondern ist uns Menschen nahegekommen. So nah, dass er vor über 2000 Jahren selbst Mensch wurde und mit der Person Jesus Christus gezeigt hat, wie sehr er die Menschen liebt.

Im vergangenen Jahr sprach ich mit einem Freund über das Thema «Werte» und wie wir als Menschen in unseren Entscheidungen davon geleitet werden, was uns wichtig ist. Irgendwann war ihm mein frommes Geschwafel wohl zu viel, und er fragte, was ich denn einmal «losgelöst von meinem Glauben» sagen würde. Ich hielt kurz inne. Konnte ich über meine Werte ohne Gott sprechen?

Für mich ist der Glaube an Gott anders. Er ist zutiefst mit meinem Selbst- und Weltverständnis verbunden. Es wäre irreführend, wenn ich nicht transparent machen würde, wie er mit meinen Gedanken zu Freundschaft zusammenhängt. Dieses Kapitel über Gott und Freundschaft ist deshalb kein christliches Alibi-Kapitel, was eben dazugehört, weil ich Theologin bin. Mein Glaube an einen Gott, der Freundschaft vorlebt, ist mein Denkrahmen. Was ich mir von Freundschaft erhoffe und erträume, hat zum Vorbild, wie Jesus Freundschaft vorgelebt hat. Wie ich mir Liebe vorstelle, hat damit zu tun, wie Gott uns liebt und auf welche Art er uns das zeigt. Mein Glaube prägt, wie ich meine Freundschaften lebe, und meine Freundschaften prägen meinen Glauben. Ja, meine Freundschaft und meine Spiritualität können gar nicht unabhängig voneinander gedacht werden. Und vielmehr noch lädt Gott uns selbst in eine Freundschaft mit ihm ein und davon möchte ich erzählen.

BEZIEHUNGSERWARTUNG AN GOTT

Gott ersetzt keine menschliche Beziehung. Ich erinnere mich an mehrere Situationen, in denen Menschen mich als Single mit den Worten trösten wollten: «Immerhin hast du ja noch Gott.» Auch wenn er nett gemeint war, verfehlte der Ermutigungsversuch das Thema. In dem Moment fehlte mir nicht Gott, sondern ein Partner, und mein Gegenüber hatte meistens beides. Meine Beziehung zu Gott ersetzt keine menschliche Beziehung und tritt auch nicht an die Stelle einer Partnerschaft. Im ersten Kapitel habe ich ja beschrieben, dass die Erwartungen an eine Partnerschaft in unserer Zeit gestiegen sind, während wir kaum Erwartungen an andere Beziehungsformen haben, zumindest nicht in der Weise, dass wir meinen, dass sie uns erfüllen. Die Beziehung zu Gott ist da keine Ausnahme – auch von ihr erwarten wir häufig sehr wenig, wenn überhaupt etwas.

- Falls du eine Beziehung zu Gott hast – erwartest du etwas von dieser Beziehung?
- Wenn ja, wie sieht diese Erwartung konkret aus?

Ich spürte bereits als 12-Jährige eine Leere in mir, die mir wie ein großes, schwarzes inneres Loch vorkam. Ich las damals C. S. Lewis und entdeckte ein Zitat, das mein Lebensbegleiter wurde:

«Wenn ich aber in meinem Innern ein Verlangen verspüre, das durch kein Erlebnis in dieser Welt befriedigt werden kann, dann ist die wahrscheinlichste Erklärung dafür die, dass ich für eine andere Welt gemacht bin.»[17]

Für eine andere Welt geschaffen. Ich hatte dieses Bedürfnis, das unstillbar sehnsüchtig blieb. Ich konnte das Gefühl nicht greifen, aber in mir klaffte eine Lücke, die scheinbar nichts stopften konnte. Es war eine Sehnsucht nach bedingungsloser Liebe, nach tiefem Frieden, nach überzeugender Wahrheit, nach echter Freude, nach spürbarer Freiheit. Eine Sehnsucht nach den ganz großen Dingen dieses Lebens, die wir nicht an jeder Ecke finden. Und es sind Dinge, die unsere menschlichen Beziehungen überfrachten, wenn wir erwarten, dass sie uns von Menschen gegeben werden.

Ich glaube, dass kein Mensch – kein Partner, keine Freundin, kein Kind – diese Dimension in ihrer Tiefe ausfüllen kann. Und auch ich selbst kann mir nicht alles geben, was ich brauche. Ich lese auf Instagram regelmäßig inspirierende Posts, wie man zu mehr innerer Zufriedenheit kommt, Achtsamkeit übt und sich selbst lieben lernen kann. Darüber, Glück nicht im Außen, sondern in sich selbst zu suchen und zu finden. Versteh mich nicht falsch: Ich finde den Input oftmals ermutigend und hilfreich. Aber während ich zustimme, dass das Glück, nach dem ich mich sehne, nicht bei anderen Menschen zu finden ist, suche ich es auch in mir selbst vergeblich.

Wir überfrachten also entweder unsere Erwartungen an andere Menschen oder an uns selbst. Die Anforderung, mich selbst glücklich zu machen, überfordert meinen vollen Alltag und treibt mich tiefer in meine Optimierungsschleife. Ich suche nach Glück im nächsten Erfolg, in der nächsten Lebensphase, in dieser einen Sache, die ich noch erreichen muss.

Wenn ich endlich das Abitur geschafft habe, wenn ich das Studium absolviert habe, wenn ich den Job bekommen habe, wenn ich eine Partnerin oder einen Partner gefunden habe, wenn ich Kinder habe, wenn ich befördert werde, wenn die Kinder aus dem Haus sind und so weiter. Die Liste lässt sich individuell anpassen und unendlich fortführen. Es sind innere Meilensteine, von denen wir uns erhoffen, dass mit ihrem Erreichen eintritt, wonach wir uns sehnen: Glück, Zufriedenheit, Ankommen. Und ein Stück weit gelingt das auch, denn gute Beziehungen, erfüllte Wünsche und Erfolge sind wohltuend. Gleichzeitig wissen wir: Menschen, die alles geschafft haben, sind nicht automatisch glücklich, und Menschen, die nicht alle gesellschaftlichen Erwartungsmeilensteine abgehakt haben, sind auch nicht automatisch unglücklich. Zufrieden sind die, die dankbar sind für das, was sie haben, und sich nicht von dem «Wenn ich das endlich habe» abhängig machen. Und doch sind wir sehnsuchtsvolle Wesen, die ihren Bedürfnissen nachgehen und nach dem suchen, was ihre Sehnsüchte stillen kann. Doch suchen wir am richtigen Ort?

Wenn es einen Gott gibt, der den Menschen geschaffen hat und ihn für eine Wirklichkeit geschaffen hat, in der er eine Rolle spielt, dann kann auch nur Gott diese tieferliegende Dimension ausfüllen.

Ich glaube an einen Gott, der menschliche Beziehungen nicht ersetzt und dennoch all meinen Sehnsüchten und Bedürfnissen begegnen kann. Und wenn ich sage, dass Gott menschliche Beziehungen nicht ersetzt, meine ich damit nicht, dass die Gottesbeziehung weniger wert ist als diese. Freundschaft mit Gott ist in meinen Augen keine Freundschaft neben vielen. Vielmehr will Gott den Menschen zu einem Vertrauen und einer Freiheit einladen, die sich auf einer ganz anderen Dimension bewegen, als es irgendeine menschliche Beziehung vermag. Ich will in den kommenden Abschnitten erklären, was ich damit meine.

FREUNDSCHAFT KOMMT VON FREIHEIT, UND FREIHEIT KOMMT VON GOTT

Freiheit kommt von Gott. Das ist zunächst einmal eine steile These und entspricht vielleicht weder deiner Erfahrung noch deiner Erwartung an Gott. Lass es mich kurz erklären. Im Brief von Paulus an die Christen in Galatien heißt es: «Zur Freiheit hat Christus uns befreit» (Galater 5,1; Luther 2017). Der Vers erinnert uns daran, dass Gott sich für uns Menschen Freiheit wünscht. Tiefgreifende, echte Freiheit. Dort, wo Menschen unfrei sind – innerlich in Abhängigkeiten oder äußerlich in Sklaverei –, bleibt es Gottes Ziel, dass Menschen Freiheit finden.

Gottes Vorstellung von Freiheit beginnt damit, dass er den Menschen als ein Wesen geschaffen hat, das ihm ähnlich ist. Die Bibel spricht vom Menschen als dem «Ebenbild Gottes» – der Mensch als jemand, der Eigenschaften und Qualitäten mitbringt, die Gott entsprechen. Gott hat sich den Menschen als Gegenüber vorgestellt, mit dem eine Beziehung möglich ist. Als Menschen haben wir aber auch die Freiheit, uns gegen diesen Gott zu entscheiden, losgelöst von dieser Beziehung zu leben und auf Distanz zu Gott zu bleiben. Diese Distanz zu Gott hat Auswirkungen. Vielleicht spüren wir, dass unsere Beziehungen nicht so sind, wie wir sie uns gewünscht haben oder wie wir sie brauchen: in unseren Herkunftsfamilien, in unseren Freundschaften und auch in unseren Partnerschaften. Durch die Distanz zu Gott leidet nicht nur die Verbindung zu ihm und zu anderen Menschen, sondern auch zu uns selbst. Wir bleiben uns selbst fremd. Ohne Freundschaft zu Gott sind wir möglicherweise auch auf Kriegsfuß mit uns selbst. Wir achten vielleicht nicht gut auf uns, übernehmen keine Verantwortung für unser Verhalten und unsere Gesundheit und schätzen uns selbst gering ein. Oder wir nehmen uns zu wichtig, kreisen in Überkompensation eigener Unsicherheiten um uns selbst und meinen so, unseren Selbstwert sichern zu können.

Gottes Freundschaftseinladung bedeutet, dass wir lernen dürfen, wer und wie Gott ist, und gleichzeitig, wer und wie wir sind. Sie ist eine Einladung zur Aussöhnung. Mit Gott, mit meiner Umgebung und den Menschen darin, aber auch mit mir selbst. Dieses Ausgesöhntsein mit Gott, die Beziehung zu dem Erschaffer und Erhalter dieser Erde, ermöglicht mir Freiheit. Die Freiheit, bei und mit Gott sein zu können, die Freiheit, in meiner Identität nicht nur von mir selbst oder anderen Menschen abhängig zu sein.

Es bedeutet, dass meine Suche nach Identität einen Hafen gefunden hat, von dem aus sie sich auf Entdeckungsreise machen kann. Es ist das Gefühl, dass ich trotz allem in dieser großen Welt einen sicheren Platz habe, das Gefühl von Hoffnung, trotz desillusionierender Zukunftsaussichten, es ist ein Gefühl der Geborgenheit und der Angstfreiheit.

Ich hatte eine Freundin, die mir einmal sagte, dass sie sich sicher fühlt, wenn ich auch auf der Party bin. «Da ist dann jemand inmitten fremder Menschen, der mich wirklich kennt und mag.»

So fühle ich mich mit Gott in dieser Welt. Gott ist derjenige, der mir inmitten unserer turbulenten Welt Halt geben kann, wie es kein menschliches Wesen vermag. Er ist auf der Party der, der mich wirklich kennt und liebt.

GOTT ZUM FREUND WERDEN LASSEN

Mir ist die Warnung davor, Gott zu sehr als «Kumpel» zu sehen, ab und zu schon mal begegnet. Dahinter verbirgt sich die gut gemeinte Sorge, dass man vergessen könnte, dass Gott mächtig und heilig ist und Ehrfurcht in seiner Gegenwart angebracht ist. Bei dieser «Gott als Kumpel»-Angst muss ich immer an ein Krippenspiel aus meiner Schulzeit denken. Die ernstaussehende Küsterin hatte mich streng ermahnt, weil ich in dem andächtigen Kirchenschiff zu laut gelacht hatte. Ich spielte Maria, aber sie nahm mir die Jesus-Babypuppe wieder weg, weil ich Jesus nicht so lieblos an seinem Plastikarm baumeln lassen sollte. Die Küsterin hat es sicher gut gemeint, und wir Fünftklässler waren sicher nervig, aber es zeigt auch, welches Gottesbild bei ihr und in unserer Gesellschaft vorherrscht: In der Kirche darf man nicht lachen, auch nicht laut reden, eigentlich darf man in «heiligen» Gebäuden überhaupt nichts falsch machen. «Die kleinen Sünden bestraft der liebe Gott sofort» ist ein unsäglicher Satz geworden, mit dem Missgeschicke quittiert werden. Kein Wunder passt die Vorstellung von «Gott als Freund» kaum neben solche Spaßverderber-Karikaturen von Gott.

Doch Gott als Freund zu sehen hat eine lange Tradition[18], auch wenn sie heutzutage in den Hintergrund getreten ist. Und mit mangelndem Respekt hat das nichts zu tun, ganz im Gegenteil. Schon im Alten Testament wird von einer Gottesbegegnung des Mose berichtet, in der dieser Anführer des Volkes Israel mit Gott spricht «wie mit einem Freund», auch wenn ich keine Ahnung habe, wie das genau ausgesehen hat. Auch von Abraham, der in der Bibel als Glaubensvorbild gefeiert wird und als Urvater dreier Weltreligionen in die Geschichte eingeht, wird gesagt, dass Gott ihn als Freund bezeichnete (vgl. 2. Chronik 20,7; Jesaja 41,8; Jakobus 2,23).

Diese beiden Personen werden deshalb als «Freunde Gottes» bezeichnet, weil sie sich als vertrauenswürdig erweisen, weil sie sich Gott wie einem Freund öffnen, und weil auch Gott sich ihnen anvertraut.

Eine solche Beziehung mit Gott anzustreben, die Vertrauen in beide Richtungen ausstrahlt, ist für mich eine befreiende Erfahrung gewesen und hat einen Prozess in Gang gesetzt, Gott auf neue Weise zu entdecken.

Ähnlich wie die strenge Küsterin hatte ich das Bild von Gott als «strengem Richter» als Kind sehr viel stärker verinnerlicht als das eines liebenden Vaters oder interessierten Freundes. Als Heranwachsende fiel es mir leichter, mich einfach als Mitarbeiterin oder Assistenzkraft für seine Interessen zu verstehen. Meine Gottesbeziehung bestand aus Aktionismus und Einsatzbereitschaft, und meine Gebete glichen eher Lage- und Planbesprechungen als einem ehrlichen Austausch unter Freunden.

Ich erinnere mich, dass ich Anfang zwanzig einmal ziemlich bewegt war, als ich Philip Yanceys Buch «What's so amazing about grace?»[19] las und das alte Wort «Gnade» mich ganz neu packte. Ich entdeckte wieder neu, dass Gott mich liebt. Als Tochter oder Sohn eines liebenden Vaters stehe ich nicht unter Druck, etwas tun oder leisten zu müssen. Gnade bedeutet, dass ich sein darf. Ich darf einfach sein, weil Gott mich angenommen hat. Gottes Kind zu sein drückt aus, dass Gott uns Menschen aus Liebe als seine Kinder adoptiert. Es kommt nicht darauf an, was ich leisten kann, sondern in welcher Beziehung ich zu ihm stehe. Es geht weniger ums Tun als ums Sein. Ein Sein ohne Tun-Müssen. Damit wird bedingungslose Akzeptanz zu meiner Ausgangsbasis und bleibenden Ressource für Freundschaft. Diese Erkenntnis hat meinen Glauben und mein Beten verändert, Druck rausgenommen und viel Platz für mehr Freiheit und Liebe geschaffen.

Doch jedes Kind wird erwachsen, auch wenn man Tochter oder Sohn bleibt, und mir scheint, dass es in meiner und deiner Gottesbeziehung weitere Dimensionen braucht, die ein Mündigwerden im Glauben ausdrücken können.

Gott als Freund zu sehen ist daher für mich weder eine Abwertung noch Respektlosigkeit. Ganz im Gegenteil: Freundschaft mit Gott bedeutet eine Tiefgründigkeit, Vertrautheit und Verbundenheit, die sich in beide Richtungen ausstreckt.

In seiner kleinen Einführung in die christliche Mystik schreibt Pfarrer Stefan Kunz, dass es viel leichter sei, ein Diener Gottes zu sein als ein Kind Gottes. Als Diener könne man sich rein äußerlich korrekt verhalten, ganz gleich, wie man sich innerlich gegenüber seinem Herrn fühlt. Es sei aber auch leichter, ein Kind Gottes zu sein als ein Freund Gottes. Ein Kind könne immer wieder in seine Unmündigkeit zurückfallen und Verantwortung von sich weisen. Stefan Kunz fragt seine Leser: «Was ist leichter, ein Arbeitsverhältnis oder Dienstverhältnis aufrechtzuerhalten, ein Vertrauensverhältnis oder eine Freundschaft aufrechtzuerhalten? Ist es nicht eine der schwersten Aufgaben im Leben, Freundschaften zu pflegen und zu erhalten?»[20]

Eine der schwersten Aufgaben im Leben? Das klingt paradox, denn Freundschaft soll doch etwas Leichtes sein. Aber eine Freundin oder ein Freund Gottes zu sein ist eine Herausforderung, weil sie uns ganz viel abverlangt. Eine Beziehung, in der man mit Gott wie «mit einem Freund» umgeht, verlangt ganz viel Ehrlichkeit, Mündigkeit und Einblick ins eigene Denken, Fühlen, Planen und Handeln. Eine Freundin Gottes übernimmt in ihrer Freiheit Verantwortung. Möchte das in sie gesetzte Vertrauen nicht verspielen. Ein Freund Gottes ist mit Gott und bei Gott und verhält sich loyal gegenüber seinem Freund. Es ist eine Beziehung, die von Innigkeit und seelischer Intimität geprägt ist. Eine Beziehung, die ohne Zweckmäßigkeit auskommt und die bloße Gemeinschaft zum Ziel hat.

Es geht mir auch hier nicht darum, verschiedene Aspekte der Gottesbeziehung gegeneinander auszuspielen. In unterschiedlichen Phasen unseres Lebens wird uns die eine oder andere Weise, sich Gott zu nähern, hilfreicher als eine andere erscheinen.

Manchmal gibt es Tage, an denen ist es wichtig, dass ich mich einfach wie ein Kind fühlen will und darf. An denen ich in die Arme Gottes flüchte, weil mir die Welt zu groß ist. Manchmal geht es um Gehorsam und die Frage, was ich tun soll. Sehr oft geht es aber einfach darum, dass Gott und ich beieinander sind, gemeinsam Zeit verbringen und absprechen, was so los ist. Ich meine, dass sich mündiges Christsein genau da zeigt, wo die Gottesfreundschaft stark ist. Meine Gottesfreundschaft ist von gegenseitigem Vertrauen geprägt. Ich wachse im Vertrauen auf Gott, und gleichzeitig erweise ich mich als Freundin Gottes, wenn er mir seine Worte anvertraut. Für mich ist die Gottesfreundschaft eine befreiende Erfahrung. Eine, die meine Angst davor, Fehler zu machen, eindämmt. Die mich daran erinnert, dass Gott für mich ist und als Freund die größtmögliche Hingabe bewiesen hat. Gleichzeitig ist sie die Beziehung, die mich in ihrer Freiheit auch herausfordert.

DIE MESSLATTE LIEGT HOCH

Gehörst du auch zu den Menschen, die lieber geringe oder keine Erwartungen in Menschen setzen, um am Ende nicht enttäuscht zu werden? Mir scheint, dass es viele Menschen gibt, die gerade beim Thema Freundschaft kaum ein klares Vorbild haben noch sagen können, woher ihre Erwartungen und Ideale kommen. Ich glaube nicht nur, dass wir mit und zu Gott eine Freundschaft erleben dürfen, sondern auch, dass die Qualität der Freundschaft, wie Gott sie definiert, uns zum Vorbild und Maßstab werden kann.

Jesus verkörpert diese Qualität der Freundschaft Gottes. Jesus selbst lebte in Freundschaften: Lazarus, Maria und Marta waren enge Freunde von ihm, aber auch Johannes, Petrus und Jakobus, drei seiner zwölf Jünger. Es gab Menschen, denen Jesus näher war als anderen, denen er sich mehr als anderen anvertraute und von denen er mehr als von anderen erwartete. Für Jesus, der nicht in einer romantischen Beziehung lebte, waren seine Freundschaften vermutlich seine engsten Beziehungen. Das Ideal für eine aufopfernde Liebe zeigt er am Beispiel der Freundschaft. Er sagt: «Liebt einander, wie ich euch geliebt habe; das ist mein Gebot. Niemand liebt seine Freunde mehr als der, der sein Leben für sie hergibt. Ihr seid meine Freunde, wenn ihr tut, was ich euch gebiete. Ich nenne euch Freunde und nicht mehr Diener. Denn ein Diener weiß nicht, was sein Herr tut; ich aber habe euch alles mitgeteilt, was ich von meinem Vater gehört habe. Nicht ihr habt mich erwählt, sondern ich habe euch erwählt» (Johannes 15,12–16a).

Jesus gibt hier einen Einblick in seine Sicht und vertraut sich seinen Freunden an. Transparent legt er offen: «Ich habe euch alles mitgeteilt.» Dann spricht er zum einen darüber, woher diese freundschaftliche Liebe kommt, und zum anderen, woran sich diese Liebe ultimativ zeigen wird.

Jesus fordert seine Nachfolger zu einer Liebe auf, die Gottes Liebe selbst zum Maßstab hat. «Liebt einander, wie ich euch geliebt habe.» Das bedeutet, dass wir als Menschen nicht mit der Liebe anfangen, sondern dass sie etwas ist, was wir empfangen müssen, bevor wir etwas zu geben haben. Wir wurden zuerst geliebt. Wir wurden zuerst beschenkt. Jesus hat uns zuerst geliebt. Er kam als Mensch auf diese Erde, lebte unter den Menschen als einer von ihnen und zeigte mit jeder einzelnen Begegnung eine Facette von Gott selbst. Jesus spricht den Einzelnen an, ganz gleich, ob das jetzt der Bettler am Rande oder der Religiöse in der Mitte der Gesellschaft ist. Ganz gleich, ob Frau oder Mann, ob Jude oder Heide, ganz gleich, ob krank oder arm. Jesus hatte keine Berührungsängste. Er lebte und liebte und opferte ultimativ sein eigenes Leben, damit jeder Mensch Rettung finden kann.

Die größte Liebe, die man zeigen kann, ist die eigene Lebensaufgabe, die Hingabe des eigenen Seins zum Vorteil einer anderen Person. «Niemand liebt seine Freunde mehr als der, der sein Leben für sie hergibt.» Es gibt keine größere Liebe als die, dass man bereit ist, sein Leben zu opfern. Für die eigenen Kinder kann man sich das eventuell noch vorstellen, denn dort steht man in einer versorgenden Verantwortung und elterlichen Liebe und Verpflichtung. Doch für Freunde bedeutet es, dass man es aus völliger Freiheit heraus tut, losgelöst von jeglicher Verantwortung oder Verpflichtung. Wie bei dem Film *Vertical Limit*, als die Bergsteiger in eine Eisspalte fallen und an einem Seil über dem Abgrund hängen. Aufgrund des Gewichts drohen sie alle in den Abgrund zu stürzen, doch einer ist bereit, sich abzuschneiden, damit die anderen eine Chance auf Überleben haben. Hätte ich mich für einen Freund vom Seil geschnitten, um ihm das Leben zu retten?

Im Endeffekt macht Jesus genau das. Er stirbt für seine Freunde, damit diese leben, und beweist damit seine ultimative Liebe. Jesus stirbt aber nicht nur für seine Freunde, sondern sogar für seine Feinde und betet in seinem letzten Atemzug am Kreuz auch für diejenigen, die ihn hassen: «Vater, vergib ihnen, denn sie wissen nicht, was sie tun.» Jesus stirbt für alle Menschen und bietet jedem einzelnen, ob Freund oder Feind, neues Leben und eine Freundschaft mit sich an.

Freundschaft zu Jesus erkennt man daran, dass diese Liebe sich im Leben zeigt: Bewegt mich die Liebe Gottes dazu, andere zu lieben? Wenn Jesus sagt: «Ihr seid meine Freunde, wenn ihr tut, was ich euch gebiete», klingt das nach einem Rattenschwanz an Bedingungen. Aber um Bedingung geht es hier nicht, sondern schlichtweg darum, dass die Freundschaft zu Jesus sich da zeigt, wo Menschen sich an seinem Vorbild und seiner Aufforderung zur Liebe orientieren.

Du kannst dich nicht «Freund Gottes» nennen und gleichzeitig Menschen verachten. Das passt nicht zusammen. Beste Freunde färben aufeinander ab. Früher oder später passen sie sich in Sprache und Humor aneinander an, weil sie viel Zeit miteinander verbringen. Mit Gott ist das ähnlich: Je länger wir mit Gott befreundet sind, desto stärker wird seine Liebe auf uns abfärben. Jeder Hass, jeder Neid und jede Missgunst werden in der Freundschaft zu ihm herausgefordert.

Was nicht bedeutet, dass man alle Menschen gleichermaßen mögen muss. Auch bei Jesus hat Freundschaft etwas mit Sympathie zu tun. Nicht allen seinen Jüngern vertraut er sich gleichermaßen an. Zunächst ist er für alle der Rabbi, der Lehrer, das Vorbild und ihr Held. Sie erleben seine Macht und Stärke und lernen durch ihn, wer Gott ist. Es ist keine Beziehung auf Augenhöhe, sondern Jesus ist Mentor und Herr – und seine Nachfolger sind Schüler und Diener. Doch in dem wachsenden Vertrauen, in dem gemeinsamen Erleben und Unterwegssein wächst eine Beziehung zwischen ihm und einigen seiner Nachfolger. Jesus vertraut sich ihnen an, sagt ihnen alles, was er weiß. Er macht sich verletzlich und transparent. Jesus begibt sich bewusst auf Augenhöhe und lässt Nähe und Intimität zu. Er lebt keine Freundschaft auf Distanz, sondern vertraut – echt und ehrlich und auch über Standesgrenzen hinweg. Damit sprengt er auf, was das Ideal antiker Gesellschaft ausmachte, nämlich, dass nur Personen mit noblem Charakter der Freundschaft würdig seien. Für Jesus ist das mit dem noblen Charakter keine Voraussetzung, um mit ihm befreundet sein zu können. Bei ihm kann jeder und jede zur Freundin oder zum Freund werden. Er lebt eine Freundschaftsliebe vor, die sogar unsere menschlichen Sympathiegrenzen sprengt.

«Wahre Freundschaft stellt sich auch zu denjenigen, die in den Augen der Welt als verabscheuungswürdig gelten, weshalb wahre Freundschaft aus christlicher Perspektive Freundschaft unter dem Kreuz bedeutet.»[21]

«Freundschaft unterm Kreuz» meint, dass wir uns als Menschen vor Gott in der gleichen Ausgangslage befinden und uns selbst nicht in gut und schlecht einteilen können. Wir erkennen an, dass es uns von uns aus nicht möglich ist, Gottes aufopfernde Liebe nachzuahmen.

Ich war in der 9. Klasse und meine Englischlehrerin fragte uns nach unseren Neujahrsvorsätzen. Ich sagte, dass ich gerne eine bessere Freundin wäre. Meine Englischlehrerin reagierte überrascht und antwortete empathisch: «Ich glaube, dass du bereits eine sehr gute Freundin bist.» Meine Mitschüler und Mitschülerinnen murmelten ihre Zustimmung. Doch in mir spürte ich einen tiefen Mangel an Liebe für meine Freunde. Ich wollte eine gute Freundin sein und spürte, dass ich es nicht konnte. Ich fand die Liebe, die ich dafür brauchte, nicht in meinem Inneren. Das geht mir bis heute so. Ich wünschte, ich könnte anderen Menschen mehr Zuneigung entgegenbringen. Ich spüre hier bei mir einen tiefen Mangel.

Mein erster Impuls ist der Plan, es einfach härter zu probieren. *Try harder!* Ich musste in den letzten Jahren lernen, dass das zu größerer Erschöpfung und leider überhaupt nicht zu größerem Erfolg führt. Ich brauche es daher dringend, dass die Liebe, die ich für Freundschaften brauche, ihre Quelle nicht in mir hat. Sie hat ihre Quelle in Gott, der uns sein unerschöpfliches Reservoir an Liebe zur Verfügung stellt und uns mit seiner Großzügigkeit überrascht. Es sind Momente des Mangels, in denen ich das Geheimnis von Gottes Freundschaft für mein Leben entdecke. Oder, wie Hans Reinders es ausdrückt: Wir entdecken die Realität der Freundschaft Gottes nicht in der Fülle, sondern in der Gebrochenheit unseres Lebens.[22]

Das Gute ist, dass wir diese Liebe als Geschenk empfangen dürfen. Wir dürfen zu Freunden Gottes werden und empfangen, was diese Freundschaft für uns bereithält.

Und aus diesem Geschenk heraus können wir weitergeben – Liebe, Vergebung, Hingabe. Jesus setzt für Freundschaft das Ideal. Zum einen, weil die Freundschaft von Jesus immer zuerst fragt, was sie zu geben hat. Und zum anderen, weil sie bereit ist, das eigene Leben aus Liebe loszulassen.

GÖTTLICHE IDEALE UND MENSCHLICHE REALITÄT

Das klingt nach «weit außerhalb unserer Reichweite» und ist meiner und deiner Realität vielleicht sogar fremd. Selbsthingabe ist ein großes Wort, und die wenigsten von uns stehen irgendwann einmal wirklich vor der konkreten Entscheidung, für Freunde das Leben loszulassen.

Jesus hat das umgesetzt, was er zum göttlichen Ideal für Freundesliebe erklärt hat. Dieses göttliche Ideal ist wie ein heller Fixstern am Freundschaftshorizont – strahlend inspirierend, aber auch unheimlich weit weg. Ist das für meine Freundschaftsfragen eine hilfreiche Orientierung? Klaffen da göttliches Ideal und meine menschliche Realität nicht völlig auseinander?

Da ist also Gott, der uns aus freien Stücken auf Augenhöhe begegnen will und uns seine befreiende Freundschaft anbietet ... Und da ist Jesus, der sein Leben für seine Freunde hingibt ... Und dann gibt's da noch uns: Menschen wie du und ich mit Unzulänglichkeiten, Verletzungen, aber mit großer Sehnsucht.

Mit großer Sehnsucht nach Annahme und Anerkennung, die unsere Beziehungen überfordern kann, wenn wir von ihnen erwarten, was nur Gott zu geben versprochen hat. Ich glaube, dass die Freundschaft mit Gott meine wichtigste Beziehung ist, weil sie mich fest in dieser Welt verortet. In dieser Freundschaft erfahre ich, woher ich komme, wer ich bin und wohin ich gehe. Jeden Tag aufs Neue ist es diese Beziehung, die mich dazu befreit, Mensch zu sein. Ich selbst zu sein und zu werden. Aus der Freundschaft zu Gott fließt in meinen Alltag die Gnade, mit mir selbst befreundet sein zu können. Weil ich angenommen bin, kann ich mich selbst annehmen. Mein Selbst von Gott versorgt zu wissen, mich dadurch mit mir selbst anzufreunden, sind für mich ganz wichtige Grundvoraussetzungen, um Freundschaft in Freiheit leben zu können, da ich sonst Erwartungen an meine Freundschaften habe, die sie von vornherein sprengen. Es gibt Dinge, die kann uns kein Mensch geben, und es gibt Dinge, die kann ich mir selbst nicht geben. Die müssen mich aber nicht verzweifeln lassen, sondern wollen mich auf Gott hinweisen. Mein Freundschaftsideal kann ich nicht runterschrauben, weil Gott die Messlatte an sich sehr hoch angesetzt hat.

Es ist ein Ideal, das ich weder von anderen Menschen einfordern kann noch selbst anzubieten habe.

Aber warum es dann überhaupt versuchen? Warum nicht viel kleiner, viel realistischer anfangen?

Zum einen reizt mich das unausgeschöpfte Potenzial, das Gott mit Freundschaft zu verbinden scheint. Zum anderen möchte ich keine Angst vor Idealen in meinem Leben haben. Ich möchte mir nicht entgehen lassen, welche Tiefe und Schönheit am Horizont auf mich warten.

Es geht in der Gottesfreundschaft weniger darum, dass ich die Ideale selbst zum Ziel mache, sondern mich auf Gottes Verheißungen hin ausrichte. Es geht nicht darum, dass ich etwas nicht schaffen, sondern dass ich gespannt und erwartungsvoll auf die Möglichkeiten Gottes schaue. Auf die Weite, Größe und Freiheit, die an seinem Horizont auf uns warten. Dann bleibt das göttliche Vorbild kein unerreichbares Ideal, sondern wird zum Potenzial, das wir aus der Freundschaft mit ihm heraus für unsere Freundschaften schöpfen dürfen.

FREUNDSCHAFT IM ALLTAG

Mit Gott im Alltag unterwegs zu sein bedeutet für mich, dass ich mir bewusst mache, wer Gott ist und wer ich bin. Welche Aufgaben und Sorgen sind zu groß für mich und darf ich jeden Tag aufs Neue loslassen? Und welche Aufgaben sind dagegen am heutigen Tag zu bewältigen, die ich in Angriff nehmen darf und soll? Freundschaft mit Gott ist für mich ein Ausloten von tiefem Vertrauen in seine Güte und Größe und meiner Verantwortungsübernahme für den Bereich, der mir von Gott geschenkt und anvertraut wurde. Meine Beziehungen, meine Arbeit, meine Umgebung. Mir hilft es, dass ich das jeden Morgen nach dem Aufwachen mache, wenn der Tag noch frisch auf mich wartet, mein Kopf noch Kapazitäten hat.

- **Wer ist Gott, und was tut er?**
- **Wer bin ich, und was tue ich heute?**

Den Unterschied klar zu sehen, hilft mir, zum einen gelassener und vertrauensvoller, aber auch tatkräftiger in den Tag zu starten. Wie du deine Zeit und Freundschaft mit Gott gestaltest, wird so individuell sein wie dein Fingerabdruck. Ob du dafür gern aufs Feld oder in eine Kathedrale gehst, dir Musik aufs Ohr haust oder Liturgien folgst, sie durch Kunst und Tanz ausdrückst oder dich mit deiner Bibel und deinem Kaffee in deinen Sessel kuschelst, ist völlig gleich.

Es gibt unterschiedliche Wege, Gott zu begegnen und Beziehung mit Gott zu leben. Für mich sind auch meine Freundschaften ein solcher Weg. Freunde erinnern mich daran, wer Gott ist, wenn ich das manchmal nicht vor Augen habe. Freunde beten für mich, wenn ich den Mut und den Glauben an das Wunder in meinem Leben verloren habe. Freunde zeigen mir durch ihren Glauben, wie facettenreich Gott ist, und ich staune mehr über Gott, weil ich sein Handeln im Leben meiner Freunde sehe. Freunde erinnern mich auch daran, wer ich bin, wenn ich das selbst manchmal nicht sehe, und zeigen mir Liebe, indem sie mir Worte Gottes zusprechen: So erfahre ich, dass ich geliebt bin, gesehen und berufen, dass mein Leben in Gottes Hand liegt und ihm nicht aus dem Ruder läuft.

Du siehst, es gibt jede Menge Gründe, weshalb mein Glaube an Gott ganz viel damit zu tun hat, wie ich Freundschaften sehe und lebe, und ich wünsche dir und mir, dass wir groß träumen.

Und jetzt?

In diesem Kapitel ging es darum, auf welcher Grundlage unsere Werte basieren. Wie und was wir glauben, hat Auswirkung darauf, wie wir unsere Beziehungen leben. Welche Überzeugungen wir betreffend der Menschen und unserer Freundschaften haben. Welche Werte wir haben, bestimmt, wie wir leben und wer wir werden. Mein Glaube ist immer wieder meine Erdung – wer bin ich, wer ist Gott, und wie lebe ich meine Freundschaften vor diesem Hintergrund?

DU UND GOTT

- Was ist deine tiefste Sehnsucht, die selbst in Freundschaften nicht gestillt werden konnte?
- Wie hoffst du, dass deine Sehnsüchte konkret gestillt werden?
- Welche Rolle spielt dein Glaube bzw. deine Überzeugung für das Thema Freundschaft?
- Wie sieht dein Freundschaftsideal aus und warum?
- Wer lebt dein Freundschaftsideal?
- Kannst du etwas anfangen mit der Vorstellung «Gott als Freund» oder «Jesus als Freund»? Wenn ja, warum? Wenn nein, warum nicht?

Kapitel 3

VISION FREUNDSCHAFT. ODER: MEIN GROSSER TRAUM

Seelenverwandte sind nicht so selten,
wie ich dachte. Es ist großartig zu sehen,
dass es auf der Welt so viele davon gibt.[23]
—*Anne von Green Gables*

AUF DICH, MEIN FREUND!

Voll Dankbarkeit stehe ich heute hier und nehme die Königswürde dank Gottes Gnade an. Ich verdanke diesen Erfolg jemandem, der immer an mich geglaubt hat. Jemandem, der sich aus Liebe zu mir und Treue gegenüber Gott in die zweite Reihe gestellt hat. Dir, Jonathan, mit dem mich vom ersten Augenblick an eine tiefe Freundschaft verband und der du mich mehr liebtest als dein eigenes Leben. Mein Dank gilt diesem Mann, dessen Treue, Güte und Opferbereitschaft mehr als alles andere dazu beitrugen, dass ich heute bereit bin, diesen Platz einzunehmen.

Jonathan war ein Held und ein Vorbild, wie sie selten sind. Seine Pfeile trafen stets ihr Ziel, er war schneller als ein Adler, stärker als ein Löwe, loyal bis in den Tod. Dass er heute nicht an meiner Seite ist, ist für mich der größte Schmerz. Seine Freundschaft war für mich der größte Schatz in dieser Welt, den nichts und niemand ersetzen kann. In tiefer Demut stehe ich heute hier und wäre ohne Jonathan nicht der Mensch, der ich heute bin. Mit ihm habe ich den besten Menschen an meiner Seite verloren, und ich werde ihn für den Rest meines Lebens vermissen.

Fiktive Laudatio von König David
an seinen Freund Jonathan,
basierend auf Texten aus den
Samuel-Büchern der Bibel

45 Sekunden lang darf sie sein. Die Dankesrede einer Preisträgerin oder eines Preisträgers bei den Oscars. Das ist nicht lang, aber die Gewinner und Gewinnerinnen nutzen diese Zeit, um ihr wichtigstes politisches oder persönliches Anliegen kundzutun, und manchmal sprengen sie dabei den zeitlichen Rahmen. Manche Preisträger nutzen die Möglichkeit auch, um sich bei der Person zu bedanken, der sie ihren Erfolg zu verdanken meinen. Sie ehren jemanden, die oder der sie zu der Person hat werden lassen, die den Oscar glücklich entgegennehmen darf.

Wem würdest du diese 45 Sekunden widmen? Wer hat dich bisher am meisten geprägt, gefördert, für dich Opfer gebracht und dich gefeiert?

Als ich eine Predigt über die Freundschaft von David und Jonathan halten sollte, kam mir beim Durchlesen der Texte der Gedanke, dass David seine Laudatio bei den Oscars – ein Äquivalent aus der damaligen Zeit wäre vielleicht Davids Thronbesteigung – seinem besten Freund gewidmet hätte. Der Person, die ihm in den Höhen und Tiefen der Jahre vor seinem Erfolg zur Seite gestanden hatte. Der

Person, die ihn liebte, ihn herausforderte, an ihn glaubte. Zwischen David und Jonathan wird eine Freundschaft beschrieben, die mein Bild von Freundschaft 3000 Jahre nach ihnen herausfordert. Sie leben etwas vor, was mir in unserer heutigen Kultur selten begegnet ist: Eine Freundschaft, die von einer Tiefe, Loyalität und Verbindlichkeit geprägt ist, wie ich sie kaum in meiner Umgebung sehe. In den letzten Jahren ist mir die Freundschaft von Jonathan und David zum Vorbild geworden. Ich entdecke in ihr Prinzipien und universale Wahrheiten, die ihre inspirierende Kraft bis heute nicht eingebüßt haben. Ihre Freundschaft ist ein zeitloses Vorbild und kann unsere Freundschaft auch heute noch in die Weite führen. Die Freundschaft von David und Jonathan fordert mich dazu auf, meinen Freundschaften einen neuen Wert beizumessen. Sie hat mich herausgefordert, meine Haltung zu Freundschaft und meine Prägung näher anzuschauen. Ihre Freundschaft inspiriert mich, für meine Freundschaften eine Vision zu entwickeln. Vision klingt immer so heftig groß, ich weiß. Doch ich glaube, dass der Aufwand sich lohnt.

David sagt, dass die Freundschaft mit Jonathan das Größte für ihn war. Was bringt ihn dazu, eine solch absolute Aussage über Freundschaft zu machen? Sie macht mich neugierig, denn sie klingt für meine Ohren fremd. Warum sollte Freundschaft für jemanden das Wichtigste sein? Wie kommt es zu einer solchen Freundschaft? Und wie werde ich eine solche Freundin, ein solcher Freund?

Obwohl ich die Geschichte von David und Jonathan nicht zum ersten Mal las, dauerte es lange, bis ich sehen konnte, was David damit meinte. Denn ehrlicherweise waren Freundschaften für mich lange Zeit vor allem eins: selbstverständlich. So selbstverständlich, dass ich kaum über sie nachdachte.

FREUNDSCHAFT ALS SELBSTVERSTÄNDLICH ERACHTEN

«Am allermeisten wünsche ich mir einen Freund», stand in Kinderschrift auf dem Zettel. Bei einer Weihnachtsaktion für Kinder aus sozial benachteiligten Verhältnissen durfte jedes Kind Wünsche für Weihnachten aufschreiben, die dann erfüllt wurden. Meine Freundin erzählte mir, dass fast alle Kinder etwas aufgeschrieben hatten, was man mühelos im Einzelhandel finden konnte. Doch dieser Wunsch traf bei ihr einen Nerv. Dieses eine Kind wünschte sich am allermeisten einen Freund.

Mich bewegt es, wie tief die Sehnsucht nach einem Freund sein kann und wie dieser Weihnachtswunsch eines Kindes weit darüber hinausging, was man für Geld besorgen konnte.

Ich kann mich nicht mehr erinnern, was ich mir als Kind am meisten gewünscht habe, aber ich glaube nicht, dass es Freunde waren. Freundschaften waren für mich die meiste Zeit meines Lebens etwas ganz Selbstverständliches und ich habe sie nicht besonders wertgeschätzt. Sie waren einfach schon immer da. Ich wuchs in einer großen Verwandtschaft auf, sodass ich, wie bereits weiter oben erzählt, neben meinen vier Geschwistern sogar unter meinen Cousinen und Cousins aussuchen konnte, mit wem ich befreundet sein wollte. Außerdem gehörte ich zu einer Kirchengemeinde, in der es so viele Kinder und Jugendliche gab, dass ich mir auch da die Freunde einfach aussuchen konnte.

Aber inzwischen ist mir klar, dass nicht jeder meine Erfahrung teilt. Vielleicht erinnerst du dich an einen solchen Wunsch nach einer Freundin oder einem Freund? Hast die Erfahrung gemacht, dass Freundschaften nicht selbstverständlich sind, sie sogar schmerzlich vermisst, und trägst möglicherweise sogar alte Verletzungen mit dir herum, weil jemand mal nicht mit dir befreundet sein wollte?

Wenn ja, tut es mir von Herzen leid. Mir fallen Gespräche mit Menschen ein, denen es aufgrund ihrer Kindheit schwerfällt, Freundschaft im Erwachsenenalter zu wagen. Ich wünschte, allen Kindern auf der Welt könnten solche Erfahrungen erspart bleiben, aber das entspricht eben nicht der Realität.

Meine Hoffnung ist, dass wir nicht für immer bei den Wunden unserer Kindheit stehenbleiben müssen, unser Leben nicht von frühen oder alten Freundschaftsverletzungen geprägt bleibt. Ich wünsche mir im Nachhinein, dass ich für die Freundschaft als Kind einen bewussteren Blick gehabt hätte – dass ich Kinder, die diese Erfahrung so schmerzlich vermissten, gesehen hätte. Wie man als Erwachsene Kinderfreundschaften fördern kann, muss an anderer Stelle mal vertieft werden.

Ich selbst hatte als Kind eine erklärte beste Freundin, mehrere engste Freundinnen, einige Kumpel und einen großen Bekanntenkreis, bei dem stets neue Menschen kamen und gingen. Freundschaften entstanden in der Kirche, in der Schule und sogar im Urlaub. Mein Zugang zu Freundschaft war als Kind unbedarft, vertrauensvoll und einfach. Ich habe auch nicht erlebt, zumindest kann ich mich nicht daran erinnern, dass jemand nicht mit mir befreundet sein wollte.

Ich weiß nicht, ob es für jeden stimmt, aber bei mir hat diese Selbstverständlichkeit dazu geführt, dass Freundschaft auch keines Aufwands bedurfte. Freundschaften sollten Spaß machen, unkompliziert sein und kein Drama verursachen. Ich kannte das Gefühl nicht, auf eine Freundschaft angewiesen zu sein, mich von jemandem abhängig zu fühlen oder etwas investieren zu müssen, um eine Freundschaft zu behalten. Meine beste Freundin und ich waren eine undramatische Selbstverständlichkeit, wir stritten nicht, wir ließen einander stehen und genossen die unkomplizierte Zeit miteinander. Wir ließen einander viel Freiheit und waren dankbar, dass wir uns gegenseitig nicht so vereinnahmten, wie wir es bei anderen sahen. Aufgrund dieser Freiheit blieben wir gern beieinander, machten uns das Bleiben gegenseitig leicht.

Auch auf andere Kinder- und Jugendfreundschaften blicke ich mit großer Leichtigkeit zurück, denn ich war fest entschlossen, sie dramafrei zu halten. Selbstverständlich, unkompliziert und unabhängig – ich lebte meinen persönlichen Freundschaftstraum. Wenn Gilbert Meilaender schreibt, dass der Versuch, Fehler in Freundschaften zu vermeiden, dazu führt, dass wir keine haben werden,[24] hätte ich ihm das Gegenteil bewiesen. Dachte ich zumindest.

Ich war achtzehn Jahre alt und fühlte mich, als hätte ich die Welt verstanden, als eine enge Freundin das Gespräch mit mir suchte. «Franzi, neben dir kann man sich als Freundin nur schlecht fühlen, denn du bist *zu perfekt*. Alle mögen dich, aber eigentlich lässt du niemanden so nah an dich ran, dass man mehr sehen würde.»

Sie sagte es nicht gemein oder anklagend, sondern behutsam. Sie teilte eher eine Beobachtung, als dass sie mich kühl diagnostizierte. Ich verstand sie aber nicht. Dass ich nicht perfekt war, wusste ich, aber dass mich alle mögen, war doch mein Freundschaftsziel. Oder etwa nicht? Ich begriff damals nicht, was sie meinte. Was ich mitnahm, war, dass ich meinen Freunden nicht das Gefühl geben wollte, «perfekt zu sein». Dieses Gespräch ist eine der wenigen Konfrontationen in Freundschaften, an die ich mich in meinen Teeniejahren erinnern kann. Es hat sich eingeprägt, denn sie sprach einen Punkt an, der mich für

Jahre begleiten würde, bevor ich ihn wirklich verstehen konnte. Doch mit achtzehn wollte ich vor allem eins: perfekt sein. Keine Fehler machen, jeden Bereich meines Lebens optimieren. Ich hatte die vergangenen zwei Jahre viel darangesetzt, meine Ecken und Kanten abzuschleifen. Meine stressigen Teeniejahre waren längst Vergangenheit, mein Körpergewicht nach unzählbaren Diäten endlich im Normalbereich, meine Noten sehr gut, mein soziales Engagement sehenswert und meine Lesegeschwindigkeit beneidenswert. Ich las, was ich in die Finger bekam, war wissbegierig, ständig am Optimieren und sah keinen Lebensbereich, den ich nicht völlig unter Kontrolle gehabt hätte. Ich las Bücher über Kommunikation und Charakterbildung und lernte, mich reibungslos zu verhalten. Ich wollte gut sein. Eine gute Schwester, eine gute Tochter, eine gute Schülerin und eine gute Freundin.

Was meine Freundin damals spürte und andere nach ihr, dämmerte mir erst ein paar Jahre später: Ich konnte kaum tiefere Einblicke geben in das, was ich fühlte, weil ich dazu selbst keinen guten Zugang hatte. Ich funktionierte nach außen hin wie eine gut geölte Maschine und meinte, dass das der Grund für meine gelungenen Beziehungen war. Ich empfand das nicht als anstrengend, denn ich kannte mich nicht anders. Ich konnte mich gar nicht verletzlich zeigen, denn ich fühlte mich nicht verletzlich. Ich war stark, kontrolliert und darauf fokussiert, mich zu optimieren.

Drei Jahre später wiederholte sich das Gespräch in einem anderen Kontext. Ich war Anfang zwanzig, zum Studium weggezogen und liebte die Freiheit des Studentenlebens. Wir saßen in meinem WG-Zimmer auf meiner kleinen Couch, als eine Freundin mich fragte, warum ich nie beleidigt und verletzt reagieren würde. Ihr sei aufgefallen, dass mich scheinbar nie etwas zu stören schien.

«Das ist doch gut, oder?», erwiderte ich lächelnd. Ich wurde ernster und antwortete wahrheitsgemäß, dass mich nichts verletzen würde. So empfand ich es, und so lebte ich meine Freundschaften: frei, freundlich, zugewandt, aufmerksam, aber auch sehr kontrolliert, portioniert und innerlich zu distanziert, um überhaupt verletzt werden zu können. Ich lebte Freundschaften so, wie ich war. Mit dem, was ich über mich und die Welt wusste. Ich wollte Dinge gut machen, ich wollte Dinge richtig machen, und ich wollte eine gute Freundin sein.

Es überrascht nicht, dass dieses Selbstbild irgendwann zu bröckeln begann. Grund dafür waren meine Freunde. Menschen, die mir behutsam halfen, mir selbst auf die Schliche zu kommen. Denn was ich lange als emotionale und geistliche Reife in meinem Leben sah, entpuppte sich wachsend als dicke Schutzhülle um einen sensiblen Kern in meinem Inneren, den ich noch kaum kannte.

Ich kann mich noch gut an den Moment erinnern, in dem ich mir zum ersten Mal eingestand, dass mich jemand verletzt hatte: Ich fing an zu spüren, wie sehr ich von meinem perfektionistischen Optimierungsbestreben erschöpft war. In der Zeit spürte ich, wie sehr ich innerlich davon überzeugt war, dass ich nur Freunde hatte, weil ich so unkompliziert war und so hart versuchte, es jeder und jedem recht zu machen. Ich stellte mich meiner Angst, dass ich verlassen werde, wenn ich aufhöre zu funktionieren. Und meine Freunde bewiesen mir das Gegenteil. Verschiedene Freunde halfen mir durch die Wirren meiner Selbstwerdung und meiner Quarter-Life-Krise. Freundschaften, die ich als sichere Orte entdeckte, an denen ich sein durfte, ohne etwas tun oder performen zu müssen. Sie wurden zu Orten, an denen ich lernte, dass ich Fehler machen darf, an denen ich Nähe erlebte, verletzlich war und auch verletzt wurde. Es sind gute Freunde und Freundinnen, die mir in ihrer Unterschiedlichkeit halfen, ich selbst zu werden. Die meine größten Ermutiger waren und noch sind, mir ehrlich den Spiegel vorhalten, die sich als treue Gefährten in den Stürmen meiner Zwanziger zeigten, nicht aufhörten, das Beste in mir zu sehen, und mich herausforderten, mutige Schritte im Hinblick auf meine Berufung zu gehen.

Seit dieser Zeit hat sich mein Blick auf Freundschaften verändert. Die Selbstverständlichkeit, mit der ich meine Freundschaften in meiner Jugendzeit hinnahm, und die Leichtigkeit meiner frühen Zwanziger wichen einer Dimension von Freundschaft, die meinem Leben eine ungeahnte Tiefe und Qualität verliehen. Ich verdanke meinen Freundschaften unglaublich viel und meine besten Seiten wurden durch meine Freunde zutage gefördert. Es ist, wie Aristoteles sagt: Zum Überleben braucht man keine Freunde, aber für das höchste, für das tiefste Leben schon.

Ich kann heute Freundschaften nicht mehr unterschätzen, denn ich habe ihr Potenzial geschmeckt.

Was wir einmal begonnen haben zu sehen, können wir nicht mehr ungesehen machen. Nachdem ich Freundschaft anders erlebt habe, in ihr eine neue Tiefe entdeckte, kann ich nicht mehr *nicht* über Freundschaften nachdenken. Mein Blick hat sich verändert. Meine Erwartung ist eine andere. Klarheit ist gewachsen, meine Erwartung höher, die Unterscheidung klarer geworden.

Ich habe in den vergangenen Jahren angefangen, meine Freundschaften bewusster zu reflektieren. Mancher Impuls zur Veränderung kam aus diesen Reflektionen, andere wurden durch Freunde angestoßen und manche legte das Leben mir vor die Füße.

FREUNDSCHAFT HÄLT GESUND

Viele Menschen sagen zunächst, dass Freundschaften sehr wichtig sind. In einer Umfrage (2020) unter 23.000 Deutschen wurden sogar die besten Freundinnen und Freunde als wichtigstes Kriterium[25] für das Lebensglück benannt. Die Familie nahm Platz 2, die glückliche Partnerschaft Platz 3 ein.

Gute Freundschaften tragen laut der Studie zur psychischen Gesundheit bei. Sie können Stress lindern, das Risiko für Depressionen senken und das Selbstwertgefühl steigern. In der Studie wird die These aufgestellt, dass Freundschaften meistens länger halten als Liebesbeziehungen. Dass Freundschaften genauso wichtig sind wie Partnerschaften, aber nicht entsprechend priorisiert gestaltet werden, ist das Ergebnis der Studie.

In der Auswertung heißt es aber auch, dass ab Mitte dreißig viele Menschen ihre Freundschaften vernachlässigen. Neben Karriere, Partnerschaft und Kindern bleibt kaum noch Zeit für sie. Singles nehmen sich im Durchschnitt doppelt so viel Zeit für ihre Freunde, was aber nicht zwangsläufig bedeutet, dass für Menschen in Beziehungen Freundschaften weniger wichtig sind.

Sprich: Wir sehnen uns nach Freundschaften, glauben auch, dass sie wichtig sind, aber leben und erleben sie meist nicht in der Art und Weise, wie wir sie uns wünschen und vielleicht auch brauchen. Hat C. S. Lewis also recht damit, dass wir kaum echte Freundschaften kennen, weil wir sie vernachlässigen?

Auch in persönlichen Erwartungen klaffen Ideal und Realität teilweise auseinander. Auf der einen Seite hat man 1500 Freunde in den sozialen Medien, aber wenn man Hilfe beim Umzug braucht, weiß man nicht, wen anrufen. Man sehnt sich nach tiefem Austausch, aber ist entweder zu «busy» oder zu abgelenkt, um sich auf ein Gespräch einzulassen. Wir leiden unter *FOMO* (engl. «Fear of missing out»), wollen uns nicht festlegen, halten uns gerne alle Optionen offen, und gleichzeitig wünschen wir uns bleibende Freundschaften, auf die wir uns verlassen können. Doch alle Optionen offenhalten und Verbindlichkeit erleben, das schließt einander aus. Wir können nicht im Möglichen schweben, wenn wir echte Freundschaft erleben wollen.

Ich hatte über Social Media gefragt,[26] was man sich in Bezug auf Freundschaften wünscht. Bei der überwiegenden Mehrheit lautete der Wunsch, dass die Freundschaft «für immer» hält. Dass man zusammen alt wird und sich die Freundschaft durch dick und dünn bewährt. Dass man auf Vergangenes einmal zurückschaut und gemeinsam lachen und staunen kann. Obwohl wir gerne unverbindlich bleiben wollen und die Erfahrung gemacht haben, dass Freundschaften nur für eine gewisse Zeit andauern, scheinen viele sich nach Verbindlichkeit und Langlebigkeit zu sehnen.

Ich finde es inspirierend und ermutigend, wenn ich mit Menschen spreche, die einen guten Teil ihres Lebens bereits hinter sich haben und enge Freundschaften leben, die seit Jahrzehnten bestehen. «Meine beste Freundin und ich waren wie Arsch auf Eimer», erzählte mir eine Mittfünfzigerin, deren Freundschaft in ihren Vierzigern endete, weil ihre beste Freundin an Krebs verstarb. Ihr Blick glitt in die Ferne und ihre Augen fingen an zu leuchten, als sie von ihrer Freundin und den 25 gemeinsamen Jahren sprach. Sie erzählte sehr berührend von einer Verbundenheit und Tiefe, trotz zahlreicher Veränderungen.

Neulich unterhielt ich mich mit einer 84-jährigen Freundin, deren engste Freundschaften sogar noch länger andauerten und die es als großen Schmerz erlebt, am Grabe enger Freunde zu stehen, mit denen sie Jahrzehnte unterwegs war. *Hoffentlich sterben meine engsten Freunde nach mir!*, schoss es mir egoistisch durch den Kopf.

Auch einer meiner Onkel überraschte mich neulich, als er erzählte, dass seine besten Freundschaften schon ein paar Jahrzehnte andauerten und an Tiefe nicht verloren haben.

Solche Geschichten inspirieren mich und machen mir Mut, dass es sich lohnt, an Freundschaften festzuhalten. Doch echte, tiefe, verbindliche Freundschaften, die über Jahrzehnte andauern, scheinen mehr die Ausnahme als die Regel zu sein, oder was denkst du?

MEIN «BIG PICTURE» FÜR FREUNDSCHAFT

Ich möchte dich ermutigen, dir bewusst zu werden, welche Freundschaften du in deinem Leben möchtest, wie du sie lebst und was vielleicht verändert werden muss, damit dein Wunsch zur Realität wird. Ich will dich auffordern, die große Perspektive deines Lebens aufzureißen und dich zu fragen, was am Ende dabei rauskommen soll. Ein Dozent aus meinem Theologiestudium nannte mich «Big-picture-Person», weil mich weniger die Details als vielmehr die große Gesamtperspektive und ihre Bedeutung interessierten. Ich denke in großen Idealen, erstrebenswerten Zielen, mich interessiert die Metaebene – das «Big picture» eben.

- Kennst du Menschen, die tiefe Freundschaften über Jahrzehnte pflegen und im Kreis enger Freunde alt werden?
- Wie leben deine Eltern Freundschaften?
- Was ist dein Wunsch für deine Freundschaften?
- Und wie möchtest du das umsetzen?

David und Jonathan sind für mich ein Vorbild, weil sie ihre Freundschaft mit Vision gelebt haben. Ihre Freundschaft wuchs zu einer tragfähigen Beziehung, weil sie ihnen etwas bedeutet hat. Und diese Bedeutung zeigte sich darin, dass sie einander mochten, bereit waren zu investieren und der Freundschaft treu blieben, auch als es schwer wurde.

Tiefe Zuneigung aussprechen

- **Zeigst du Menschen, was sie dir bedeuten?**
- **Wissen deine Freunde, wer sie für dich sind?**

Über David und Jonathan heißt es, dass sie vom ersten Augenblick an eine tiefe Freundschaft verband. Sie liebten einander wie ihr eigenes Leben (1. Samuel 18,1ff.). Es war Freundschaft auf den ersten Blick. Jonathan, der aufstrebende Königssohn, erlebt David, einen jungen Hirten und Musiker im Dienst seines Vaters, und sieht in ihm etwas, was ihn begeistert und tiefe Sympathie weckt. Ihre Seelen verbinden sich, was als Bild für Freundschaft in die Geschichte einging. Du bist mir wichtig. Du bist wertvoll. Ich brauche dich. Du tust mir gut. Ich schätze deinen Rat und deine Stimme in meinem Leben. Ich mag dich.

In unserer Gesellschaft, in der Freundschaften vielfach lose sind, kommen Gefühlsbekundungen schwer über unsere Lippen. Liegt das an unserer Kultur, an der Angst vor Zurückweisung oder am Mangel an Freundschaften, in denen wir so tief empfinden?

Tiefe Zuneigung ist ein Basisaspekt von Freundschaft. Wir sollten unsere Freunde richtig gernhaben und gerne Zeit mit ihnen verbringen. Es ist ein Gefühl, das mich zu dem anderen hinzieht, mich mit ihm oder ihr verbunden fühlen lässt. Was wir denken und sagen, formt unsere Freundschaft. Worte schaffen Beziehung.

- **Was empfindest du gegenüber deinen Freunden?**
- **Wann hast du deinen Freunden zuletzt gesagt oder gezeigt, was sie dir bedeuten?**
- **Inwiefern fällt es dir schwer, auszudrücken, was deine Freunde dir bedeuten?**

Bleibende Verbindlichkeit

Neben tiefer Zuneigung ist der zweite Aspekt, der die Freundschaft von David und Jonathan kennzeichnet, bleibende Verbindlichkeit.

- **Können sich deine Freunde auf deine Zuneigung und Freundschaft verlassen?**
- **Bist du jemand, dem Verbindlichkeit in Freundschaft wichtig ist?**

David und Jonathan schließen einen Freundschaftsbund und versprechen sich ewige Freundschaft (1. Samuel 18,3). Du und ich, wir zwei für dieses Leben. Ich finde, dass das etwas kitschig klingt. So, als würden sich zwei kleine Kinder Plastikarmbänder mit der Aufschrift «Friends forever» kaufen und naiv daran glauben, dass ihre Sandkastenfreundschaft ein Leben lang hält. Als ob! Doch hier geht es um zwei erwachsene Männer mit Kriegserfahrung, und das Ambiente ihres Versprechens ist weder romantisch noch kitschig. Ihr Versprechen basiert auf Zuneigung, darauf, dass sie einander brauchen. Ihr Versprechen ist auch politisch, denn Jonathan fordert von David, dass er seine Nachkommen verschont, sollte er König werden. Ihr Versprechen hat auch eine geistliche Komponente, denn sie versprechen sich Treue vor Gott und nehmen Gott als Dritten im Bunde auf.

Freundschaftsbünde sind in unserer Zeit eine Seltenheit, und ich gehe später darauf ein, warum ich selbst einen eingegangen bin.

Verbindlichkeit muss natürlich nicht immer bedeuten, dass man einen Bund fürs Leben schließt. Trotzdem sollten wir uns fragen, welchen Stellenwert eine Freundschaft hat, welchen Platz ein Freund oder eine Freundin im Leben einnimmt und welche Sicherheit man Freunden signalisiert, dass man nicht beim kleinsten Konflikt «keinen Bock mehr» hat und sich zurückzieht. Es geht bei Verbindlichkeit um Treue, um Verlässlichkeit und um Klarheit, in welchem Modus eine Freundschaft gelebt wird.

- **Wissen deine Freunde, dass du für sie da bist?**
- **Welche Freundschaften halten bei dir schon länger als sieben Jahre und warum?**

Echte Opferbereitschaft

Nach tiefer Zuneigung und bleibender Verbindlichkeit noch ein drittes: echte Opferbereitschaft. Als Ausdruck ultimativer Liebe hatte ich schon im zweiten Kapitel darüber gesprochen. Ultimativ zeigt Jesus seine Freundschaft, indem er sein Leben hingibt für seine Freunde. Damit lebt er uns das Prinzip vor, dass Freundschaft etwas kosten kann. Die Frage lautet, darf sie das wirklich? Darf Freundschaft Opfer von uns verlangen? Und wenn ja, welchen Preis bist du bereit zu zahlen?

Bei David und Jonathan hatte die Freundschaft ihren Preis. Als Sohn des Königs hätte Jonathan Anspruch auf den Thron gehabt. Aber statt seinen Anspruch geltend zu machen, räumt er für David das Feld. Er dankt ab und übergibt David die Autorität. Jonathan stellt sich gegenüber seinem besten Freund in die zweite Reihe, erkennt Davids göttliche Berufung an und ist bereit, dafür zurückzustecken. Die Freundschaft zu David kostet Jonathan auch seine Vaterbeziehung, denn Saul ist besessen davon, David umzubringen. David wiederum weiß, dass er aufgrund der Opfer Jonathans überhaupt erst an dem Punkt ist, den er erreicht hat. Ohne Jonathans Freundschaft und Schutz wäre er nicht da, wo er ist.

Jonathans Charakter, seine Stärke, seine Demut und sein aufrichtiger Wunsch, das Beste für seinen Freund zu tun, machen David zu einem besseren Menschen.

Jonathan hätte ohne David vermutlich ein unbeschwerteres Leben gehabt, aber die Freundschaft war ihm wichtiger. David war ihm wichtiger. Die Freundschaft der beiden ist geprägt davon, dass sie einander Gutes unterstellen, Gutes vom anderen einfordern und bereit sind, dafür Opfer zu bringen.

Als Jonathan stirbt, hinterlässt er eine klaffende Lücke im Leben von David. Ich habe mich gefragt, ob David so manchen Fehler in seinem Leben gemacht hätte, wäre Jonathan an seiner Seite geblieben – so treu, so ehrlich, das Beste von ihm einfordernd. Sie haben einander daran erinnert, um was es wirklich geht, und so weist ihre Freundschaft über ihr Leben hinaus und wird zum Vorbild.

Opferbereitschaft ist nicht unbedingt ein Attribut, das wir unseren Freundschaften zuschreiben. Freundschaften sollen schön und einfach sein und guttun. Solange sie das leisten, sind wir mit ihnen zufrieden. Doch wenn eine Freundschaft ihre Leichtigkeit verliert, kennen wir nur wenige Mittel, um uns der Herausforderung konstruktiv zu stellen. Wir haben nicht gelernt, für unsere Freundschaften zu kämpfen, und finden den Gedanken, dass Freundschaften etwas kosten oder einfordern könnten, unbequem, oder?

- **Darf dich Freundschaft etwas kosten?**
- **Und wenn ja, welchen Preis bist du bereit zu zahlen?**

Vermutlich könnte man die Liste um weitere Aspekte ergänzen, aber die drei Kennzeichen, die ich herausgegriffen habe, skizzieren schon sehr gut den Rahmen des Vorbilds, das David und Jonathan uns geben. In unserer Zeit beginnen Freundschaften sicher meist viel unspektakulärer, und es stehen bei den meisten von uns auch nicht gleich Leben und Tod auf dem Spiel. Doch die Fragen, die das Vorbild auslöst, sind geblieben, denn unsere Sehnsucht nach Freundschaft ist seit 3000 Jahren dieselbe geblieben. Das Vorbild fordert mich heraus, denn es verlangt mir Ehrlichkeit ab. Es fordert mich heraus, in den Spiegel zu schauen und mich zu fragen: «Franzi, was für eine Freundin bist du? Und was für eine Freundin möchtest du sein?»

WAS FÜR EINE FREUNDIN, WAS FÜR EIN FREUND MÖCHTE ICH SEIN?

Es gibt Kalenderzitate wie: «Sei der Mensch, dem du selbst gerne begegnen möchtest!», oder – wie der Schriftsteller Ralph Waldo Emerson es eleganter ausdrückt: «Der einzige Weg, einen Freund zu haben, ist der, selbst einer zu sein.» Das ist sehr poetisch ausgedrückt, und, wie ich glaube, auch sehr wahr. Wir können Freundschaften nicht «haben», wir können sie nur leben, und wir leben sie so, wie wir sind.

Wir beginnen mit unseren Gedanken zur Freundschaft häufig bei unserem Bedürfnis: Was für Freundschaften wünsche *ich* mir? Welche Freunde bräuchte *ich*, was täte *mir* gut? *Ich* sehne mich nach Freundschaft. *Ich* wünsche mir Annahme, Verbindlichkeit und Tiefgang. *Ich* wünsche mir Treue, Ehrlichkeit und Spaß ...

Aber keiner will gerne die Person sein, die selbst damit anfängt.

Freundschaft beginnt jedoch nicht beim Gegenüber, sondern bei mir. Ich werde die Freundschaften erleben, die ich lebe. Ich lebe Freundschaft so, wie ich bin, und mit dem, was ich kann und weiß.

- Was für ein Freund, was für eine Freundin möchtest du sein?
- Welche Werte und Ideale möchtest du leben?
- Welche Ziele möchtest du verfolgen?
- Was willst du in einer Freundschaft anbieten können?

Im Mentoring-Programm meiner Kirche bekam ich vor einigen Jahren die Aufgabe, eine fiktive Grabrede (oder für diejenigen unter uns, die das zu morbide finden: eine Festtagsrede anlässlich des sechzigsten Geburtstags) zu schreiben, die ein enger Freund oder eine enge Freundin an meinem Grab bzw. bei meinem Geburtstag halten würde. Diese Übung soll helfen, eigenen Werten auf die Spur zu kommen. Eine Art Leitbild für den Alltag zu formulieren, das sich aus der Perspektive ergibt, was für eine Person man zum Lebensende gerne sein möchte.

- Was will ich, dass meine Freunde am Ende über mich sagen?

Ich wünsche mir, ehrlich gesagt, dass meine Freunde am Ende Ähnliches über mich sagen können wie David über Jonathan. Vielleicht nicht mit dem gleichen kriegerischen Vokabular, aber mit der gleichen Tiefe. Ich möchte eine «Jonathan-Freundin» sein. So liebend und das Beste suchend. So ehrlich, aufopferungsvoll und treu.

Ein Thema, das bei der Übung für mich rausstach, war das Thema Treue. Mich bewegte die Treue Gottes zu mir in meinem Leben damals sehr und inspirierte mich, ein treuer Mensch werden zu wollen. Ja, ich will eine treue Freundin sein. Ich möchte für meine Freunde da sein. Ich möchte, dass Freunde sich auf mich verlassen können, dass das Wort «Treue» etwas gilt. Ich möchte im Konflikt nicht gehen, sondern bleiben.

Gleichzeitig spürte ich in mir, dass ich das nicht war. Ich war nicht die treue Freundin, die ich gerne sein wollte. Mir war die Freiwilligkeit wichtiger als das Bleiben. Meine Unabhängigkeit wichtiger als die Bindung. Mir fällt es schwer, nicht zu gehen, wenn es anstrengend wird. Denn der Wunsch nach Treue trifft auch bei mir auf Konfliktscheu, Harmoniebedürfnis, Angst vor Verlusten und Egoismus.

Aber Treue und Freiheit müssen sich nicht immer ausschließen.

AUS FREIHEIT BLEIBEN

Früher habe ich über meine Freundschaften gesagt: «Wenn jemand nicht mehr mit mir befreundet sein will, dann ist die Person frei, jederzeit zu gehen.» Das kam mir lange leicht über die Lippen, weil mir Freiheit ein sehr wichtiger

Wert ist. Es war mir wichtig, dass meine Freunde sich frei fühlten. Sie sollten nicht das Gefühl haben, dass ich ihr Bleiben erwarte oder sie einenge. Meine eigene Sehnsucht nach Freiheit, die ich in Kapitel 1 als «Sein ohne Tun-Müssen» beschrieb, war unbewusst der Wert geworden, wie ich selbst Freundschaften leben wollte.

Obwohl ich es ernst meinte, in meinen Freundschaften viel Raum geben und das mit der Freiheit großzügig meinen wollte, stellte ich auch fest, dass der Satz viel über mich selbst offenbarte: Ich wollte mich selbst nicht durch Freundschaften eingeengt fühlen, nicht unter Erwartungsdruck performen oder in Abhängigkeiten geraten. Freunde, die immer alles miteinander machten und alles voneinander wussten, waren für mich kein wünschenswerter Ausblick. Ich wollte unabhängig sein und bleiben, ich wollte nicht klammern und auch nicht umklammert werden.

Zu sagen: «Du kannst jederzeit gehen», stand nicht nur für Freiheit, es stand auch für Distanz, auch für eine Schutzfunktion, dass es mir nichts ausmachen darf und soll, wenn du gehen willst. Es stand auch für das Wissen, dass man Menschen nicht zwingen kann zu bleiben, wenn jemand eine Freundschaft nicht will. Die Angst vor dem Verletzt- oder Verlassenwerden tarnte sich als Gleichgültigkeit, als «Freiheit».

Doch man wird aus der Distanz keine tiefe, verbindliche Freundschaft erleben. Mein Wunsch nach Freiheit kollidierte mit meinem Wunsch nach Treue. Meine Angst vor Enge traf auf die Angst vor Unverbindlichkeit und Beliebigkeit. Auszudrücken, dass ich bleiben will, dass es mir um dich geht, macht mich verletzlich. Dir zu sagen, dass ich will, dass du bleibst und ich dich in meinem Leben möchte, macht mich verletzlich.

In Freundschaften zu bleiben, ist eine schwierige Aufgabe. Sie fordert mich heraus. Ich möchte bei Konflikten eigentlich gehen, mich zurückziehen, flüchten und auf Distanz gehen. Doch wenn ich das Potenzial von Freundschaften in ihrer Langlebigkeit und Tiefe erfahren will, dann muss ich lernen zu bleiben. Ja, ich möchte lernen zu bleiben. Um Freundschaften in tiefer Zuneigung, bleibender Verbindlichkeit und echter Opferbereitschaft zu erfahren, muss ich lernen zu bleiben.

- Was musst du lernen?

FREUNDSCHAFT KANN MAN LERNEN

Freundschaft kann man lernen, und ich wage zu behaupten, dass man sie auch lernen *muss*, wenn man sie in ihrer Tiefe erleben will. Ich schreibe dieses Buch nicht, weil ich denke, dass ich als gute Freundin geboren wurde. Ich habe in den letzten Jahren lernen müssen, dass meine Freunde mich um meiner selbst willen mögen. Ich musste lernen, Konflikte anzusprechen. Ich musste lernen, mit Verlusten und Verletzungen fertigzuwerden, und ich musste lernen, wie Freiheit und Treue zusammengehen. Im Lernen zu bleiben setzt immer voraus, dass ich etwas noch nicht kann oder weiß, und das zuzugeben fällt nicht leicht.

Es ist keine Schande, sich einzugestehen, dass man etwas nicht so gut kann, wie man fälschlicherweise angenommen hat. Freunde fallen nicht fertig vom Himmel, weil wir selbst nicht fertig vom Himmel fallen. Doch wir können uns dieser Lernaufgabe stellen und Freundschaft üben.

Ich meine, dass ich zumindest in Ansätzen verstehen kann, was für ein Verlust es für David war, als Jonathan, sein bester Freund, starb. Ich denke an meine besten Freunde, und mir kommen allein beim Gedanken an ihren

Verlust schon die Tränen hoch. Ohne sie würde ein Teil von mir fehlen, den nur sie jeweils hervorbringen. Ohne sie würde in diesem Leben etwas fehlen, was es lebenswert macht. Das deutet schon an, dass es ohne Schmerz nicht gehen wird, denn nicht alle Freunde bleiben. Aber dazu später mehr.

Freundschaft kann man lernen. Während des gesamten Buchschreibeprozesses habe ich mit Leuten über das Thema Freundschaft gesprochen. In Gesprächen, die häufig erst am späten Abend bei einem Glas Wein endeten, analysierten wir unsere Freundschaften. Mir fiel auf, dass die meisten Menschen gerne über das Thema sprachen, langjährige Erfahrungen hatten und dennoch ihre Freundschaften wenig reflektierten. Sie waren sich wenig bewusst, wie sie ihre Freundschaften lebten, und hatten wenig «Handwerkszeug» an der Hand, über die Brüche, Herausforderungen und Fragen zu sprechen.

Und plötzlich wurde man als Freundschaftsexpertin behandelt: «Also, Franzi, wie definiert man denn überhaupt Freundschaft?», «Sag mal, Franzi, wie wird man eine Freundschaft eigentlich wieder los?», «Wie war das mit deinen Freundschaften, als du weggezogen bist? Dich verliebt hast?», «Hält man an einer Freundschaft fest, wenn sie bereits am Ausbluten ist?»

In jedem einzelnen Gespräch hörte ich Geschichten und Fragen, die mich neu ins Nachdenken brachten. Denn natürlich habe ich kaum einfache, fertige Antworten. Freundschaften sind vielfältig, komplex und individuell. Und obwohl unsere Erfahrungen nicht deckungsgleich waren, so gingen doch unsere Fragen in ähnliche Richtungen: Wie entsteht Freundschaft eigentlich? Wie lotet man unterschiedliche Erwartungen und Grenzen aus? Kann man, und wenn ja: wie langfristig, mit dem anderen Geschlecht befreundet sein? Wie kann man Freundschaften bewahren, wenn sich grundlegende Überzeugungen ändern? Wie beendet man eine Freundschaft gut? Und vielleicht führen diese Fragen schon auf den Weg, auch Antworten zu entdecken. Voneinander zu lernen. Wir werden nicht als gute Freunde geboren, aber wir dürfen Freundschaft lernen und dahinter verbirgt sich, trotz all der Fehler, die wir machen werden, und potenziellem Schmerz, dem wir begegnen, auch etwas, worum es sich zu kämpfen lohnt.

Und jetzt?

Okay, ehrlich gesagt, klingt «Vision» immer so heftig groß. Das erinnert mich dann an tiefschürfende Abende, wo man innerhalb von wenigen Augenblicken auf die Frage «Sag mal, hast du eigentlich eine Lebensvision?» eine aufrichtige Antwort finden soll. Ganz schön überfordernd, oder? In diesem Kapitel ging es in erster Linie darum, dass wir Freundschaft lernen *müssen*, aber vor allem lernen können. Dass wir in Freundschaften nur geben können, was wir *haben* – eine Tatsache, derer wir uns häufig nicht bewusst sind. Wir überlassen Freundschaft dem Zufall und schöpfen ihr Potenzial nicht aus, weil wir unsere Ressourcen für sie nicht klar vor Augen haben. Ich möchte dich einladen, groß zu träumen und gleichzeitig bewusst kleine nächste Schritte zu gehen. Mein eigener großer Traum ist auch, dass meine engsten Freundschaften für immer bleiben. Wir gemeinsam alt werden. Das bedeutet für mich, dass ich lernen muss, zu bleiben. Zu bleiben, wenn es schwer wird, und nicht nur hart daran zu arbeiten, dass meine Freundschaften locker-flockig sind. Es bedeutet zu investieren, auch wenn es mich etwas kostet. Was bedeutet es für dich?

DEINE VISION

- Welche Rolle haben Freundschaften in deinem Aufwachsen gespielt?
- Welche Verletzungen in Freundschaften halten dich davon ab, von Freundschaften Großes zu erhoffen?
- Welcher Aspekt an der Freundschaft von David und Jonathan inspiriert dich?
- Schreibe eine fiktive Rede, die ein Freund oder eine Freundin an deinem Grab halten würde.
- Formuliere eine Freundschaftsvision: Was für eine Freundin, was für ein Freund möchtest du sein? Was ist dein Ziel für deine engsten Freundschaften? Und wie möchtest du es erreichen?

Kapitel 4

ANFÄNGE. ODER: WIE FREUNDSCHAFT ENTSTEHT

Sheldon: «Bitte entschuldigen Sie, haben Sie Bücher darüber, wie man Freundschaften schließt?
Verkäufer: «Ja, schon, aber die sind alle für kleine Kinder!»
Sheldon: «Kein Problem. Das Grundprinzip lässt sich sicher extrapolieren und transferieren ...»
— Nacherzählte Szene aus der Sitcom «The Big Bang Theory»

WIE HEISST DU EIGENTLICH?

Es war Sommer 2009 und der Eröffnungsabend der Studentenmission in Heidelberg war vorbei. Vor der Tür stand ein junges Mädel mit den lockigsten Haaren, die ich je gesehen hatte. Elegant hatte sie diese mit einer großen bunten Blume im Haar hochgesteckt. Sie schloss ihr Fahrrad auf und fragte: «Wohin geht's bei dir?»

Wir stellten fest, dass wir im gleichen Studentenwohnheim hausten, was etwas außerhalb der Stadt lag. Wir hatten uns beide zu spät um ein Zimmer an unserem Studienort gekümmert, als dass stadtnäher noch etwas freigewesen wäre. Auf der Rückfahrt kamen wir sofort tief ins Gespräch.

Wir sprachen über unsere Auslandsaufenthalte, unseren Glauben und unsere Lebensträume. Es war spät, als wir uns verabschiedeten, aber ich lud sie direkt zum Frühstück ein, bevor wir in unsere benachbarten Häuser gingen. Am nächsten Morgen war ich um 9 Uhr parat, wie wir abgemacht hatten, aber sie tauchte nicht auf. *Scheint unpünktlich zu sein,* dachte ich, *was unsere Liste an Gemeinsamkeiten aber nur erweitert!* Es dauerte nicht lange, und es klingelte an meiner Tür – sie strahlte mich an und sagte: «Gut, dass du geöffnet hast. Ich musste mich komplett durch deine Etage klingeln ... weil ich gar nicht weiß, wie du heißt!»

Wir hatten über unsere Lebensträume geredet, aber einfach vergessen, nach dem Namen zu fragen. Beim Frühstück stellten wir uns erst einmal einander vor. Nannten die Basics, die man sonst eigentlich meistens zuerst erwähnt.

Zwei Tage später wurden in der WG einer Bekannten zwei Zimmer frei, und obwohl ich meine neue Freundin kaum kannte, fragte ich sie, ob sie mit mir zusammenziehen möchte. Sie sagte sofort Ja. Wir kündigten das Studentenwohnheim und zogen gemeinsam in die Stadt. Drei Jahre wohnten wir zusammen, bevor sie zum Referendariat fortzog. Wir teilten Alltag, unser Leben und wurden enge Freundinnen und Wegbegleiterinnen. Eine Freundschaft, die noch immer anhält. (Es stellte sich übrigens heraus, dass Unpünktlichkeit keine Gemeinsamkeit war.)

Ich finde es faszinierend, darüber nachzudenken, wie und warum Freundschaften entstehen. Wie kommt es dazu, dass es genau diese Person ist – zu der Zeit, an dem Ort? Ist es Zufall, ist es Schicksal oder etwas ganz Anderes? Manchmal schau ich Freunde von mir an und denke: «Es gab eine Zeit, wo ich diese Person einfach noch nicht kannte», und kann mir das überhaupt nicht mehr vorstellen.

Menschen, die zu Freunden werden, nehmen einen Bereich in unserem Leben ein, werden zum Teil unserer Geschichte, und wir gehen mit ihrem Abdruck auf unserem Leben weiter – ganz gleich, ob sie bleiben oder nicht.

In diesem Kapitel geht es darum, wie Freundschaft entsteht, wie unterschiedlich Freundschaften sein können und wie uns das Leben immer wieder vor die Herausforderung stellt, erneut neue Freundschaften zu schließen.

AUF DEN ANFANG KOMMT ES NICHT AN

Ich hatte meine Instagram-Community gefragt: «Was sind die außergewöhnlichsten Orte, an denen ihr Freunde gefunden habt?» Von der Supermarktschlange über die Straßenbahn bis hin zu «Am Strand im Urlaub!» war alles dabei. Freundschaftsanfänge können überall und immer entstehen. Unsere Freundschaftsanfänge sind so individuell wie die Geschichten dahinter. Vielleicht ist es besser, von ihnen zu erzählen, als sie erklären zu wollen. Dann erkennt man vielleicht auch das ein oder andere Muster, das uns zeigt, was es braucht, damit eine Begegnung zur Freundschaft wird.

- **Wie hat deine engste Freundschaft begonnen?**
- **Was ist deine Lieblings-Freundschaftsgeschichte?**

Freundschaft auf den ersten Blick

Manche Freundschaften beginnen mit einem Moment instinktiver Sympathie. Ein Blick, ein Lächeln, ein Gespräch oder auch einfach nur ein Vibe, der passt. Da ist diese sofortige gleiche Wellenlänge, zum Beispiel das gemeinsame Lachen über einen Witz, über den sonst keiner lacht, eine Verbindung, die man spürt. Etwas Anziehendes, Verbindendes zwischen zwei Personen kann ein erstes Interesse wecken, eine Person kennenlernen zu wollen. Oftmals sind solche Momente punktuell, auf besonderen Anlässen wie Feiern oder Reisen. In den Begegnungen, die wir haben, liegt ein Freundschaftspotenzial. Die gute Nachricht ist, dass es auf der ganzen Welt Menschen gibt, die potenziell deine Freunde sein könnten. Du wirst in deinem Leben nicht allen begegnen, aber ich finde die Vorstellung schön, dass die Möglichkeit, Freunde zu finden, nie aufhört. Es führen auch nicht alle Begegnungen mit potenziellen Freunden tatsächlich zu Freundschaften. Es gibt viele Menschen, mit denen ich befreundet sein könnte, es aber nicht bin. Für Freundschaft auf den ersten Blick braucht es vor allem eins, es braucht Mut …

Sie trug das coolste Outfit auf der Party. In der Küche kamen wir kurz ins Gespräch, und etwas an ihr faszinierte mich. Sie hatte irgendwas ganz Besonderes an sich, ohne dass ich es klar benennen konnte. Später auf der Tanzfläche kam sie auf mich zu, umarmte mich zum Abschied und sagte: «Ich wäre gerne mit dir befreundet, kann ich deine Nummer haben?»

Ich habe mich selten in meinem Leben so geschmeichelt gefühlt wie an dem Abend, als das coolste Mädel der Party mich nach meiner Nummer fragte. Nachdem ich das selbst erlebt hatte, sank meine Hemmschwelle, es ihr nachzutun. Denn wie schön ist es bitte, wenn jemand anderes diesen Mut aufbringt?!

Wenn ich ab da einmal den Eindruck hatte, dass ein flüchtiger Moment der Beginn einer Freundschaft sein könnte, habe ich also selbst schon direkt nach der Nummer gefragt. Es kostet etwas Mut, und ein Griff ins Klo ist vielleicht auch mal dabei, aber in der Regel freuen sich Menschen über das offene Interesse. Probier's einfach mal aus, es macht Spaß. Als ich es das letzte Mal gemacht habe, sagte die Person, sie habe eben erst ihrem Mann gesagt, dass sie gerne mit mir befreundet wäre. Gefragt habe aber ich. Ein Match. In dem Fall sogar mit beiden. Zwei Freunde auf einen Streich.

Ich glaube, dass uns dieses direkte Ansprechen schwerfällt, weil wir Angst vor einem «Freundschaftskorb» haben, wir denken, dass wir damit einen komischen Moment erzeugen oder zu bedürftig rüberkommen. Doch der Vorteil ist, dass wir bei Freundschaften viel offener, viel weniger absolut und freier wahrgenommen werden, als das im Dating der Fall wäre.

Häufig finden wir uns vielleicht auch nicht interessant genug, um einen solchen Move zu wagen. Vielleicht versteckst du dich hinter einem «Ich bin nicht interessant genug …», was dich davon abhält, auf Menschen zuzugehen. Doch interessant sind weniger die Menschen, die sich für interessant halten, als vielmehr diejenigen, die Interesse zeigen. Interesse zeigen ist anziehend. Die interessantesten Menschen sind die, die Interesse zeigen und interessierte Fragen stellen. Warte nicht, bis dich jemand entdeckt, sondern bring dich ein, indem du Interesse zeigst. Zwei Schlüssel dazu sind: Stelle Fragen und höre zu. Klingt simpel, ist aber vielfach eine unterschätzte Kunst. Ich stelle fest, dass manche Menschen kaum echte und wenig wirklich offene Fragen stellen. Zur Erinnerung: Offene Fragen beginnen mit einem «W».

Das Zuhören fällt noch schwerer. Oft sind wir beim Zuhören eher bei uns als bei dem Anderen. Achten darauf, was wir gerne sagen wollen, und weniger darauf, was der andere gerade wirklich erzählt. So mancher Austausch gleicht eher einem Interview und weniger einem echten Gespräch. Echte Fragen stellen und ein wirkliches Interesse zeigen, sowie das Hören auf das, was der Andere gerade sagt, sind zwei selten gewordene Kostbarkeiten menschlicher Begegnungen. Doch sie sind wichtig für Freundschaften, denn Freundschaften brauchen nicht nur am Anfang Interesse, sondern leben vom bleibenden Interesse. Wenn ich aufhöre, mich für meine Freunde wirklich zu interessieren, dann höre ich auf zu investieren.

Freundschaft durch Gemeinsamkeiten

C. S. Lewis beschreibt diesen Moment in Freundschaften als Beginn: «Was, du auch? Ich dachte, ich sei der Einzige ...»[27] Es kann sein, dass wir uns schon länger kennen. Uns verbindet nicht unbedingt die Sympathie auf den ersten Blick, sondern das Entdecken von Gemeinsamkeiten: gleiche Hobbys, gleiche Lebensphase, gleicher Glaube oder ähnliche Grundwerte. Wir beginnen, jemanden mit neuen Augen zu sehen. Da ist eine Person, mit der mich etwas verbindet, mit der ich eine Einheit bilden kann. Es ist daher nicht von ungefähr, dass viele Freundschaften innerhalb der Interessensgruppen entstehen, in denen man sich bewegt. Es gibt verbindende Elemente, ganz gleich, ob das jetzt der Fußballverein, die Kirchengemeinde, die Krabbelgruppe, das Fitnessstudio oder das gleiche Mittagspausenrestaurant auf Arbeit ist. Das verbindende Element schafft eine Basis, um in Kontakt und ins Gespräch zu kommen. Gemeinsamkeiten verbinden uns Menschen, aber führen erst dann zu Freundschaften, wenn man auch

Zeit und Nähe investiert. Die meisten meiner Freundschaften sind während meines Studiums entstanden. Uns verband die Lebensphase, die neue Stadt, das Studium und die Suche nach Freunden. Wir alle hatten die Absicht, Freundschaften zu schließen, und mehr Zeit dazu als in jedem anderen Abschnitt unseres Lebens.

Neben der Freundschaft auf den ersten Blick und der Verbindung aufgrund von Gemeinsamkeiten gibt es auch Freundschaften, die überraschen.

Freundschaft, die überrascht

«Ich hätte nicht gedacht, dass wir mal Freunde werden würden.» Ich sah nicht in jeder Freundschaft von Anfang an Potenzial. Bei manchen meiner engsten Freunde dachte ich sogar zu Beginn, dass wir sicher *niemals* Freunde werden würden; glücklicherweise habe ich mich getäuscht. Man kann sich echt irren, was, wie ich finde, eine gute Botschaft ist. So manche Freundschaft überrascht. Ich glaube, dass das Geheimnis, mit wem, wann und wie Freundschaft entsteht, nicht ganz aufgedröselt werden kann, sich nicht logisch bis ins letzte Detail erklären lässt. Warum mag man manche Menschen und manche Menschen nicht so? Warum entsteht mit der einen Person eine Freundschaft, obwohl XY rein theoretisch besser passen würde?

Ist es vielleicht sogar so, dass *jede* Person ein Freund oder eine Freundin werden könnte? Jetzt fallen dir vielleicht Menschen ein, mit denen du definitiv nichts gemeinsam hast oder die du einfach nur seltsam findest oder deren Überzeugung du absolut ablehnst. Aber stell dir vor, dass es eine Begegnung gäbe, in der du diesen Menschen verletzlich erlebst. Du seine oder ihre Geschichte hörst und etwas entdeckst, was Zuneigung in dir weckt. Stell dir vor, dass du mit dieser Person viel Zeit verbringst und ihr gemeinsame Dinge erlebt und vielleicht sogar eine Gemeinsamkeit entdeckt. Damit Freundschaft entstehen kann, braucht es eine Begegnung, so viel ist klar. Damit aus einer Begegnung eine Freundschaft werden kann, braucht es ein Gefühl der Verbindung, Zeit, Nähe und eine Freundschaftsabsicht. Nicht alle Aspekte müssen von Beginn an zu gleichen Teilen vorhanden sein, aber nimmt man einen Teil weg, scheint etwas zu fehlen.

Ich bin sicherlich mehr Menschen begegnet, als ich Freunde habe. Ich hatte auch bereits bei vielen Menschen ein Gefühl von Gemeinsamkeit oder Verbindung, aber nicht alle davon sind meine Freunde geworden. Während meines Studiums bin ich jeder Menge toller Leute begegnet. Menschen, die ich bewunderte, bei denen jede Begegnung mich inspiriert zurückließ und die ich sehr gern hatte. Doch obwohl diese Begegnungen das Potenzial für eine tiefe Freundschaft gehabt hätten, ist es einfach nicht dazu gekommen. Man hat die Freundschaftsabsicht nicht bewusst gelebt. Man hat die Zeit nicht investiert.

Im Gegenzug muss eine Verbindung zu Beginn nicht zwangsläufig stark gewesen sein, sondern kann auch entstehen, indem man bewusst investiert. Eine starke Freundschaftsabsicht kann viel bewirken. Die Entschlossenheit einer Seite, wie ich ganz zu Beginn des Buches erwähnte, kann ebenfalls ein Anfang sein. Es war die Entschlossenheit dieser Person, die mein anfängliches Interesse weckte. Umgekehrt wollte aber auch ich selbst schon mit Menschen befreundet sein und habe investiert, sodass es zu Begegnungsflächen kam. Ich habe mich entschieden, Zeit zu investieren, die Nähe zu suchen und meine Freundschaftsabsicht klarzumachen.

- Was braucht es bei dir, um eine Freundschaft zu beginnen?
- Neue Begegnungen, Zeit, die bewusste Absicht?

Ganz gleich, wie deine Freundschaften angefangen haben und welche Geschichte du gern erzählst – wichtig ist, dass aus einer Begegnung eine Freundschaft gewachsen ist und aus dem Anfangsmoment mehr wurde als nur der Moment selbst.

WERDEN FREUNDSCHAFTSANFÄNGE SCHWIERIGER?

Es ist sicher zu keiner Zeit so leicht, neue Freundschaften zu schließen, wie in der Ausbildungszeit. Viele Studierende oder Auszubildende treffen an neuen Orten aufeinander und sind alle auf der Suche nach Bekannt- und Freundschaften. Ich vermute, dass ein hoher Prozentsatz langlebiger Freundschaften in dieser Zeit entstehen. Zu kaum einer anderen Zeit ist man außerdem einem so hohen Zustrom an neuen Menschen ausgesetzt: auf Partys, in Hochschulgruppen, im Seminar, auf Reisen, im Praktikum und was man sonst so noch alles macht. Rückblickend hat das eine große Leichtigkeit, denn man begegnete sich mit Offenheit und Zeit. Man sieht sich zuerst auf einer Feier, das zweite Mal in der Bibliothek oder in der Berufsschule und verabredete sich dann zum Mittagessen in der Mensa. Zahlreiche Freundschaften während meiner Studienzeit begannen schnell und simpel. Manche hielten nur für ein Semester, manche für drei, vier, und einige Freundschaften halten bis heute an. Doch dann zieht man nach dem Studium möglicherweise an einen neuen Ort. Man hat weder die emotionale Kapazität noch die «natürlichen» Begegnungsflächen noch die Zeit neben Vollzeitarbeit und Familie, wie man sie in den Jahren zuvor hatte.

Freundschaftsanfänge sind daher in manchen Lebensphasen herausfordernder, wenn auch nie unmöglich. Mit zunehmenden Jahren werden die Passungen häufig komplexer, weil auch unser Leben spezifischer geworden ist. Sprich, als Mutter von zwei kleinen Kindern magst du vielleicht auf eine Person treffen, die du auf Anhieb sympathisch findest, aber eure Lebensstile scheinen nicht kompatibel zu sein. Wenn du um 6 Uhr schon wach bist, dann schläft die andere noch, wenn du um 20 Uhr fertig mit der Arbeit bist und die Kids endlich im Bett sind, kommt die andere Person gerade von der Arbeit und hätte noch Zeit, mit dir was trinken zu gehen, aber dir fehlt die Energie, dich noch mal aufzumachen. Die Freundschaftsabsicht mag auf beiden Seiten vorhanden sein, aber die Lebenssituationen sind nicht kompatibel.

Oder angenommen, du ziehst in eine neue Stadt und suchst neue Freunde – die Menschen, auf die du triffst, vielleicht aber nicht, sondern ihre Kapazitäten für die Freundschaften vor Ort sind ausgeschöpft. Das kann zu Frust und Einseitigkeiten führen. Wenn man als Paar an einen neuen Ort kommt, wünscht man sich oftmals auch als Paar neue Freundschaften. Das macht die Freundschaftssuche nicht unbedingt einfacher. Eine Freundin erzählte mir, dass das eine der größten Herausforderungen war: nach dem Umzug als Paar in einer neuen Stadt neue Freundschaften zu knüpfen. Wenn sie sich mit der jeweiligen Frau gut verstand, konnten die Männer nicht gut miteinander, oder es passte andersherum nicht.

Mit zunehmender Sesshaftigkeit, wachsender Familie und vollem Alltag werden auch Freundschaftsanfänge spürbar seltener. Es gibt weniger unterschiedliche Begegnungsflächen, weniger Zeit und Kapazität und man hat auch weniger das Bedürfnis und die Absicht. Gleichzeitig fehlt es uns in dieser Lebensphase auch an Freundschaften, und ich meine, dass man sie gerade dann nicht aufgeben sollte. Ich gehe noch darauf ein, warum es sich lohnt, genau in dieser Phase dranzubleiben.

Menschen sehnen sich natürlich zu allen Zeiten nach Freundschaft, nach Verbundenheit, nach Tiefgang, ganz gleich in welcher Lebensphase sie stecken, und ganz gleich, welche Faktoren den Freundschaftsbeginn erschweren. Wenn du nicht viel Zeit hast, brauchst du vielleicht eine direktere Freundschaftsabsicht. Wenn du viel Zeit hast, braucht es vielleicht neue Begegnungsflächen. Wenn du eine hohe Erwartung an die perfekte Passung hast, dann braucht es vielleicht mehr Zeit und Geduld, Kompromisse und Mut, dich überraschen zu lassen!

Es braucht Mut, die eigene Komfortzone zu verlassen, es braucht Mut, sich Bedürfnisse einzugestehen und sich verletzlich zu zeigen, und es braucht Mut, sich den Anforderungen einer neuen Freundschaft zu stellen.

Ich möchte dich ermutigen dranzubleiben. Es zu wagen, Freundschaft neu zu initiieren. Dich nicht hinter Ausreden wie «Ich habe keine Zeit» oder «Ich finde keine Freunde» zu verstecken. Vielleicht ist es momentan keine Priorität, aber dann mach dir das bewusst. Gerade mit begrenzten Kapazitäten ist es wichtig, dass man gezielt investiert und direkter anspricht, was man braucht. Ganz ohne Investition wird es nicht gehen, aber es braucht die bewusste Entscheidung, dass es die Investition auch wert ist.

Ich glaube, dass Freundschaften an jedem neuen Ort, zu jeder neuen Zeit möglich sind und wir an den unwahrscheinlichsten Orten und Zeiten davon überrascht werden können. Freunde warten überall. Aber du findest sie nicht einfach vor, sondern Freundschaften entstehen, wenn du sie auch schließt.

VIRTUELLE FREUNDSCHAFTEN IN DER REALITÄT

Im ersten Kapitel erwähnte ich etwas flapsig, dass Freundschaften in den sozialen Medien nicht gleich Freundschaften sind, nur, weil sie so heißen. Aber trotzdem können natürlich auch online echte Freundschaften entstehen, und das Internet ist die größte Begegnungsfläche, der wir in unserer Zeit ausgesetzt sind, seit Corona mehr denn je ...

Er sah ein bisschen aus wie ein stereotyper Gamer: blasse Haut, verhuschter Blick, ein schüchterner Typ. Im Gespräch gab er meistens nur einsilbige Antworten, so als würden ihn meine Fragen kaum animieren, mehr preiszugeben. Als jemand, der selber nur dann einsilbig antwortet, wenn ich mich wirklich unwohl fühle, musste ich lernen, dass das nicht bei jedem Menschen der Fall ist und dass Wortkargheit andere Hintergründe haben kann.

Beim Computerspielen mit seiner virtuellen Community erlebte ich ihn dann aber ganz anders: Er gab Anweisungen durch, plauderte und scherzte zwischendrin, chattete noch nebenher und erledigte seinen Spielauftrag. Und das alles auf Englisch, denn hinter den Usernamen steckten Personen aus aller Welt. Gemeinsame Interessen trafen auf gemeinsame Zeit und virtuelle Nähe. Sie kämpften und siegten gemeinsam, fühlten sich verbunden. Ich kenne Leute, die ihre Freunde übers Zocken kennengelernt haben.

Aber es muss ja nicht die Gamingcommunity sein. Auch in anderen sozialen Medien passiert es: Man liest einen Beitrag und fühlt sich mit der Person sofort verbunden, man likt gleiche Sachen oder folgt ähnlichen Kanälen, und es kommt zu einem Anknüpfungspunkt. Was wir in der analogen Realität erleben, findet auch seinen Widerhall in der virtuellen Welt: gemeinsame Interessen, instinktive

Verbundenheit, Gefühle von gemeinsamer Wellenlänge, Verstanden- und Gesehen-Werden.

Freunde über das Internet zu finden, birgt einige Chancen. Die Wahrscheinlichkeit, jemanden auf der gleichen Wellenlänge zu finden, potenziert sich um ein Mehrfaches. Der Weg ist dermaßen verkürzt, dass ich jeden Tag neue Menschen kennenlernen kann, ohne mich überhaupt aus meinem Haus zu bewegen. Es gibt spezifische Freunde-Apps, wo ich ähnlich wie beim Onlinedating über Profile nach Freunden suchen kann, mit denen mich etwas verbindet, die ich sympathisch finde und bei denen ich mir vorstellen kann, dass eine Freundschaft entsteht. Ich folge einer amerikanischen Influencerin auf Social Media, die sehr abgelegen wohnt und alle ihre engsten Freundinnen über Instagram kennengelernt hat und das als sehr positiv erlebt und beschreibt. Aus Mangel an Menschen in ihrer Umgebung bot sich das an und schuf eine Fülle an Möglichkeiten. Wie auch im realen Leben entsteht nicht aus jeder anfänglichen Connection eine Freundschaft, aber es birgt das Potenzial, Seelenverwandte am anderen Ende der Welt zu finden.

Während die Digitalisierung neue Möglichkeiten schafft, zu *connecten*, habe ich auch Vorbehalte.

Als ich im Auslandssemester in Kanada war, ging in der zweiten Woche mein Laptop kaputt und Smartphones waren noch selten. Obwohl es schade war, kaum in Kontakt mit Freunden und Familie von daheim zu sein, war es das Beste, was mir während des Auslandsaufenthalts hätte passieren können: Ich war ganz vor Ort, im Hier und Jetzt, verbunden mit dem Ort, wo mein Körper für acht Monate lebte. Mein Englisch wurde sehr gut, ich schloss tiefe Freundschaften auf Zeit und erlebte erstaunliche Geschichten, die mich bis heute bewegen und prägen.

Meine Zimmernachbarin lebte das Gegenteil: Sie war aus Manitoba an die Ostküste gezogen und verließ in den Monaten kaum unser Zimmer. Sie telefonierte und chattete jeden Tag mit ihren Freunden, nachts skypte sie oder schaute Serien. Sie lebte zerrissen zwischen zwei Welten und zog nach dem Semester wieder zurück in ihre Heimat.

Das Risiko eines virtuell verbrachten Alltags ist, dass wir unsere Körperlichkeit außen vor lassen. Wir stellen Verbindungen über das Internet her und sind uns gleichzeitig nicht körperlich nah. Wir können den anderen nicht riechen, nicht anfassen und sehen einander nicht wirklich in die Augen.

Als Menschen sind wir doch aber auf körperliche Nähe anderer Menschen angewiesen und können dank unseres Körpers nur an einem einzigen Ort gleichzeitig sein, auch wenn wir das heutzutage als störende Begrenzung erleben. Wir sind keine uferlosen Wesen. Ja, wir könnten uns mit der ganzen Welt anfreunden, aber bei der erschlagenden Vielfalt an Möglichkeiten legen wir uns vielleicht auch nie so richtig fest. Schrauben unsere Erwartungen an perfekte Freundschaften hoch und bleiben auf der Suche, denn bei Milliarden von Menschen gibt es immer die Möglichkeit, noch jemand Besseren zu finden.

Definitiv helfen Social Media, Gamingcommunitys oder Freundschafts-Apps, die Begegnungsfläche zu vergrößern. Ich habe über Instagram schon einige großartige Menschen kennengelernt, mit denen ich den Austausch sehr schätze und bereichernd finde. Gleichzeitig wird aus einer Begegnung keine zuverlässige Freundschaft werden, wenn diese nicht durch Zeit, Nähe und Gegenseitigkeit genährt wird, wächst und zu einer Beziehung wird, die mit mir als ganzem Menschen zu tun hat. Selbstverständlich decken Freundschaften nicht immer alle Aspekte ab, und lieber hat man tiefe Freundschaften übers Internet als oberflächliche vor Ort. Vielleicht lassen sich auch gar nicht alle Freundschaften in die analoge Welt überführen oder vielleicht macht genau ihr Nicht-Vor-Ort sein ihren besonderen Reiz aus.

Ich kann das nicht gut beurteilen, denn ich würde die reale Begegnung jedem Skype-Meeting vorziehen. Ich bin ein Mensch für den Moment. Ich blende Vergangenheit und Zukunft für den Augenblick aus und konzentriere mich auf das Hier und Jetzt. Das klingt nobler, als es ist, denn ich kann es schlichtweg nicht anders. Ich bin eine absolute Niete im Multitasking. Ich kann quasi gar nichts gleichzeitig, sehr zur Belustigung meiner Freunde. Das Gute daran ist, dass ich gut genießen kann und meinem Gegenüber meine ungeteilte Aufmerksamkeit gilt. Die wichtigste Person ist die, die jetzt vor mir ist. Alle anderen vergesse ich in dem Moment. Instinktiv würde ich das Abendessen mit der Nachbarin dem Telefonat mit der besten Freundin vorziehen. Natürlich mache ich das nicht, weil mir letzteres wichtig ist und ich mir auch Ärger einhandeln würde, aber es fällt mir schwer.

Ich glaube, dass es eine große Chance ist, übers Internet Freundschaften zu finden. Neben aller Schönheit und Überraschung, die diese bereithalten, bleibt dennoch das Risiko, dass sie zu einer Parallelwelt mutieren, denn mein Körper ist nur an einem Ort gleichzeitig. Doch es sind ja nicht alle Freundschaften gleich und das Schöne ist, dass sie es auch nicht sein müssen.

WER SIND MEINE FREUNDE?

Wie bereits gesagt, lässt sich Freundschaft weniger erklären, sondern eher erzählen. Meine Freunde passen nicht alle in die gleiche Schublade. Sie unterscheiden sich in vielerlei Hinsicht. Ich kenne sie unterschiedlich lang und teile mit ihnen unterschiedliche Bereiche. Meine Freundschaften unterscheiden sich in ihrem Modus, ihrer Frequenz, ihrer Intimität und Nähe. Sie brauchen Unterschiedliches und laufen unter unterschiedlichen Bedingungen und Vorzeichen.

Ähnlich wie mit meinen Grünpflanzen brauchen manche mehr Investition, um zu blühen, manche sind robuster und freuen sich über das monatliche Gießen. Manche schaffen es auch, eine ganze Saison ohne Pflege zu überwintern, und bleiben dennoch treu. Ich schaffe es auch, regelmäßig Pflanzen sterben zu lassen, aber um das Ende von Freundschaften geht es erst später ...

Meine Pflanzen stehen an unterschiedlichen Orten, manche von ihnen haben Berührungspunkte mit andern, viele bekommen sich aber auch nie zu Gesicht. Bevor jetzt einer denkt, dass ich eine verrückte Pflanzenlady bin, reize ich die Analogie nicht weiter aus. Meine Freundschaften sind mir in ihrer Vielfalt wichtig. Es ist ein Wert in meinem Leben, mit verschiedenen Menschen befreundet zu sein, mich von verschiedenen Stimmen und Perspektiven prägen zu lassen. Ich unterteile dabei nicht unbedingt in Wichtigkeit, denn auf ihre Art sind mir alle meine Freunde wichtig. Ich unterteile auch nicht in geografische Nähe, denn so manche enge Freundschaft ist nicht vor Ort. Wie wir sie unterteilen, hat mit unseren Werten zu tun. Welche Freundschaft näher an meinem Alltag ist, hat mit meinen momentanen Lebensbedingungen zu tun. Und wen ich überhaupt als Freund oder Freundin bezeichne, hat mit meiner Definition von Freundschaft zu tun.

Bei einer meiner Instagram-Umfragen habe ich gefragt: «Wie viele enge Freundschaften können Menschen haben?» 177 Follower nahmen daran teil und konnten bei dieser Frage als Antwort zwischen 1, 3, 5 und 10 wählen. 2,5 % gaben «eine enge Freundschaft» an, 40 % «drei enge Freundschaften», 40 % «fünf enge Freundschaften» und 17,5 % gaben an, zehn enge Freundschaften zu pflegen. Die Antwort darauf, wie viele Menschen man insgesamt «Freunde» nennt, variierte zwischen 1 und 85.

Der Psychologe Robin Dunbar stellte die These auf, dass unser Gehirn eine kognitive Grenze in Bezug auf Beziehungen hat. Die nach ihm benannte «Dunbar-Zahl» beschreibt also, dass ein Mensch in ungefähr 150 menschlichen Beziehungen stehen kann. Die konkrete Anzahl der Freunde könne aber zwischen 100 bis 250 individuell variieren, da Menschen unterschiedliche Kapazitäten hätten.[28]

Wir Menschen pflegen also nicht nur unterschiedliche Freundschaften, sondern auch unterschiedlich viele. Und was der eine als Freundschaft bezeichnet, ist für den anderen vielleicht noch gar keine. Ich möchte dich im folgenden Abschnitt ermutigen, deine Freundschaften sichtbar zu machen. Das zu visualisieren. Und wie ich das mache, führe ich auf die nerdigste Art ein, wie man es sich nur vorstellen kann:

Ich bin ein großer Fan von «Herr der Ringe»: Ich liebe die Bücher und die Filme und kann die Trilogie und alle drei Teile des Hobbits jedes Jahr aufs Neue schauen, ohne dass ich einschlafe. Dass ich meinen 30. Geburtstag als Mittelerde-Party gefeiert habe, spricht, denke ich, für sich. Wenn sich dein Bruder dafür extra eine originalgetreue Rüstung bastelt, fünf verkleidete Gandalfs umherspringen, einer der Gäste sich sogar als «Ring» verkleidet hat und fast jeder der hundert Gäste als Elf, Hobbit, Saurons Turm oder Zwerg kommt, dann muss man sich freuen – Fan hin oder her.

Beim Thema Freundschaft ist die Geschichte der «neun Gefährten» ganz vorne mit dabei. Es geht bei «Herr der

Ringe» um ein Miteinander-Unterwegssein, um eine gemeinsame Mission, um den Kampf gegen das Böse und die Widrigkeiten, die sich ihnen auf der Reise in den Weg stellen. Diese Weggefährten illustrieren, was ich mit Freundschaft verbinde. Meine Freunde sind meine Weggefährten durch dieses Leben.

Als der Hobbit Frodo beschließt, den Ring nach Mordor zu bringen, erklären sich acht unterschiedliche Gestalten dazu bereit, ihn auf dieser Mission zu begleiten. Die Gemeinschaft der neun Gefährten entsteht. Jeder Einzelne stellt sich mit dem, was er hat, auf dieser Reise zur Verfügung, und sie alle werden auf dem Weg ihre eigene Rolle spielen. Wenn wir das auf Freundschaften übertragen, lassen sich unterschiedliche Typen ausmachen, und vielleicht erkennst du Menschen in deinem Leben wieder, die so eine Art Freund sind.

Erst einmal gibt es da den Freund Typ Boromir: Ein Mensch, der einem vom Typ her vielleicht nicht unbedingt auf Anhieb vertrauenswürdig erscheint, und die Motive, warum er mit dir befreundet sein will, sind irgendwie auch nicht ganz so klar. Es ist nicht unbedingt «Freundschaft auf den ersten Blick» und vielleicht seid ihr auch nicht auf der gleichen Wellenlänge, aber wenn es darauf ankommt, dann hält er seinen Kopf für dich hin und erweist sich als loyaler Freund.

Dann ist da noch der Typ Freund, der so ist wie der Zauberer Gandalf: Er ist der weise Beistand. Manchmal eher Mentor als Freund auf Augenhöhe. Freunde wie ihn kann man um Rat fragen, sie durchschauen einen, auch wenn man im Alltag nicht ständig miteinander unterwegs ist. Es handelt sich um Freunde, die älter oder weiser sind als man selbst.

Dann sind da noch der Elb Legolas und der Zwerg Gimli. Mit diesem Typ Freund führt man jetzt keine tiefen

Gespräche, aber sie gehören zum Freundeskreis dazu, mit ihnen hat man Spaß und erlebt Abenteuer. Sie bleiben nicht unbedingt für immer, aber die Zeit, die man zusammen verbringt, tut gut, und man schätzt ihren Witz und die Leichtigkeit.

Und was wären wir ohne die Freunde, die so sind wie die Auenlandbewohner Merry und Pippin? Ihr kennt euch noch von daheim. Die gemeinsame Schulzeit, die regionale Herkunft wird euch immer verbinden. Selbst wenn ihr euch auseinanderlebt, euch selten seht, vielleicht sogar wenig Gemeinsamkeiten teilt, bleibt eine Verbindung bestehen, und wenn man sich sieht, ist es manchmal sogar wie früher.

Dann ist da natürlich noch der Freund vom Schlag Aragorn: Er ist der integre, loyale Freund, der mit euch und für euch kämpft. Die Freundschaft ist eng, aber auch nur punktuell, weil ihr sehr unterschiedlich seid und nicht alles miteinander teilen könnt. Vielleicht trennen euch Berufungen oder Ansichten, aber eure Nähe und Verbundenheit macht es möglich, dass die Freundschaft Bestand haben kann, auch wenn sie immer wieder neu ausgelotet werden muss.

Und schließlich will ich noch den Freundschaftstyp nennen, den ich mit Frodos Freund Sam verbinde: Er ist der engste Weggefährte, der in allen Höhen und Tiefen dabeibleibt. Ein bester Freund. Ein Freund, der ein Versprechen gibt, dass er bis zum Ende mit Frodo gehen wird, koste es, was es wolle. Ein Freund, der dich kennt, der um deine Stärken und Schwächen weiß, dich daran erinnert, um was es geht, und nicht aufhört, an dich zu glauben.

Vielleicht fallen dir noch mehr Freundschaftstypen ein, vielleicht sind es bei dir auch weniger. Vielleicht würdest du nicht alle genannten Typen als «Freunde» bezeichnen, sondern noch zwischen Freunden, Kumpeln und Bekannten unterscheiden. Freundschaften können unterschiedlich tief und unterschiedlich verbindlich sein. Manche sind nur auf Zeit, manche halten für immer. Und diejenigen, die für immer halten, sind rar.

Der Journalist Jo Schück schreibt, dass wir immer mal wieder innehalten sollten, um uns zu fragen, wer unsere Freunde sind und warum sie es sind: «Denn wirklich enge Freunde findet man im Leben selten, da wäre es bedauerlich, die wenigen, die man hat, durch Unachtsamkeit oder Bequemlichkeit oder zu viel Stress einfach auf der Strecke zu lassen.»[29] Recht hat er, oder?

Ich finde es hilfreich, ab und zu innezuhalten und mich zu fragen, wer meine Freunde momentan sind, welche Freundschaften mir was bedeuten und wie sie sich verändert haben.

Eine Methode, mit der man das gut visualisieren kann, ist es, Freundschaften in konzentrischen Kreisen abzubilden, also: in Kreisen, die einen gemeinsamen Mittelpunkt haben.

KONZENTRISCHE KREISE

In die Kreismitte schreibst du die Personen, die du als deine engsten, besten oder «nahsten» Freunde bezeichnest. Im Kern sollen Personen stehen, die du anrufen würdest, wenn etwas Schlimmes passiert, und denen du einen Erfolg zuerst mitteilen wollen würdest. Bei manchen steht da nur eine Person, bei anderen eben auch fünf oder zehn. Dafür gibt es keine Regel. Manche schreiben auch nur ihren Partner oder ihre Partnerin in den engsten Kreis, weil sie engste Freundschaft und Partnerschaft als Synonyme gebrauchen, oder sie schreiben hier auch Familienmitglieder auf, die ihre besten Freunde sind.

Der nächste Kreis steht für enge Freunde, die vielleicht nicht unter den Superlativ fallen, aber die dir nahestehen und deinen Alltag begleiten und mitprägen. In dieser Gruppe mischen sich vielleicht enge Freunde, die aber nicht vor Ort leben, und die Freundschaft, die zwar noch nicht lange andauert, aber eben vor Ort die engste ist. In dieser Kategorie stehen schätzungsweise weitere fünf bis zehn Menschen.

Der dritte Kreis darf etwas größer sein und enthält die Namen derer, mit denen man punktuelle Freundschaft lebt. Hier können zwischen zehn und hundert Menschen stehen. Die Leute in diesem Kreis würdest du als Freunde bezeichnen, aber es gibt Gründe, weshalb sie nicht in Kreis eins oder zwei stehen. Vielleicht ist das eine Freundin, zu der du nur sehr sporadisch Kontakt hast, aber wenn, dann ist es richtig schön. Oder ein Freund, der ins Ausland gezogen ist, zu dem die Beziehung aber früher mal eng war. Ihr seht euch kaum, aber es bleibt eine Freundschaft. Der dritte Kreis ist eine Kategorie, wo man manchmal nicht weiß, ob die Beziehungen noch als «Freundschaft»betitelt werden dürfen, oder ob sie schon in den vierten Ring fallen: den der Bekanntschaften.

Im vierten Ring tummeln sich ehemalige Freunde, gute Bekannte, freundschaftliche Arbeitskollegen oder Nachbarn.

Der fünfte Ring wären dann die Feinde oder als Freunde getarnte Feinde, die sogenannten «frenemies» ... Nein, okay, das muss nicht sein. Man muss es nicht unendlich ausreizen. Es gibt bei mir also keinen fünften Ring.

Natürlich kritzle ich in meinen dritten und vierten Ring nicht 150 Namen, aber allein die Übung hilft, mir bewusst zu werden, wer meine Freunde sind und wo unsere

Freundschaft aus meiner Sicht gerade steht. Aus dieser Übung ergeben sich vielleicht konkrete Handlungsschritte.

- **Entspricht meine Darstellung auch der Wirklichkeit, oder ist sie eher ein Wunsch?**
- **Welche Schritte müsste ich gehen oder kommunizieren, damit meine Darstellung und meine Realität mehr übereinstimmen?**

Als ich die Übung mit einer Mentee machte, zögerte sie an einer Stelle länger. Ich fragte nach dem Grund und wir kamen über das Zögern ins Gespräch über eine ihrer Freundschaften, die sich in den letzten Monaten sehr verändert hatte. Ihr wurde bewusst, dass eine enge Freundin sich nicht mehr nah anfühlte. Sie wollte sie gerne in ihren engsten Kreis schreiben, aber das fühlte sich nicht der Realität entsprechend an. Wir müssen nicht nur Freundschaft lernen, sondern auch lernen, über sie zu sprechen.

FREUNDSCHAFTEN SIND MEHR ALS DIE ANFANGSPHASE

Ich sprach mit einem Freund über seine engsten Freundschaften. Ich war erstaunt, wie präzise er beschreiben konnte, warum diese drei Männer seine besten Freunde waren, wie es zu der Freundschaft kam, was sie voneinander unterschied und einzigartig machte. Eine seiner engsten Freundschaften ist von einer großen Nähe, von Ähnlichkeiten und Wertschätzung geprägt. Eine zweite gleicht mehr einem Konkurrenzkampf, und wiederum eine dritte resultierte aus der bewussten Entscheidung, in sie zu investieren. Das sind drei engste Freundschaften, die ganz unterschiedlich sind – und dennoch alle im Zentrum seiner Kreise liegen. Hinter allen dreien steht die Hoffnung, dass sie für immer halten. Ich könnte meinen inneren Kreis nicht so präzise begründen, doch die Beziehungen zu den zehn Menschen, die ich auf Anhieb reinschreiben würde, sind seit Jahren relativ stabil. Ich habe einen dicken zweiten und dritten Ring: gute Freunde, die ich zwar nicht regelmäßig sehe und deren Auswirkung auf mein Leben dennoch nach wie vor da und mir wichtig ist.

Andere Freundschaften waren von Anfang an «Freundschaften auf Zeit»: Menschen, die in Urlauben, auf Einsätzen und bei Auslandsaufenthalten innerhalb kurzer Zeit Freunde wurden. Freundschaften auf Zeit sind in sich auch wertvoll. Hier ist allen Beteiligten klar, dass dieses Miteinander nur für eine bestimmte Zeit andauern wird, und auch wenn der Abschied jedes Mal hart ist, kann man diesen Schmerz nicht mit der Trauer vergleichen, einen langjährigen Freund zu verlieren.

Manche Freundschaften bleiben natürlich auch bei einer «Anfangsphase» stehen.

Für mich gibt es kaum etwas Schöneres als das Gefühl, etwas gewonnen zu haben, nachdem man jemanden kennengelernt hat – selbst wenn man noch nicht weiß, für wie lange die Bekanntschaft andauern wird. Vielleicht bleibt es bei diesem einmaligen stundenlangen Partygespräch zwischen Kühlschrank und Küchentheke, aber vielleicht bleibt diese Person auch für immer.

In Freundschaftsanfängen kann am Anfang viel Euphorie stecken – ähnlich der rosaroten Brille beim Verlieben: Er oder sie ist so cool. Die Zeit mit ihr so locker und leicht. Bei ihm fühle ich mich sofort verstanden.

Anfangszeiten sind aufregend und je länger man mit einer angenehmen Person verbringt, desto mehr Zeit will man mit ihr verbringen. Ich mochte dieses anfängliche Kennenlernen immer sehr gern. Die Schönheit dahinter, dass neue Begegnungen das Gefühl eines warmen Händedrucks hinterlassen. Neue Freunde präsentiert man auch gern, weil sie etwas Neues und Unverbrauchtes mitbringen. Fleißig taggen wir neue aufregende Bekanntschaften auf Social Media und stellen sie auf Partys vor, denn neue Freunde sind auch ein bisschen wie neuer Schmuck, den man gerne trägt, oder wie Trophäen, die man gerne präsentiert.

In manchen Freundschaften hält diese Anfangsphase länger an, in anderen wird man früher desillusioniert. Doch den «Zustand der Sorglosigkeit»[30], wie Jo Schück es nennt, kann ich weder absichern noch erzwingen. Früher oder später kommt es in Freundschaften zu Kollisionen, worüber ich in Kapitel 8 sprechen werde, bevor sich ein neuer «Zustand der Sorglosigkeit» etablieren kann.

Manchmal erscheint es mir leichter, neue Freundschaften zu schließen, als mich den Kollisionen in bestehenden Freundschaften zu stellen. Anfangsphasen sind entspannter, aufregender und pflegeleichter, es schwebt noch vieles im Möglichen. So verwundert es nicht, dass manche Menschen alle ein bis zwei Jahre neue Menschen ihre engsten Freunde nennen. Das Gefühl von Freundschaft ist wichtiger als der Freund selbst. Das Gefühl, das die Beziehung auslöst, ist wichtiger als die Beziehung selbst.

Ich sage das nicht verurteilend, sondern in dem schlichten Eingeständnis, dass ich teilweise mehr Energie aufgebracht habe, neue Menschen kennenzulernen, als in meine bestehenden Beziehungen zu investieren, wenn die rosarote Brille verblasst war.

Ich erlebe, dass viele Menschen in ihren Freundschaften in einer Art Anfangsphase steckenbleiben und die

Freundschaft auf diesem Level kultivieren. Da ist es freundlich, angenehm und macht Spaß. Wenn sich Freundschaften nur in ihren glanzvollsten Momenten zeigen, man seine «Freunde» hauptsächlich hübsch geschminkt punktuell zum Kaffeetrinken trifft oder gemeinsam im Stadion feiert, kommt es unter Umständen nie zu Reibungen. Man versucht, den Zustand der Sorglosigkeit abzusichern.

Das ist nicht schlecht, aber es ist einfach nicht alles. Denn nette Begegnungen und Bekanntschaften sind eben genau das: einfach nur nett. Sie sind schön, aber sie widerspiegeln weder das ganze Leben noch schöpfen sie das gesamte Potenzial von Freundschaft aus. Eigentlich ist das nur die Anfangsphase einer Freundschaft! Dann geht es doch eigentlich erst los, und die spannende Frage lautet: Was passiert, wenn wir bleiben? Und wie bauen wir aus unserer anfänglichen Euphorie stabile Freundschaften?

Und jetzt?

Gerade in den vergangenen Jahren gab es in meinem direkten Umfeld viele Veränderungen: Umzüge in Städte, in denen man noch kaum jemanden kennt, Jobneuanfänge, Homeoffice-Situationen und anderes. Ich merke bei mir, dass ich ein Stück weit Freundschaft-gesättigt bin, gleichzeitig aber auch wieder offen sein will, dass neue Freundschaften entstehen können. Je älter ich werde, desto intentionaler muss ich diesen Schritt gehen, mich bewusst darauf einlassen und Zeit dafür schaffen. Wie sieht's bei dir aus – ist es Zeit, eine neue Freundschaft zu beginnen? Oder deine bestehenden Freundschaften zu sortieren und dort neu zu investieren?

DEINE ANFÄNGE

- Was sind die Anfangsmomente deiner engsten Freundschaften?
- Nimm dir vor, bei einer nächsten Party, einem Besuch oder einer Veranstaltung, Freunde mal nach ihrer gemeinsamen Geschichte zu fragen. Wie haben sie sich kennengelernt? Was macht ihre Freundschaft aus?
- Hast du schon einmal direkt zu jemandem gesagt: «Ich möchte dein Freund oder deine Freundin sein?» Warum ja, warum nein?
- Aufgabe Konzentrische Kreise: Male auf ein Papier oder dein Tablet konzentrische Kreise und beantworte die Frage: Wer sind deine Freunde? Wo sind sie innerhalb der konzentrischen Kreise angesiedelt und warum? Welche Veränderungen gab es? (Diese Übung eignet sich auch sehr gut dafür, dass man sie mit einer anderen Person im Mentoring bespricht oder um eine Kleingruppe anzuleiten.)

Kapitel 5

ANERKENNUNG. ODER: WIE MAN FREUNDSCHAFT LEBT

Um Freunde zu bleiben, müssen wir den anderen
und seine Herausforderungen, sogar seine Sünden,
kennen, und das Beste in ihm ermutigen –
nicht durch Kritik, sondern, indem wir seine
besten Seiten anschauen.[31]
— David Whyte

DIE WEISSE GARTENBANK. ODER DIE FRAGE: WAS BRINGST DU MIR?

«Franzi, ich frage mich, was du mir eigentlich bringst?» Mein Kopf schnellte zu dem Freund rüber, und mein Blick verhieß nichts Gutes. *Was ist denn das bitte für eine dumme Frage für eine Freundschaft?*, schoss es mir durch den Kopf. Wir saßen auf einer weißen Gartenbank vor unserer Hochschule und waren in eine Diskussion vertieft. – Wir diskutieren eigentlich meistens, wenn wir miteinander sprechen. Unsere Ansichten und Perspektiven unterscheiden sich in vielerlei Hinsicht, wir haben schon zahlreiche

Missverständnisse aufklären müssen und ziehen uns gerne damit auf. – Und da saß er nun also neben mir und philosophierte über Freundschaft: «Franzi, ich frage mich, was du mir eigentlich bringst.» Ich wurde wütend und antwortete pampig: «Was ist, wenn du feststellst, dass ich dir nichts bringe?»

Seine Frage hing mir auf dem Nachhauseweg nach. Ich überlegte: *Werde ich mit einer solchen Frage nicht auf eine Waagschale gelegt und bemessen? Wird da nicht geschaut, ob ich es «wert» bin?* Ich fühlte mich vor den Kopf gestoßen, weil ich finde, dass die Frage für Freundschaften genau jenes Vertrauen untergräbt, das doch die Basis sein sollte! Wenn ich ständig mit dem Gefühl lebe, dass du dich entscheiden könntest, dass ich dir nichts mehr bringe, dann lädt mich das nicht zum Bleiben ein.

Eine Weile später diskutierten wir es aus: Seine Frage war nicht nur, was ich ihm «bringe», sondern auch, was er mir bringt? Und damit verbunden: Was ist eigentlich der Mehrwert unserer Freundschaft? Was haben wir an dem jeweils anderen, und: Ist unsere Freundschaft zielführend?

Ich argumentierte, diese Fragen würden uns doch in unserer Freundschaft nicht weiterhelfen. Sie führten vielmehr dazu, unsere Beziehung in ein Schema zu pressen, das sie zerstören würde. Solche Fragen, fand ich, würden aus unserer Freundschaft eine Transaktion machen, die ihr die Seele raubt. Aber Freundschaften sind doch mehr als das?

Er fand es naiv, dass ich mir die Frage nicht ehrlich stellte, was meine Freundschaften mir bringen: «Als ob du dir die Frage nicht heimlich doch manchmal stellst, Franzi!», schloss er trotzig.

Wir geben es ungern zu, aber meistens lernen wir durch die Fragen des anderen etwas ...

ANERKENNUNG

Ich habe aus jener Diskussion gelernt, doch ich mag die Frage nach dem Nutzen einer Freundschaft bis heute nicht. Sie verzwecklicht eine Beziehung, die nicht auf den Zweck «Was bringst du mir?» reduziert werden kann. Denn es ist doch gerade die Zweckfreiheit, die meine tiefsten Freundschaften so besonders macht! Gleichzeitig verstehe ich heute auch, was sich hinter seiner Frage verbarg: nämlich das Anliegen, dass es für Freundschaft auf Augenhöhe ein Ausgewogensein braucht. Mein Freund hatte Angst, dass er mir nicht genug geben konnte. Ich hatte Angst, dass ich als nicht-genügend empfunden werde.

Jede Freundschaft hat eine innere Dynamik, etwas Bewegliches, ein Ausloten von Gemeinsamkeiten und Gegensätzen. Sie braucht die Unterschiede, sie braucht die Gemeinsamkeiten. Sie braucht die Gegenseitigkeit, ein Geben und ein Empfangen. Sie braucht Nähe und Distanz. Sie braucht Ideal und Realität. Wir bringen unterschiedliche Persönlichkeiten, Bedürfnisse und innere Konflikte mit. Freundschaft zu leben ist das Ausloten dieser Unterschiedlichkeiten und Spannungsfelder.

Der Begriff «Anerkennung» gefällt mir dafür gut. Der deutsche Sozialphilosoph Axel Honneth erklärt, dass Anerkennung zwischen Menschen die Bedingung braucht, ein selbstbestimmtes Wesen zu sein. Anerkennung ist eine Handlung oder Einstellung zwischen uns Menschen, uns gegenseitig zu einem «freien Willen» zu ermächtigen.[32] Der englische Begriff des «Empowerment» ist uns vielleicht geläufiger. Wir befähigen uns gegenseitig, Verantwortung für uns selbst und unsere Aufgaben zu übernehmen, indem wir einander ermutigen, ermahnen und den Rücken stärken.

Wir müssen anerkennen, dass du und ich unterschiedlich sind. Dass wir nicht zu einer Einheit verschmelzen, sondern in einem Tanz bleiben: Ich mache einen Schritt auf dich zu und lasse dir die Freiheit, diesen Schritt anzuerkennen, mitzugehen oder dich zu entfernen. Wenn wiederum du einen Schritt machst, liegt es an mir, diesen anzuerkennen, mitzugehen oder die Distanz zu suchen. In unserer Freundschaft treffen unterschiedliche Bedürfnisse, Ansichten und Kommunikationsweisen aufeinander. Wir müssen verstehen, dass unsere Freundschaft die Verantwortung von uns beiden ist. Wir sind beide handlungsfähig und können und müssen diese Beziehung gestalten. Eine Freundschaft auf Augenhöhe kann nur dann gelingen, wenn beide Seiten diese Verantwortung wahrnehmen.

Wir müssen auch Grenzen kommunizieren und gelten lassen. Ohne die Anerkennung der Grenzen des anderen können wir keine Freundschaft leben. Zumindest keine Freundschaft, die in Freiheit besteht. Dazu später mehr.

Zudem muss das Miteinander immer wieder neu verhandelt und ausgelotet werden, ohne Gespräche allzu starr einzufordern.

Vielleicht hatte mein Kumpel recht, und wir müssen ganz ungeniert darüber sprechen, was wir einander bringen? Vielleicht habe aber auch ich recht, und wir rauben unserer Freundschaft mit solchen Fragen die Seele? Vielleicht haben wir auch beide recht oder beide Unrecht, aber so diplomatisch muss man gar nicht sein, denn vielleicht begreifen wir die Wahrheit auch nicht vollständig ...

GEBEN UND NEHMEN

Ich erlebe es so, dass Menschen unterschiedliche Grundfragen mitbringen, weil sie unterschiedliche Persönlichkeiten haben. Es gibt Menschen, die stellen in Freundschaften die Grundfrage: «Was bringst du mir?», und es gibt Menschen, die sind von der Grundfrage geprägt: «Was bringe ich dir?» Menschen mit der ersten Grundfrage haben eine höhere Erwartungshaltung an den anderen, Menschen mit der zweiten Grundfrage eine höhere Erwartungshaltung an sich selbst. Vielleicht findest du dich in unterschiedlichen Beziehungen auch in beidem wieder und entdeckst in deiner Familie eine andere Haltung als in deinen Freundschaften oder deiner Partnerschaft.

- **Wo befindest du dich zwischen diesen zwei Polen?**
- **Bist du tendenziell eher ein Geber oder ein Nehmer?**

Spannenderweise offenbarte unser Gespräch auf der weißen Bank, dass mein Freund und ich beide eher «Gebertypen» sind, aber mit unterschiedlichen Ängsten. Er hatte Angst, mir in unserer Freundschaft nicht von Nutzen zu sein, ich hatte Angst, zurückgewiesen zu werden, weil ich nicht genug zu geben habe. Wir wollten beide etwas geben, wir wussten nur nicht, was.

Auch wenn man zunächst meint, dass «Geben seliger ist als Nehmen», und man sich der Geber-Mentalität zuordnet, so ist diese Frage ein neutraler Ausgangspunkt: Wir können immer nur da starten, wo wir sind, nicht da, wo wir gerne wären. Unsere Tendenz hat mit unseren Erfahrungen, unserer Persönlichkeit, unserer Prägung und unserem Selbstbild zu tun.

Ich möchte in diesem Kapitel Geben und Nehmen nicht gegeneinander ausspielen, denn ich bin der Überzeugung, dass ausgewogene und starke Beziehungen beides brauchen und wir beides in seiner reifen Form lernen müssen. Denn von beidem gibt es eine unreife und eine reife Version, und ich möchte euch in beide Perspektiven mithineinnehmen.

Zwei meiner besten Freundinnen haben ein wunderbar großes Geberherz. Sie scheuen weder Kosten noch Mühen, mich zu beschenken. Beide bringen eine Großzügigkeit mit, die bei mir sehr viel Freude produziert, denn meine Liebessprache sind Geschenke.[33] Etwas zu bekommen, wo der Geber sich Gedanken gemacht hat, was mir Freude machen könnte, bringt mich zum Strahlen. Ich fühle mich dann geliebt und wertgeschätzt. Die beiden wissen das und setzen sich mit hohem Interesse dafür ein. Großzügiges Geben ist eine zutiefst schöne und heilige Signatur eines reifen Lebens, es überrascht, tut gut, bringt Freude und dringt in diese so oft kleinliche Welt ein wie ein heller Strahl aus der Welt Gottes.

Dabei geht es nicht in erster Linie um materielle Großzügigkeit, sondern um die Haltung, einander echte, tiefe, herzliche und großzügige Liebe zu zeigen. Im 1. Petrusbrief heißt es: «Die Liebe deckt viele Sünden zu.»[34] Der Schreiber dieser Worte fordert im darauf folgenden Vers zu Gastfreundschaft auf, zum freigiebigen Geben aus dem, was wir von Gott empfangen haben, weil das vieles von dem, was zwischen uns auch zerbrochen und bruchstückhaft ist, aufwiegt.

Vielleicht ist das bei dir ein Bereich, in dem du noch wachsen kannst? Ich bin neulich über einen Satz gestolpert, den ich irgendwo aufschnappte: «Bist du leidenschaftlich darauf aus, andere Menschen zu segnen?» Den anderen beschenken zu wollen mit Gutem, ist ein Zeichen von Großzügigkeit, und dieses Gute ist natürlich das, was bei dem anderen auch als solches empfunden wird. Bei mir ist da auf jeden Fall noch Luft nach oben und Großzügigkeit im Alltag ein Lernfeld. Dabei geht es nämlich nicht nur um ein großes Ideal, sondern um ganz konkrete Situationen:

- Wie großzügig bin ich, wenn mein Mitbewohner den Putzplan nicht eingehalten hat?
- Wie dünnhäutig bin ich bei spitzen Kommentaren?
- Wie schnell bin ich bereit, meinem Freund zu vergeben?
- Wie schnell bin ich dabei, meiner Freundin in Not zu Hilfe zu eilen mit dem, was sie gerade braucht?

Manchen von uns fällt es leichter, anderen schwerer, großzügig zu sein. Wir sind egoistischer, als wir meinen, bringen Erfahrungen mit, ausgenutzt worden zu sein, und haben vielleicht Angst, selbst zu kurz zu kommen. Ich glaube, dass großzügiges Geben Freundschaften befreit. Es befreit *von* kleinlichem Kalkulieren und *zu* großzügigem Vergeben.

- Bist du ein großzügiger Freund oder eine großzügige Freundin?
- Was fällt dir dabei leicht, was fällt dir daran schwer?

So schön Großzügigkeit ist, so wenig schön kann in Freundschaften ihr Übermaß oder ihre Einseitigkeit empfunden werden. Eine «Geber-Identität» läuft Gefahr, sich in ihrer Großzügigkeit zu wichtig zu nehmen: «Wenn ich mich nicht melde, macht es keiner!», «Ohne mich hat die Person niemanden ...» oder ähnliche Sätze kommen dann auf. Die mögen sogar stimmen, aber dahinter verbirgt sich auch

Stolz. Wenn ich ehrlich zu mir selbst bin, fühle ich mich in der «Geberrolle» einfach wohler. Erhabener. Es ist nobel und gesellschaftsfähig. Geben wird bewundert. Doch diese Identität kommt in einer gemischten Motivationstüte. Vielleicht gibst du, weil du deine Freunde aufrichtig magst und ihnen Gutes tun willst. Aber vielleicht gibst du auch, weil es sonst zum Konflikt kommt und du diesen vermeiden willst. Vielleicht gibst du auch, weil du stolz auf deine Stärke bist oder die Helferrolle dir Bedeutung verleiht. Vielleicht gibst du auch, weil du dich verantwortlich fühlst und denkst, dass Gott und andere Menschen es von dir erwarten. Man kann aus dieser Geberrolle heraus Freundschaften das Genick brechen. Wie ich das geschafft habe, erzähle ich euch in Kapitel 8.

Doch nicht nur das Geben, sondern auch das Nehmen will gelernt sein. Vielleicht klingt «Empfangen» weniger selbstbezogen?

Wir lagen an einem Sonntagnachmittag am See und genossen die ungetrübte Stimmung, als eine sehr gute Freundin mich fragte, warum ich eigentlich nie um Hilfe bitten würde. Ich winkte ihre Frage scherzhaft ab: «Als ob ich nicht um Hilfe fragen würde!» Sie schien es aber ernst gemeint zu haben und die Frage hing nach. Der Nachmittag verging, und ich stellte ihr die Frage: «Frag ich echt nicht nach Hilfe?»

Sie sagte «Nein». Liebevoll, aber bestimmt. «Du bittest nie um Hilfe. Man kann es aber lernen.»

Ich sollte also etwas lernen, was mir bis vor einer Minute noch gar nicht bewusst gewesen oder problematisch erschienen war? In den darauffolgenden Wochen begegnete mir das Thema in unterschiedlichen Freundschaften wieder. Es nagte an mir, weil ich irgendwie dachte: *Hä, jetzt bin ich schon so unkompliziert und bitte nicht um Hilfe, und dann ist das auch nicht gut!*

In der Zeit checkte ich, dass meine Freunde sich mich aber gar nicht in meiner unkompliziertesten Version wünschten. Sie wollten für mich da sein. Meine Freunde wollten geben, nur ich … ich empfing schlecht.

Ich entdeckte, dass die Frage nach dem Empfangen mir Angst machte. Ich habe Angst vor Zurückweisung, denn vielleicht will mir die andere Person nicht helfen. Ich will aber auch die Grenzen anderer respektieren, nicht überfordern und es der anderen Person möglichst leicht machen. Ich mag auch meine eigene Bedürftigkeit nicht. Ich denke irgendwo schon, dass ich es allein schaffen muss, und unterstelle meinen Freunden, dass sie die gleichen Erwartungen an mich haben wie ich an mich selbst. In mir schlummert auch ein Misstrauen, dass hinter einem Hilfsangebot eine verkappte Erwartung steckt. – Ein ganz schönes Paket!

Hilfe anzunehmen und zu vertrauen, dass jemand mir etwas großzügig geben möchte, sind Lernfelder.

- **Kannst du Hilfe annehmen?**
- **Wie fühlt es sich für dich an, wenn andere dich beschenken und dir Hilfe anbieten?**

Freundschaften brauchen beides: Sie brauchen ein Geben und ein Nehmen, ein Schenken und ein Erhalten, auch wenn die Währung nicht identisch sein muss. Das bedeutet, dass es nicht zwangsläufig die gleichen Dinge sind, die wir brauchen und zu geben haben.

Wir brauchen Menschen, von denen wir nehmen, Liebe empfangen oder Kritik erhalten, ermutigt werden und auch mal einen Tritt in den Hintern bekommen. Freundschaften können dann zu Orten werden, die das Potenzial haben, unseren Charakter zu formen.

Wenn ich nicht nehmen und annehmen kann, entziehe ich mich. Ich schöpfe Freundschaften nicht aus, die viel zu geben haben. Mir entgehen Wachstumspotenzial, Lernprozesse und ganz viel Freundschaftsmomente an sich. Aber mir entgeht nicht nur etwas, sondern ich nehme meinen Freunden auch die Möglichkeit, mir Gutes zu tun, für mich da zu sein und mich zu beschenken.

Ich habe dank meiner Freundschaften in den letzten Jahren dazugelernt. Ich habe Freunde, die mich beschenken wollen und das beharrlich deutlich machen. Das zu lernen und zu vertrauen ist nicht leicht. Doch wenn ich es nicht tue, bleibe ich in einer verengten Geschichte stecken und nähre meinen eigenen Stolz.

Sich darüber im Klaren zu sein, was man zu geben hat, befreit einen aus dem Gefühl, immer nur nehmen zu müssen. Du bist ein von Gott begabter Mensch – du hast Gaben, eine individuelle Geschichte, besondere Eigenschaften – du selbst bist eine Gabe Gottes an die andern. Du hast sehr viel zu geben: deine Gedanken, deine Perspektive, deine Erfahrungen, deine Gefühle, dein Wissen und noch viel mehr. Der andere hat aber auch zu geben und du brauchst, was die andere Person hat. Wir geben und brauchen: Ermutigung, Trost, Ermahnung, Hoffnung, Richtungsweisung, Weisheit, Mut, Warnung, Vergebung, Geduld, Korrektur, Danken, Wissen.

Als ich vor einigen Jahren in der Cafeteria meiner Hochschule am Kaffeeautomaten stand, hörte ich einen Studenten zum anderen sagen: «Weißt du, eine Beziehung besteht aus Geben und Nehmen, aber du nimmst ganz schön viel.» Den Kontext habe ich nicht mitbekommen und der ist für meine Instrumentalisierung des Zitats auch irrelevant, aber Tatsache ist, dass etwas sehr deutlich gesagt wurde, was man vielleicht häufig nur denkt: *Du nimmst ganz schön viel.*

- Hast du Freundschaften, die unausgewogen sind, weil einer mehr nimmt – sehr viel erwartet oder einfordert?
- Erwartungen sind in Freundschaften ein wichtiges Thema, denn wir alle haben sie, ob wir uns dessen bewusst sind oder nicht.

ERWARTUNGEN

Ich habe lange nach dem Motto gelebt: «Wer nichts erwartet, kann auch nicht enttäuscht werden.» So schlecht kommt man damit nicht durchs Leben, fand ich. Hohe Erwartungen setzen unter Druck, überfrachten die Freundschaft. Gleichzeitig steckte dahinter ebenfalls eine Erwartung, auch wenn ich mir dessen nicht bewusst war. In meiner erwartungslosen Haltung erwartete ich von Freundschaften vor allem eins: Pflegeleichtigkeit.

Gleichzeitig ist der Impuls, seine Erwartungen zu kennen und diese kommunizieren zu lernen, wichtig. Denn gerade hohe Erwartungshaltungen in Freundschaften können Beziehungen anstrengend machen und in eine Schieflage bringen. Ich habe in Kapitel 2 darüber gesprochen, welche Erwartungshaltung für Freundschaften zu viel ist: die Erwartung beispielsweise, dass meine Freunde für meine Bedürfnisse zuständig sein sollen.

- Bist du dir deiner Erwartungen bewusst?
- Welche sind legitim, welche für eine Freundschaft vielleicht zu viel?

In einem Gespräch mit meinem Onkel ließ er sich über das «kapitalistische Mindset» meiner Generation aus, wie er es nannte: «Wenn ihr eine bestimmte Lampe mit genau dieser Glühbirne, dieser einen Farbe und genau dieser Aufhängung wollt, dann seid ihr überzeugt, dass es die auch geben muss. Und wenn ihr sie nicht findet, dann gründet ihr eben das Start-up, das genau diese Lampe produziert.»

Er meinte, dass wir dieses Mindset auch auf Freundschaften übertragen und in ihnen ein selbstzentriertes Konsumverhalten an den Tag legen: «Ich brauche eine Freundin, die auf meine Bedürfnisse eingeht. Ich suche einen Freund, der mich wirklich versteht. Ich warte auf eine Clique, die mich so akzeptiert, wie ich bin.»

Doch Freundschaften kann man in allem Wünschen und Analysieren nicht wie ein Konsumgut behandeln.

In einer Studie über Millennials schnappte ich den Satz auf, diese Generation kennzeichne, dass sie eine hohe Erwartungshaltung habe, aber wenig Bereitschaft zu geben. In mir wehrt sich etwas gegen solche Analysen, ganz gleich, ob sie von meinem vehementen Onkel oder aus einer Studie stammen.

Wir sind doch als Generation nicht pauschal in eine Box zu packen! Und selbst wenn die Studie recht hätte, sind wir deshalb nicht automatisch dazu verdammt, unsere Freundschaften an die Wand zu fahren, oder?

Natürlich nicht. Aber unseren Erwartungen auf die Schliche zu kommen, sie zu entlarven und lernen, sie zu kommunizieren, führt uns auch für unsere Freundschaften weiter. Denn hinter unseren Erwartungen entdecken wir Sehnsüchte, Wünsche und Ängste. Wir lernen unsere Selbst- und Weltsicht kennen.

Und wenn wir wissen, was uns fehlt und wonach wir uns sehnen, dann können wir auch lernen, das ins Gespräch und in unsere Freundschaften einzubringen.

Wenn unser Fokus darauf aus ist, dass andere Menschen uns genau das geben, was wir brauchen, dann werden wir nicht «satt» werden. Wir können nicht, noch sollten wir alle Erwartungen erfüllen oder erfüllt bekommen. Eine alttestamentliche Weisheit bringt das mit einem Spruch auf den Punkt: «Wer am Geld hängt, bekommt nie genug davon. Wer Reichtum liebt, will immer noch mehr.»[35]

Auf enttäuschte Erwartungen komme ich in Kapitel 8 noch einmal zu sprechen. Zunächst geht es jetzt um die Themen Ausgewogenheit und Augenhöhe.

«Beziehungen auf Augenhöhe» bedeutet nicht, dass sowohl Geben als auch Nehmen in der Freundschaft zu allen Zeiten ausgewogen sind. Doch es bedeutet, dass beides vorkommt. Du gibst und empfängst. Mit dem, was du hast, und dem, was du brauchst, und andersherum. Wenn auf Dauer nur das eine existiert, dann ist es keine Freundschaft, sondern ein Projekt.

Projekte sind nicht schlecht, aber sie sind nicht das Gleiche wie Freundschaft auf Augenhöhe. Und die kann man lernen oder entdecken.

AUGENHÖHE ENTDECKEN

Als wir Freunde wurden, war ich um einiges älter als sie – zumindest fühlen sich drei Jahre für Teenies wie ein Riesenunterschied an! Ich war schon in der Oberstufe, hatte meinen Führerschein in der Tasche und einen Sack voller Weisheiten parat. Zu Beginn unserer Freundschaft war ich eher ein Vorbild, mehr Mentorin als Freundin. Doch im Laufe unserer Zwanziger verschwand das Gefälle, und zwischen uns wuchs eine ebenbürtige Freundschaft. Je älter ich wurde, desto mehr spielte das Alter für meine Freundschaften eine untergeordnete Rolle. Die Wellenlänge und die Lebenssituationen wurden entscheidender als das Alter.

Als ich mit 24 ein Zweitstudium in Theologie begann, habe ich mich meinen 19-jährigen Kommilitonen haushoch überlegen gefühlt. (Grüße gehen raus an euch!) Als ob ich mit meiner Weisheit mit den «Knirpsen», die direkt vom Abi kamen, etwas gemeinsam hätte haben können! Mit meinem Hochmut lag ich natürlich falsch, wie sollte es auch anders sein. Ich machte die Erfahrung, dass tiefe Freundschaften durch die gemeinsame Aufgabe und Lebensphase entstehen. Mit 30 hatte ich mit meinen 25-jährigen Kollegen im Theologiestudium mehr gemeinsam als mit Gleichaltrigen, die ihr zweites Kind erwarteten und mich in ihrer Lebensphase abgehängt hatten.

Seitdem hinke ich eigentlich ständig hinterher. Mein Humor sei mittlerweile zu kindisch für meine 33 Jahre, wird mir nachgesagt. Meine Lebensphase entspricht mehr Menschen Mitte zwanzig als Mitte dreißig, und auf mich wirken Gleichaltrige oft älter. Ich empfinde es als große Bereicherung, Freunde in unterschiedlichen Lebensphasen, Altersgruppen und Kulturen zu haben und mit allen etwas zu entdecken, wo man sich auf Augenhöhe begegnen kann: seien es gemeinsame Erlebnisse, der Humor, unsere Interessen oder eben unsere Lebensphase.

Die Augenhöhe mit meinen Freunden «bringt» mir nicht unbedingt was, aber sie bringt mich auf jeden Fall weiter.

Im weisheitlichen Sprüchebuch der Bibel heißt es: «Wie man Eisen durch Eisen schleift, so schleift ein Mensch den Charakter eines anderen.»[36] Wir brauchen als Freunde eine ähnliche Schärfe, um uns schleifen zu können. Ich habe nicht Materialkunde studiert, aber wenn Eisen auf Glas treffen würde, geht eins davon schneller kaputt als das andere. Das bedeutet es für mich, dass gute Freundschaften, in denen zwei Menschen sich weiterbringen, auf Augenhöhe stattfinden sollten: Beide sind von ähnlicher

«Stärke». Stark insofern, dass beide investieren, beide empfangen und nicht der eine an der Beziehung zerbricht oder zum Hilfsprojekt wird. Suche dir keine Freunde, bei denen du dich erhaben fühlst, und keine, bei denen du dich stets unterlegen fühlst. (Und wenn du dazu neigst, ist das vielleicht eine lohnenswerte Spur, dieser Dynamik mal nachzugehen.)

Investiere in Freundschaften, in denen beide Seiten geben und empfangen. Denn nur dann können sie dich wirklich ermutigen und herausfordern, ohne dass du dich von ihnen distanzierst noch sie übergriffig nah an dich heranlässt. Freunde auf Augenhöhe müssen sich ernst nehmen, ringen miteinander und helfen einander dabei, Selbstzentriertheit abzulegen. Ich bin der Überzeugung, dass solche Freundschaften Gottes Antwort auf unsere Ichbezogenheit sind. Sie können uns sowohl aus der Retterrolle als auch aus der Opferrolle befreien.

Es ist zu kurz gegriffen, Freundschaft als Kosten-Nutzen-Rechnung zu sehen. Sich technisch darüber Gedanken zu machen, wie Geben und Nehmen verteilt ist, lässt sich auf Freundschaften schwer übertragen. Freundschaften sind, so wichtig Ausgewogenheit auch ist, keine Transaktionen. Sie sind vielmehr ein unausgesprochenes Abkommen, ein Bündnis, ein inneres Versprechen, an der Veränderung der anderen Person beteiligt zu bleiben, eine Dynamik, ein Tanz und weniger Maschine.

In starken Freundschaften darf ich aufhören zu rechnen, weil das Vertrauen überwiegt, dass die andere Person es gut mit mir meint. Gleichzeitig brauchen wir auf der Freundschaftsreise Unterschiedliches voneinander und dürfen lernen, über unsere unterschiedlichen Gaben und Bedürfnisse zu sprechen. Und apropos sprechen: Unsere Freundschaftsseele atmet durch Kommunikation.

REDEN UND SCHWEIGEN

Über Kommunikation gäbe es viel zu sagen, denn sie ist das Medium, durch das wir überhaupt in einen Austausch treten, ob das durch unser Reden, unser Schweigen oder unsere Gestik passiert. Gelungene Kommunikation ist, wenn die beabsichtigte Botschaft auch bei der anderen Person ankommt. Wenn sie hört, was ich gemeint habe. Was voraussetzt, dass ich auch gemeint habe, was ich sage. Und das ist alles oft komplizierter, als man meint, dann doch auch wieder überraschend unkompliziert. Es ist kompliziert, weil wir so unterschiedlich sind – mit unterschiedlichen «Schnäbeln» sprechen und auf unterschiedlichen «Ohren» hören, wie Friedemann Schulz von Thun das in seinem berühmten Kommunikationsquadrat genannt hat.

Es ist aber in Freundschaften auch so herrlich unkompliziert, weil man sich in der Kommunikation angleicht, und je besser man sich kennt, desto mehr kann man auch versteckte Botschaften und Schweigen verstehen.

Ich habe ein hohes Kommunikationsideal. Ich bin der Meinung, dass man über *alles* sprechen kann. Die Weisheit des Satzes «Reden ist Silber, Schweigen ist Gold» halte ich für überschätzt. Ich glaube daran, dass Menschen eine Lösung finden, wenn sie einander zuhören, dem Anderen Gutes unterstellen und sich die Mühe machen, ihre Worte und Botschaft so zu wählen, dass ihr Anliegen bei der anderen Person ankommen kann. Und da haben wir alle, alle noch ganz viel Nachholbedarf. Denn wir drücken uns weder so deutlich aus, wie wir meinen, noch hören wir so gut zu, wie wir denken.

In einigen meiner Freundschaften haben wir uns in Persönlichkeitstools und Kommunikationshilfen reingefuchst, um eine gemeinsame Sprache dafür zu finden, was wir spüren, aber nicht benennen können.

Gleichzeitig habe ich auch die Erfahrung gemacht, dass man eben leider doch nicht über alles sprechen kann. Beziehungsweise es nicht hilft, alles an- oder auszusprechen. Sprache kann viel, aber Sprache kann nicht alles. Bei Trauer kann Reden manchmal mehr schaden als nützen.

Mein Gastvater in den USA sagte zu mir, dass ich «eine Frau voller Worte» sei, und wenn ich in Fahrt und unter Menschen bin, schaffe ich die durchschnittlichen 16.000 Wörter, die man anscheinend täglich in die Luft blubbert, sicher spielend. Der Mythos, dass Frauen sehr viel mehr reden würden als Männer, gilt übrigens als überholt.[37] Ich bewege mich aber auch vor allem in Kontexten, in denen Männer viel reden: Wie zum Beispiel in der Kirche ... Okay, kleiner Scherz!

Jeder Mensch, ganz gleich, wie viel er redet und schweigt, kann nicht auch ohne das jeweils andere. So sehr ich eine gute Diskussion schätze, so sehr genieße ich Gemeinschaft auch ganz ohne Worte. Als man sich im Corona-Lockdown nur zu zweit zum Spazierengehen treffen konnte, kam ich schneller an meine Grenzen als erwartet. Denn Gespräche oder Spaziergänge zu zweit stellen irgendwie die stumme Erwartung, dass man nun mal richtig redet. Sich tief austauscht, gerade dann, wenn man sich nicht so häufig sieht. Ich hatte längst kein so hohes Bedürfnis für tiefen Austausch, wie sich Spaziergänge anhäuften.

Wenn behauptet wird, dass Frauen sich für ihre Freundschaften lieber zum Austausch beim Kaffeetrinken treffen und Männer lieber etwas unternehmen, dann kann ich das für mich nicht unterschreiben. Denn die besten Gespräche ergeben sich meiner Meinung nach nicht dann, wenn man sie forciert oder zum Kaffee zwischen 14 und 16 Uhr quetscht. Und so wichtig für Freundschaften Gespräche unter vier Augen sind, so bin ich dessen während Corona auch etwas überdrüssig geworden. Denn weil man sich immer nur zu zweit treffen konnte, fehlte es mir so sehr an ungezwungenem Zusammenkommen von mindestens drei Personen. Wenn mehr als zwei Freunde zusammenkommen, muss man auch nicht immer reden, obwohl ich mit meinen besten Freunden auch gut schweigen kann. Gemeinsam Schweigen ist so wertvoll, geht aber nicht mit jedem, denn es setzt ein Miteinander-Unterwegssein voraus, in dem Schweigen nicht als unangenehm empfunden oder negativ interpretiert wird. Gemeinsames Schweigen kann in einer Freundschaft Gold sein, auch wenn Reden nicht das Silber ist. Um beziehungs-weise zu werden, brauchen wir wie immer beides und dürfen beides miteinander lernen. Denn natürlich ist es in jeder Freundschaft unterschiedlich, welches Rede- und Schweigebedürfnis aufeinandertrifft.

Neben dem Ausloten von Reden und Schweigen ist einer der für mich wichtigsten Kommunikationswege in einer Freundschaft das gemeinsame Lachen. Wenn ich an gemeinsame Lachflashs mit meinen Freunden denke, dann stiehlt sich mir ein Lächeln auf die Lippen. Mit meinen besten Freunden zu lachen, gehört zu den freisten und heilsamsten Momenten meines Lebens. Wenn ich dir den perfekten Abend schildern würde, dann wäre das mit einer lachenden Freundesrunde um meinen Tisch herum. Mit gutem Essen, guten Gesprächen und ganz viel lautem Gelächter. Für meine Freundschaften braucht es viel Humor, und ich danke Gott für meine witzigen Freunde und die witzigen Momente zwischen uns.

FREIHEIT UND GRENZEN

Während Humor für viel Leichtigkeit und Freiheit in meinen Freundschaften sorgt, sind andere Spannungsfelder manchmal nicht ganz so leicht auszuloten: Ich meine die Paare «Freiheit und Grenzen» und «Nähe und Distanz». In allen Beziehungen treffen da unterschiedliche, manchmal sogar gegensätzliche Bedürfnisse aufeinander.

Ich fühle mich beispielsweise schnell eingeengt und kontrolliert. Ich habe ein hohes Bedürfnis nach Freiheit und Unabhängigkeit. Als ich 2020 zweimal zwei Wochen in Quarantäne verbrachte, war für mich das Schlimmste daran, dass es mir bei Strafe verboten war, meine Wohnung zu verlassen. Ich war in meinen vier Wänden eingesperrt, und es bedurfte viel innerer Ablenkung, diesen Zustand zu akzeptieren.

In meinen Freundschaften werde ich durchaus pampig, wenn ich das Gefühl habe, dass ich fremdbestimmt oder bevormundet werde. Ich bin nicht stolz darauf, aber ich hatte mit meiner besten Freundin schon Konflikte, weil sie mein Essen ungefragt in die Mikrowelle gestellt oder mir Sprudel nachgeschenkt hat, obwohl ich keinen wollte. Das hört sich vielleicht nach einem lächerlichen Beispiel an, aber es illustriert das Dilemma ganz gut. Aus ihrer Perspektive ist es eine liebevolle Geste, ich empfinde sie als übergriffig. Im Gegenzug würde sie sich geliebt fühlen, wenn ich ihr Essen einfach mit aufwärme und ihr Glas auffülle, weil es leer ist.

Wir haben ein paar Jahre gebraucht, um hier eine gute Kommunikation zu finden. Wir brauchen unterschiedlich viel Freiheit und haben andere Grenzen, die die andere aber nicht spüren kann; er bekommt sie zu spüren, wenn er sie überfährt. Wir selbst stellen mancherlei eigene Grenze ja erst fest, wenn sie von anderen übertreten wird. Doch gerade aufgrund ihrer Freiheit sind Grenzen in Freundschaften so wichtig. – Was meine ich damit?

Wir sind keine grenzenlosen Wesen, sondern haben Bedürfnisse, einen Körper und Kapazitäten. Das ist gut so und zeigt uns, wer wir sind und wer wir nicht sind. Wir haben Grenzen, die wir kennenlernen, anerkennen und kommunizieren dürfen. Wir spüren diese Grenzen nicht immer gut, sondern müssen sie selbst auch ein Stück weit kennenlernen. Auf diesem Weg können Freundschaften helfen. Sie können mir Sicherheit geben, indem sie meine Grenzen akzeptieren und mich bestärken, «Nein» sagen zu lernen, auch wenn es manchmal sogar sie trifft.

Im Buch der Weisheitssprüche in der Bibel heißt es: «Besuche deinen Nachbarn nicht zu oft, sonst wirst du ihm lästig, und er beginnt dich abzulehnen!»[38] Keine Freundschaft ist grenzenlos, und keine Freundschaft sollte grenzenlos sein, da ihr sonst die Anerkennung verloren geht. Unausgesprochene Annahmen, überhöhte Erwartungen, eine Überdosis an Gutgemeintem und das Selbstverständlich-Nehmen des andern können das Gleichgewicht in Freundschaften torpedieren. Die Missachtung der Grenzen meiner Freunde ruft zu Recht Ärger bei ihnen hervor, denn ich verletze die Anerkennung zwischen uns. Es sind Worte von Dietrich Bonhoeffer, die mich im Hinblick auf Freiheiten und Grenzen gleichermaßen inspirieren wie herausfordern:

«Es ist zuerst die Freiheit des Andern, die [...] eine Last ist. Sie geht gegen seine Selbstherrlichkeit und doch muss er sie anerkennen. Er könnte sich dieser Last entledigen, indem er den andern nicht freigäbe, sondern vergewaltigte, ihm sein Bild aufprägte. Lässt er aber Gott sein Bild an ihm schaffen, so lässt er ihm damit die Freiheit und trägt selbst die Last solcher Freiheit des andern Geschöpfes. Zur Freiheit des Andern gehört all das, was wir unter Wesen, Eigenart, Veranlagung verstehen, gehören auch die Schwächen und Wunderlichkeiten, die unsere Geduld so hart beanspruchen, gehört alles, was die Fülle der Reibungen, Gegensätze und Zusammenstöße zwischen mir und dem Andern hervorbringt.»[39]

Die Freiheit des anderen, die gegen meine Selbstherrlichkeit geht. Das bringt mich ins Nachdenken: Lasse ich meinen Freunden in ihren Bedürfnissen ihre Freiheit? Oder halte ich sie in meinen Wunschbildern gefangen? Zur Freundschaft gehört, dass ich den anderen in seinem Anderssein stehenlasse, anerkenne und ins Gespräch mit diesem Wesen komme, das von mir unterschieden bleibt. Du bleibst bei dir, ich bleibe bei mir.

NÄHE UND DISTANZ

Ein Satz, der mir aus einer intensiven Seelsorgezeit immer noch nachhängt, lautet: «Bleib bei dir.» So kurz und simpel, aber für Menschen wie mich eine befreiende Botschaft. Ich bin nämlich gerne mal zu viel beim Anderen. Ich kann Bedürfnisse anderer Menschen klarer wahrnehmen als meine eigenen. Wünsche und Anliegen anderer sind die lauteren Stimmen in mir.

Meine Grundfragen waren lange: Was braucht der oder die andere, wie mache ich es dem Gegenüber möglichst leicht, sich wohlzufühlen, wie kann ich helfen? Beim anderen ansetzen klingt zunächst einmal liebevoll, ist aber in Wirklichkeit schräg: Wir sind für die Bedürfnisse und Wünsche anderer erwachsener Menschen nicht verantwortlich. Wir können auf sie reagieren, auf sie eingehen, müssen aber von uns aus starten. Wenn ich im Gespräch sagte: «Aber warum macht diese Person dieses oder jenes?», erinnerte mich meine Seelsorgerin daran, dass es eine wichtige Aufgabe reifer Beziehungen ist, «bei sich zu bleiben». Für eigene Werte und Überzeugungen eintreten zu können und sie im Gespräch mit dem Gegenüber auszuloten.

Thomas Härry beschreibt in seinem Buch «Die Kunst des reifen Handelns», dass eine reife Persönlichkeit sich durch zwei Dinge auszeichnet: Sie ist beziehungsfähig und eigenständig.[40] Sie kann zwischen «Bei sich bleiben» und «Auf andere zugehen» wechseln. Sie macht sich nicht abhängig von anderen und bleibt gleichzeitig nicht in völliger Distanz und Unabhängigkeit. Das lässt sich auch auf Freundschaften übertragen: Freundschaften sind ein Ausloten von Spannungsfeldern – ich und du, Nähe und Distanz, Freiheit und Bindung, Geben und Nehmen. Es ist ein Fortdauerndes Miteinander-ins-Gespräch-Treten.

Als ich vor ein paar Jahren in einer Freundschaft das Gefühl hatte, von der Nähe der anderen erstickt zu werden, wusste ich, dass ich meine Freundin verletzen würde, wenn ich ihr sagen würde, wie ich empfand. Ich schrieb ihr folgende Nachricht:

«Ich fühle mich, als hätte ich keine Luft, um mich dir von selbst mitteilen zu können, weil du immer schon nachgefragt oder es bereits gesagt hast. Ich sehe deine Liebe zu mir dahinter, und es tut mir leid, dass sie nicht als solche bei mir ankommt. Aber ich brauche es von dir, dass du nicht so viel nachfragst, nicht meinen ganzen Tagesablauf vor Augen hast und ich das Gefühl entwickeln kann, dir etwas erzählen zu wollen. Das wird von deiner Seite aus Geduld, Freiheit und Vertrauen brauchen, aber ich sage das nicht, um unsere Freundschaft zu beenden, sondern um sie zu erhalten. Ich wünschte, ich könnte es auf eine Art sagen, die dich nicht verletzt, aber das geht vielleicht nicht.»

Ich weinte, als ich diese Nachricht formulierte, denn ich wollte sie nicht verletzen, konnte aber auch nicht länger zulassen, dass sie meine Grenzen überschritt. Ich bat meine Freundin darum, dass sie mit einer anderen Person über alles spricht, sich nur einmal die Woche bei mir meldet und erst einmal keine Fragen stellt. Ich gab ihr wiederum mein Wort, dass ich mich einmal die Woche melden würde und ihr das erzählen würde, was ich ihr mitteilen möchte.

Sie respektierte meine Grenze und kam meinen Bitten nach, obwohl es ihr sehr schwerfiel. Sie gestand mir später, dass sie dachte, dass wir es nicht schaffen würden. Sie dachte, dass es das mit unserer Freundschaft war. Ich glaubte daran, dass wir eine Chance hätten, wenn wir an unserer Kommunikation arbeiten und einen neuen Modus finden, der für uns beide gut ist. Unsere Bedürfnisse passten an dieser Stelle nicht zueinander. Ich hielt mich an meinen Teil der Abmachung, sie sich an ihren. Für sie war es ein Lernen, mir zu vertrauen. Sie lernte, dass ich mein Versprechen, daran arbeiten zu wollen, ernst meinte, obwohl ich Grenzen gezogen hatte und sie sich dadurch zurückgewiesen fühlte.

Ich denke es ist wichtig für eine gesunde Freundschaft, dass wir nicht den Anspruch haben, den andern *vollständig* zu kennen, zu durchschauen oder uns besitzergreifend zu verhalten. Jemanden besitzen zu wollen, spiegelt immer die Abwesenheit gegenseitiger Anerkennung wider. Ich denke, dass in folgenden Worten von David Benner sehr viel Weisheit liegt: «Wahre Freundschaften erkennen das Geheimnis des anderen an – ein Geheimnis, das manches Mal entzückt und manches Mal enttäuscht. Aber es ist diese Eigenartigkeit, dieses Getrenntsein, das die Leidenschaft in Freundschaften lebendig hält. Einander Raum zu geben, wird wahre Freundschaften immer nähren.»[41]

«Einander Raum geben» finde ich eine ganz wunderbare Vision für Freundschaften, die Respekt und Weite, aber auch Zugewandtheit ausdrückt.

WAS FREUNDSCHAFTEN UNS «BRINGEN»

Zurück zu meinem Kumpel auf der weißen Gartenbank. Mich hatte seine Frage getriggert, weil sie eine Angst in mir berührte: die Angst, dass jemand nur so lange in einer Freundschaft bleibt, wie ich von Nutzen bin. Das war nicht seine Intention, aber ohne seine Frage und ohne meine Reaktion hätten wir das anschließende Gespräch nicht geführt. Wir konnten darüber reden und merkten, dass wir Unterschiedliches brauchen: Ich brauche in einer Freundschaft stärker das Gefühl, dass ich einfach sein darf. Er benötigt dagegen stärker das Gefühl, dass er gebraucht wird. Indem wir ehrlich voreinander wurden, konnten wir geben und empfangen, was uns wachsen lässt, weiterbringt und unsere Freundschaften vertieft.

Freundschaft kann man lernen und Lernen ist ein Prozess. Es ist ein Ausloten und Aushalten von Spannungsfeldern, ein Investieren und Empfangen, ein Nahesein und ein Fremdbleiben und eine gute Portion Humor. Du wirst es nicht erleben, es sei denn, du wagst es.

Und jetzt?

Ehrlich gesagt, muss ich dieses Ausloten in Freundschaften immer wieder lernen. Dafür gibt es kein Patentrezept und keine Sicherheit im Voraus, bevor ich es nicht einfach mache, losgehe, investiere, erlebe. Wir bleiben hinter dem Potenzial von Freundschaft zurück, weil wir von Ängsten gehemmt werden. Doch Freundschaft, die auf gegenseitiger Anerkennung beruht, werde ich nur erleben, wenn ich sie lerne, entdecke, gestalte. Und je besser ich mich hier kennenlerne, desto sprachfähiger werde ich im Hinblick darauf, was ich zu geben habe und was ich vom andern brauche.

Ich möchte dich an dieser Stelle herausfordern, mal ein paar Dinge zu notieren, die du zu geben hast (Stärken, Eigenschaften, Erlerntes), und Dinge, die du von anderen brauchst.

DU ALS FREUND/IN

- Was hast du in Freundschaften zu geben?
- Was empfängst du in Freundschaften?
- In welchen Freundschaften hast du das Gefühl, dass ein Ungleichgewicht herrscht; woher kommt das?
- Wie gehst du mit Freundschaften um, in denen du dich überlegen oder unterlegen fühlst?
- Wie geht es dir mit dem Gedanken, «von Nutzen sein zu wollen»?
- Wie sprichst du in deinen Freundschaften über Freiheiten, Grenzen, Nähe, Distanz und eure Kommunikation?

Kapitel 6

POTENZIAL. ODER: WIE FREUNDSCHAFT VERTIEFT WERDEN KANN

Ich war schon immer der Ansicht, dass das
größte Privileg, die größte Hilfe und der größte
Trost in einer Freundschaft darin besteht,
dass man nichts erklären muss.[42]
— Katherine Mansfield

DU, FÜR IMMER

Ein Freund liebt zu jeder Zeit.
Zeit wird nicht gemessen an Sekunden oder Stunden,
sondern an Momenten, Erlebnissen, Tief- und Höhepunkten.
An dem Lachen und den Tränen, die man teilt,
und den Wunden, die man heilt. Zeit vergeht.
Und sechs Jahre sind mit dir wie im Flug vergangen.
Ich wünschte, ich hätte jeden Moment einzeln eingefangen.
Da waren Momente der Freude, des Lachens, der staunenden Überwältigung.
Und Momente der Trauer, des Schmerzes und der Stressbewältigung.

Momente des Nahseins und Momente der Distanz,
Momente der Leichtigkeit und der tiefen Akzeptanz.
Wir haben uns beide an unseren dunkelsten Momenten gesehen.
Geweint, geklagt und Herzen geteilt.
Herzen, die miteinander und füreinander schlagen,
in guten, wie in schweren Tagen.
Mit dir, Fränz, habe ich entdeckt, was es bedeutet,
Freundschaft in Fülle zu leben.
Eine Freundschaft, die kämpft, die nicht träge wird,
sondern durchträgt und erträgt.
Eine Freundschaft, die freisetzt und die bleibt,
die aushält und Gutes unterstellt.
Eine Freundschaft, die nicht besteht,
weil alles unkompliziert ist.
Eine Freundschaft, die vergibt, beschenkt, und in der Gott
Zentrum und Grundlage ist.
Eine Freundschaft der Verbundenheit, mit dem Versprechen:
«Wir werden zusammen alt.»
Es gibt keine Worte, die beschreiben, was du und unsere
Freundschaft mir bedeuten.
Du machst mich besser, jeden Moment reicher, tiefer, echter.
Auf Freundschaft! Auf Höhen und Tiefen! Auf die nächsten Jahrzehnte Geschichte schreiben! Auf die Entscheidung, zu bleiben!

Diesen Text hat meine beste Freundin mir zum sechsjährigen Freundschaftsjubiläum geschrieben. Wir saßen bei gedimmtem Licht in einem schicken Restaurant und feierten sechs Jahre Freundschaft. Sie trug mir diesen Text vor und ich staunte einmal mehr über sie als meine Freundin und über unsere Freundschaft. Sie hat einen wesentlichen Teil dazu beigetragen, dass es dieses Buch gibt. Ohne sie hätte ich weniger Gründe dazu und weniger Glauben an die Freundschaft.

Wenn sie ihr *Spoken Word* mit den Worten «Auf die Entscheidung zu bleiben!» beendet, weiß ich, dass sie ihr Bleiben in dieser Freundschaft nicht infrage stellt. Von uns beiden ist sie die Treuere, Loyalität hat für sie einen hohen Wert. Sie gab mir noch nie Grund, an ihrem Bleiben zu zweifeln, und ich kenne kaum einen Menschen, der Freundschaften liebevoller, treuer und aufopferungsvoller lebt als sie. An ihrem Bleiben zweifelte ich nicht. Sie aber an meinem. Und das nicht ohne Grund, denn ich war mir nicht immer sicher, ob ich bleiben kann oder will. Doch eins nach dem anderen.

Freundschaften kommen in unterschiedlichen Farben und Formen. Sie lassen sich ausweiten, vertiefen und bleiben selten für immer gleich, selbst wenn sie schon seit dem Sandkasten bestehen. Wann immer ich sage, dass Freundschaft mehr Potenzial hat, als wir meinen, dann fallen mir die Geschichten und Gedanken dieses Kapitels ein.

BESTE FREUNDE

Mir wurde schon ab und zu gesagt, dass ich ein wirres Konzept für «beste Freunde» hätte, da ich unterschiedliche Personen als «beste Freundin» bezeichnen würde. Dies sei in etwa so verwirrend wie die Würstchenbuden in Frankfurt, die allesamt überzeugt sind, die «Best Worscht» zu verkaufen. Es können nicht alle die Besten sein, sonst macht die Aussage an sich keinen Sinn mehr. Ich sehe das Argument ein. Ich habe dennoch mehrere beste Freunde, denn meine Freunde laufen sich nicht gegenseitig den Rang ab. Ich habe eine beste Freundin aus der Heimat und eine beste

Freundin an meinem aktuellen Wohnort und dann auch noch weitere beste Freundinnen an Orten, an denen ich zuvor gewohnt habe. Das ist nicht willkürlich nach oben offen, sondern sie stehen für die «Beste» an dem jeweiligen Ort oder für das «Beste» einer Lebensphase.

Ich verwende auch die Formulierung: «Er oder sie gehört zu meinen engsten Freunden.» Das bedeutet dann, dass diese Person für den jeweiligen Ort und die jeweilige Lebensphase zu meinen Top 3 bis 5 Freunden gehört. Das zusammen formiert meine engsten und besten Freundschaften, ohne dass der Ausdruck exklusiv von einer einzigen Person besetzt ist. Für mich spiegelt es die Freiheit von Freundschaften wider. Sie lässt mehrere zu, die sich gegenseitig nicht den Rang ablaufen. Was meine besten Freunde alle gemeinsam haben, ist die Tatsache, dass sie das wissen. Sie *wissen*, dass sie meine besten Freunde sind. Sie wissen es, weil sie an meinem Leben und Herzen nah dran sind. Ihnen ist gemeinsam, dass sie mich in verletzlichen Momenten erlebt haben, Hüterinnen der Geheimnisse meines Lebens sind und für mich einstehen, wenn ich sie brauche. Das unterscheidet sie von anderen engen und guten Freunden. Sie sind an meinem Herzen und teilweise an meinem Alltag näher dran. Sie kriegen mit, wie es mir geht, was morgen ansteht und welche Themen gerade zusammenkommen, ohne dass ich alles erklären muss.

- **Nennst du jemanden deinen «besten Freund»? Deine «beste Freundin»?**
- **Warum ja, warum nein?**

THE HAPPY FEW

Wenn ich an mein Lebensende denke – zur Beruhigung: das geschieht selten –, dann wünsche ich mir, dass ich im Kreis engster Freunde alt werde. Am liebsten dann mit allen in so einer schicken Seniorenresidenz oder in Irland. Ich mag Irland doch so gern. Okay, zu unrealistisch, aber schön wäre es schon, wenn ich am Ende meines Lebens mit meinen jahrzehntealten Freunden aufs Leben anstoße. Und ich weiß, dass ich mit diesem Freundschaftstraum nicht allein bin: Wie schon zu Beginn gesagt, geben viele solche Szenarien als Freundschaftstraum an.

«Ich stelle mir vor, dass du, wenn es soweit ist, an mein Begräbnis kommst.» – Das klingt vielleicht morbide, soll aber einfach sagen: «Du sollst bitte bis zum Schluss in meinem Leben bleiben, okay?» Es berührt mich seit jeher, wenn ich erlebe, dass an Beerdigungen auch langjährige Freunde des Verstorbenen anwesend sind.

Der Autor Gordon MacDonald gibt in seinem Buch «A resilient life» eine Art Rückblick auf die Lektionen seines Lebens und was ihn auf dem Weg ins Alter geprägt, begleitet und auch zu Boden geworfen hat. In seinem Kapitel über Freundschaft schreibt er, welche Rolle Freundschaften gerade in seinen tiefsten Krisen gespielt haben. Er nennt diese Menschen, die ganz nah an ihm dranblieben, «The Happy Few»: Es müssen nicht viele sein, eine Handvoll vielleicht. Menschen, die so nahe an dir dran sind, dass sie dich ehrlich spiegeln können und es auch dürfen. Die so nah an deiner Ehe dran sind, dass sie merken, wenn es Konflikte gibt. Die in dein Leben sprechen und einschreiten können und dürfen. Menschen eben, denen man, wie Katherine Mansfield sagt, nichts erklären muss, die nachts für dich aufstehen, dich manchmal nicht ausstehen können und dennoch bleiben.

Das können nicht viele sein, denn solche Freundschaften findet man weder an jeder Straßenecke noch kann man überhaupt mit allzu vielen Menschen solch intensive Freundschaften aufrechterhalten. Ich habe Bekannte, die ihre engsten Freunde schon seit dem Kindergarten kennen. (Die aber erst in ihren Dreißigern lernten, über ihre Gefühle in den Freundschaften zu sprechen.) Lange Jahre von Freundschaft legten hier den Grund dafür, dass Tiefgang möglich ist.

Ich wünsche mir, dass meine engsten Freunde diese *Happy Few* sind. Menschen, die bleiben, dranbleiben, und dass wir am Ende unseres Lebens auf die gemeinsamen Jahrzehnte anstoßen.

- Hast du Menschen, die du als solche *Happy Few* in deinem Leben behalten willst?
- Wer könnten diese *Happy Few* in deinem Leben werden?

Wir brauchen diese Menschen, die bis ans Ende unseres Lebens an unserer Seite sind, davon bin ich überzeugt. Für manche sind diese Menschen eindeutig klar, die Freundesgruppe stabil. Für andere ist gar nicht so leicht zu bestimmen, wer diese Menschen sein sollen oder wie man wissen kann, dass sie es sind.

Während eines Praktikums forderte mich meine Mentorin heraus, mir diese Frage zu stellen. Sie gab mir die Aufgabe, dass ich meinen zehn engsten Freunden schreiben sollte, um sie zu bitten, mir einen blinden Fleck oder eine Schwäche in meinem Leben aufzuzeigen.

Vielleicht hast du schon mal von dem «Johari-Fenster» gehört? Es geht um die Aufteilung von bewussten und unbewussten Informationen in unserem Leben. Es gibt

Dinge über mich, die sehen du und ich. Das sind meine offensichtlichen Charaktereigenschaften, mein Verhalten, meine äußeren Umstände. Es gibt Dinge, die sehe nur ich von mir, das sind meine Geheimnisse. Es gibt Dinge über mich, die kennen weder du noch ich: noch zu entdeckende Stärken und Schwächen, Vergangenes und Zukünftiges, Dinge, die mir nur Gott aufzeigen kann. Und dann gibt es Dinge, die nur du über mich kennst und die mir selbst verborgen sind. Es sind meine blinden Flecken. Meine Macken, die allen anderen bewusst sind, mir selbst aber verborgen.

Nun bin ich selbst eine Person, die sich schwertut, anderen ihre blinden Flecken aufzuzeigen. Gleichzeitig hoffe ich, dass es andere Menschen bei mir tun. Aber das ist schwer, denn wie mache ich es, dass Menschen ehrlich zu mir sind, dass sie sich trauen, mir meine Fehler und Macken zu spiegeln? Ich finde es ganz spannend, dass ganz gleich, ob man selbst klar und deutlich Feedback geben kann oder nicht, die meisten Menschen sich wünschen, dass ihnen Kritik schonend entgegengebracht wird.

Meine Mentorin half mir einen neuen Zugang dazu zu finden. Sie sagte, dass es das Liebevollste ist, was wir in tiefen Freundschaften tun können, dass wir einander unsere blinden Flecken und unser falsches Verhalten aufzeigen. In Liebe und Geduld, aus der Motivation heraus, dem anderen etwas zu zeigen, das er wirklich nicht sieht. Wenn die Person es bereits weiß, geht es nicht darum, es breitzutreten. Sie ermutigte mich, dass ich meiner Angst vor ominösen blinden Flecken in meinem Leben begegne, indem ich selbst die Initiative ergreife und nach ihnen frage. Es dauerte ein paar Tage, bis ich mich dazu durchringen konnte, diese Nachricht zu schreiben. Wie würde das ankommen? Was würde da zurückkommen? Was macht das mit unserer Freundschaft? Da waren Scham und Angst in mir. Ich nahm aber meinen Mut zusammen und schickte die Nachricht los.

In den darauffolgenden Tagen war es interessant, bei mir und bei meinen Freunden zu beobachten, was passierte. Ich fühlte mich irgendwie befreit und stolz darauf, dass ich die Frage eröffnet hatte. Ein paar Freunde schrieben mir zeitnah zurück – manche sehr vorsichtig, manche direkter. Ein paar meinten, dass sie darüber nachdenken müssten, und schrieben später etwas dazu. Zwei anderen fiel nichts dazu ein und von zwei anderen wurde die Nachricht ignoriert. Es löste auch teilweise bei meinen Freunden Stress aus, dass ich diese Frage stellte, und auf der anderen Seite brachen Fragen auf: Was ist, wenn ich ihr das sage? Wie fasst sie es auf?

Das Gute an der Übung ist, dass die Kritik ja nicht ungefragt kam, sondern von mir initiiert wurde. Für mich hatte das die Auswirkung, dass ich lernte, das Thema mit einer höheren Leichtigkeit anzugehen. Nach Rückmeldung und Feedback zu fragen, Kritik einzuholen und meinen Freunden damit eine Hürde zu nehmen. Die Hürde des Ungefragten. Sie haben in dem Moment, wo ich die Frage stelle, nur die Entscheidung zu treffen, ob sie ehrlich sind, nicht, ob sie *überhaupt* etwas ansprechen müssen.

Es ist kein gutes Zeichen, wenn du niemanden in deinem Leben hast, der dir kritisches Feedback gibt, der dir blinde Flecken aufzeigt, dich in der Art und Weise, wie du deine Beziehung oder Familie gestaltest, miterlebt, und dich genug liebt, um dir deine blinden Flecken aufzuzeigen. Freunde eignen sich dafür manchmal besser, weil der Partner oder Partnerin in einem stärkeren Angewiesensein auf dich reagiert; doch gerade eine kleine Vielfalt an Freunden kann den Horizont an dieser Stelle weiten.

Gute Freundschaften machen uns zu besseren Menschen, weil ihnen daran liegt, dass wir uns entwickeln. Nachreifen, im besten Sinne des Wortes menschlicher werden. Natürlich sind die Momente, in denen mich Freunde auf Fehler hinweisen, keine schönen Momente. Gleichzeitig sind es liebevolle Momente, die eine Chance beinhalten, zu wachsen. Menschen, die nicht lockerlassen, auf meiner Lebensreise das Beste aus mir herauszuholen, sind nicht automatisch die Freunde, die mich schon am längsten kennen, sondern Menschen, auf deren Freundschaft, Loyalität und Interesse ich mich stützen kann.

Ich wünsche jedem solche Freunde. Mir und dir. Und gerade denen, die meinen, dass sie aufgrund ihrer Ehe und Familie keine Freunde mehr bräuchten. Ich habe zwar noch nicht viel Erfahrung in der Seelsorge, aber ich habe schon ein paar Eheseelsorgefälle miterlebt. Und auch wenn es früher oder später in jeder Ehe kriselt, fiel mir auf, dass in vielen Fällen die Paare wenig richtig enge Freundschaften haben und ihre Ehe als isolierte Insel in Abgrenzung lebten. Ich wage die These – sehr wohl wissend, dass ich über Ehe nicht aus eigener Erfahrung spreche –, dass gute *Happy Fews* in Ehekrisen helfen. Nicht, weil sie sich in den Konflikt einmischen, sondern weil sie uns daran erinnern können, wer wir sind, sein wollen und was Gott über uns denkt. Wie Jonathan bei David. Doch meine *Happy Few* sind mehr als meine Ratgeber und Feedback-Geber ...

Ich saß vor einiger Zeit mit meinen Kollegen zusammen, die eine USA-Reise planten. «Wen hast du als Notfallkontakt angegeben?», fragte der eine den anderen.

«Meine Frau.»

«Ja, ich auch.»

Ich saß unbeteiligt daneben, aber die Frage ging mir nach. Wer ist mein Notfallkontakt? Wen trage ich in solchen

Dokumenten eigentlich ein? Auch wenn das irgendwie «nur» eine Formalie ist und dieser Notfallkontakt ja hoffentlich nicht zum Einsatz kommen muss, so ist es doch diese Frage nach der einen Person, die mein Notfallkontakt wäre. Für viele Menschen ist das eben ihr *significant other*, weil sich der Partner aus emotionalen oder praktischen Gründen dafür am ehesten eignet.

An Tagen, an denen ich mit meinem Singlesein unzufrieden bin, kann diese Frage mich traurig machen, dass ich keinen Partner habe, den ich dafür so selbstverständlich angeben würde. Gleichzeitig saß ich neben meinen Kollegen und musste nicht lange überlegen, wen ich als Notfallkontakt angeben könnte: Mir fielen sofort Menschen ein, die ich in das Feld eintragen würde. Die Himmel und Erde bewegen würden, um im Notfall zur Stelle zu sein. Wenn du, abgesehen von deinem Partner oder deiner Partnerin, Menschen als Notfallkontakte eintragen würdest, wer wäre es? Wen würdest du anrufen, wenn du eine Leiche verbuddeln müsstest? (Scherz, das machen wir natürlich nicht!) Wen würdest du in einer Ehekrise anrufen? Bei einer Kündigung? Wem würdest du deine Kinder anvertrauen wollen, im Falle, dass du und dein/e PartnerIn plötzlich umkommen?

Wenn dir bei diesen Fragen Namen einfallen, dann sind das wahrscheinlich deine *Happy Few*, Menschen, die du ganz nah bei dir halten solltest und die ein Schatz sind, der nicht mit Geld aufzuwiegen ist. Sie bilden das kleine Dorf um dich, das dein Leben reicher, tiefer, echter und bunter macht. Zum Glück braucht es nicht so viele, aber ein paar echte Freunde braucht es ganz gewiss.

Wenn dir keine Namen kommen, dann stell dir die Fragen aus Kapitel 3: Welchen Wert Freunde für dich haben, welche Rolle sie in deinem Leben spielen sollen und was für ein Freund, was für eine Freundin du selbst bist.

Und wenn du in Freundschaften in Anfangsphasen stecken geblieben bist oder um die Augenhöhe kämpfst, dann ist es vielleicht eine nächste Frage, wie diese Freundschaften vertieft werden können? Wie können diese Menschen zu Freunden werden, die du mitten in der Nacht anrufen würdest und ohne mit der Wimper zu zucken als Notfallkontakt eintragen würdest. Menschen, die, wie Eugene Peterson es sagen würde, in der Freundschaft nicht nach dem «Nutzen in uns» suchen, sondern fragen, was wirklich los ist, Menschen, von denen ich sicher weiß, dass sie meine Schwachheiten weder ausschlachten noch mich in meinen Schwächen angreifen würden.[43]

FREUNDSCHAFTSBUND TRAUEN

Die Frage nach dem Notfallkontakt hing mir noch länger nach, denn sie traf einen Nerv: die Sehnsucht nach der exklusiven Beziehung, nach der Partnerschaft. Freundschaften sind in unserer Gesellschaft in der Regel nicht exklusiv, sie sind nach oben offen, können ergänzt und erweitert werden. David Benner schreibt sogar, dass es in Freundschaften keinen Platz für Exklusivität geben sollte.[44]

Doch wollen wir nicht auch alle für irgendjemanden die oder der Eine sein? Ganz exklusiv?

Meiner Erfahrung nach kommen Freundschaften mit Exklusivitätsansprüchen schnell an eine Grenze, denn sie überfrachten Freundschaften. Gleichzeitig ist Exklusivität häufig *der* zentrale Punkt, der mir in der Sehnsucht unter Singles begegnet. Das Fehlen dieser einen Bezugsperson, bei der klar ist, dass sie der Notfallkontakt ist. Im Fall einer Ehe hat diese Person sogar andere Rechte und Pflichten als ein Freund, der gesellschaftlich recht- und pflichtenlos bleibt.

Es gab allerdings auch immer schon Freundschaften mit Exklusivitätsanspruch, wie zum Beispiel der Freundschaftsbund von David und Jonathan zeigt. Auch wenn der Freundschaftsbund in unserer Gesellschaft keine gängige Praxis ist, heißt das nicht, dass es immer schon so war. Wesley Hill beschreibt in seinem Buch «Spiritual friendship», wie Männer und Frauen im Mittelalter und der frühen Neuzeit verbindliche Freundschaftsbünde eingingen. Anders als heute war dies keine «antike Kuriosität», sondern Ausdruck tiefster Freundschaft. In der anglikanischen Kirche ist das Tradition geworden, man kann sich als Freunde ein Versprechen geben und sich segnen lassen. Als ich das entdeckte, fand ich es gleichermaßen faszinierend und befremdlich. Ich bin schließlich auch nur ein Kind meiner Zeit.

Vor ein paar Jahren veränderte sich mein Gefühl, und die Frage, wie man Freundschaften gleichzeitig lose *und* verbindlich leben konnte, beschäftigte mich. Meine beste Freundin und ich fingen beide an, jemanden zu *daten*, und wir spürten, dass unsere Freundschaft sich aufgrund anstehender Veränderungen zerbrechlicher anfühlte als zuvor. Wir spürten, dass die Tiefe unserer Freundschaft nicht mehr zu dem unverbindlichen Format von Freundschaft passte, wie wir es in unserer Umgebung vorgelebt sahen. Wir sprachen darüber, was unsere Freundschaft uns bedeutet und welchen Stellenwert sie hatte. Wir merkten beide, dass das, was zwischen uns über intensive Jahre gewachsen war, wert war, dass wir es schützten, pflegten und in eine Form gossen, die unserem Wunsch und Gefühl entsprach.

Wir entschieden, unserer Freundschaft ein Versprechen hinzuzufügen, an dem wir unser Leben lang festhalten wollten. Dass Gott da mit hineinmusste war für uns wichtig, weil vor allem ich spürte, dass mir das «Bleiben» in einer Freundschaft schwerfallen würde, wenn ich nicht Gottes Verheißung vor Augen behielt. Die Treue Gottes zu uns wurde unser Vorbild für die Treue, die wir einander versprachen.

Wir versprachen, in der Freundschaft zu bleiben. Wir versprachen, einander in den Höhen und Tiefen des Lebens zur Seite zu stehen und die jeweils andere, was Entscheidungen betraf, nicht vor vollendete Tatsachen zu stellen. Weil wir es ernst meinten, haben wir uns diese Verheißung der Treue Gottes zu uns und unser Versprechen zueinander als Motiv auf den linken Arm tätowieren lassen: «Du, für immer. Freundschaft mit dir, für immer.»

Es mag kitschig klingen und zugegeben: Wir sind auch ein etwas dramatisches Duo. Aber es ist auch Ausdruck unserer tiefen Überzeugung, dass wir miteinander etwas gefunden haben, was sich zu behalten lohnt, wofür es sich zu kämpfen lohnt, auch wenn die Lebensumstände sich ändern. Für uns ist es ein Entdecken von Freundschaft, die uns selbst neu war und in unserer Erfahrung selten war und ist. Für uns erwachten die uralten Worte von David und Jonathan zu neuem Leben und sprachen aus dem Inneren unseres Herzens. Wir meinen, dass wir erahnen, was sie einander bedeutet haben und wie die Leerstelle sich angefühlt haben muss, als Jonathan starb.

Diese Freundschaft geht so tief, dass sie nicht durch jemand anderen ersetzt werden könnte. Nicht nur, weil kaum eine Person mein Herz besser kennt, sondern weil unsere Freundschaft über uns hinausweist. Weil sie in ihrer Tiefe und Freiheit auf Gott in dieser Welt hinweist und unsere Freundschaft in einen weiten Horizont stellt. Unsere Freundschaft ist in sich wertvoll und weist doch über uns hinaus und bildet genau darin kein «Wir gegen den Rest der Welt». Ein Freundschaftsbund ist nämlich keine Antwort auf die Sehnsucht nach Exklusivität, sondern ein Versprechen zu bleiben, obwohl kein Exklusivitätsanspruch erhoben werden kann. Mein Freundschaftsbund ist also kein Ersatz für eine Partnerschaft und auch keine Ehe light, sondern ein Versprechen, Freundschaft zu leben, die sich dem Ziel verschreibt, dem anderen in aller Freiheit zu dienen. Wie bei David und Jonathan eben.

«PARTNER IN MINISTRY». ODER: FREUNDSCHAFT, DIE ÜBER UNS HINAUSWEIST

David und Jonathan kämpften nicht nur für ihre Freundschaft, sondern sie kämpften als Freunde für eine gemeinsame Sache. C. S. Lewis unterscheidet Freundschaft mit diesem Bild von der erotischen Liebe: «Liebende stehen sich gegenüber, ineinander versunken – Freunde stehen Seite an Seite, versunken in ein gemeinsames Anliegen.»[45]

Versunken in ein gemeinsames Anliegen stehen Freunde Seite an Seite. Ich mag dieses Bild sehr, dass Freunde sich für eine Sache gemeinsam einsetzen.

Als ich mit dem Theologiestudium anfing, fiel mir auf, dass schon in der Einführung betont wurde, man wünsche uns Erstsemestern, dass wir an diesem Ort richtig gute Freundschaften schließen. Freunde finden, die uns in unserem Leben für immer begleiten würden. Jahre später gab ich den Rat anderen Erstsemestern weiter. Die fünf Jahre mit meinen Studienfreunden hatten bei mir Spuren hinterlassen. Fünf Jahre lang sah ich sie jeden Tag. Und wenn man jeden Tag über existenzielle Fragen nachdenkt und diskutiert, gemeinsam über Griechisch- und Hebräischvokabeln verzweifelt, die ersten Übungspredigten voneinander seziert und neben dem intensiven Studium auch noch Freude und Leid des Lebens teilt, schweißt das zusammen. Es war nicht unbedingt die Sympathie oder die Wellenlänge, die uns auf Anhieb zusammenbrachte. Vielmehr waren es gemeinsame Erfahrungen, das Miteinander-auf-dem-Weg-Sein und ähnliche Werte und Ziele, die uns verbanden und auf deren Grundlage dann tiefe Freundschaften wuchsen.

Bis heute sind ein Teil meiner engsten Weggefährten und Weggefährtinnen Menschen, deren Lebensentwurf und Berufung meiner sehr nah sind. Unsere gemeinsame Berufung verbindet und schafft eine Basis, deren Wurzeln tief gehen und deren Horizont gleichzeitig über uns hinausweist. Die Freundschaften werden dadurch vertieft und bereichert, dass sie einen gemeinsamen Fixpunkt haben, auf den man sich berufen kann, selbst wenn andere Bereiche sich verändern. Ich schätze das an ein paar meiner engsten Freundschaften sehr, dass zu unserer Freundschaft das gemeinsame Anliegen hinzukommt – theologische Themen, die gemeinsame Aufgabe in der Kirche und das geistliche Wachstum miteinander. David Benner nennt solche Menschen «sacred companions» oder «spiritual friends»[46] – Menschen, mit denen wir Seite an Seite stehen, in ein geistliches Anliegen versunken.

Wenn wir mit Freunden gemeinsame Anliegen teilen, die sich in gemeinsamer Berufung, gemeinsamem Projekt oder Lebenstraum äußern, kann das eine bereichernde, kraftvolle Erweiterung sein. Es kann die Freundschaft aber auch zersetzen, weil die Erwartungen an einen Arbeitskollegen sich von denen an einen Freund unterscheiden. Es passiert nicht selten, dass Freundschaften auseinandergehen, weil man doch nicht miteinander wohnen möchte. Freundschaft ja, aber Freundschaft und gemeinsames

Wohnen hat nicht gepasst. Man kann auch nicht mit allen Freunden in den Urlaub und nicht mit allen Freunden ein Projekt starten. Wir müssen darüber sprechen, was sich ändert. Wie wir mit veränderten Rollen umgehen und wie wir im Konfliktfall kommunizieren.

Der Psychologe Robert Coordes sagt, dass wir gerade in Freundschaften zu selbstverständlich davon ausgehen, dass Sympathie ausreichen würde, ohne zu kommunizieren, was wir uns eigentlich vorgestellt haben.[47] In unterschiedlichen Rollen zu kommunizieren, ist herausfordernd, erfordert Fingerspitzengefühl und vielleicht auch unterstützende Hilfe von außen. Das erfordert Geduld und die Bereitschaft, die neue Dimension der Freundschaft zu üben, auch wenn wir dabei Fehler machen.

- Hast du Freunde, mit denen du ein gemeinsames Anliegen – Projekt, Berufung, Lebenstraum – teilst?
- Was fordert diese Freundschaft heraus? Und wie kann das gemeinsame Anliegen wirklich eine Vertiefung der Freundschaft werden und sie nicht zerstören?

VERLETZLICHE TRÄNEN

In Freundschaften tieferzugehen fordert heraus. Nicht jedem und jeder gelingt es, den Mut aufzubringen, sich verletzlich zu machen und wirklich ehrlich zu sein. Manche von uns tragen dicke Schutzschichten mit sich herum. Auch ich musste einiges lernen, um tiefer gehen zu können.

Ehrlichkeit fällt mir nicht leicht, dafür habe ich immer schon zu gut gelogen. Ehrlichkeit fällt mir so schwer, weil ich mir selbst nicht gern eingestehe, dass ich etwas nicht kann, nicht weiß und mir die Kontrolle entglitten ist. David Whyte beschreibt Ehrlichkeit als Eingeständnis, wie machtlos wir eigentlich sind.[48] Wir können nur ehrlich sein, wenn wir uns unserer Verletzlichkeit bewusst sind. Und wir können nur verletzlich sein, wenn wir ehrlich gegenüber uns selbst sind. Und das fällt uns schwer, denn wir sind uns selbst verborgener, als wir meinen.

Ich habe beispielsweise Angst davor, dass Leute denken könnten, dass ich mich besser darstelle, als ich bin. Meine Erfolge eingebildet kundtue. Ein Freund von mir parodiert mich gerne als eingebildete Person und bei mir kam das so an, als würde er mir humorvoll einen Spiegel vorhalten, dass ich mich falsch darstelle.

Wir saßen als Freunde zusammen, als er es einmal wieder machte und eine Freundin mich daraufhin fragte, wie das bei mir ankäme? Ich gab ehrlich zu, dass ich manchmal den Eindruck habe, er wolle mich unterschwellig in die Schranken weisen.

Es stellte sich heraus, dass er genau das Gegenteil bezweckte; er parodierte es, weil er fand, dass ich zu schlecht von mir sprach und dachte.

Da saßen also zwei enge Freunde von mir und spiegelten mich anders, als ich mich wahrnahm. Ich will ihnen glauben, dass sie es ehrlich meinten, denn es gibt keinen Grund, warum sie mich anlügen sollten. Solche ehrlichen und verletzlichen Momente gehen nur, wenn man sich vertraut. Und für Vertrauen braucht es Zeit.

Ehrlichkeit ist ein Moment von Machtlosigkeit, denn ich lasse in meine Ängste und Hilflosigkeit blicken. Tränen sind in ehrlichen Momenten manchmal unvermeidbar, wenn eine überfordernde Hilflosigkeit überläuft.

Ich bin nicht unbedingt jemand, der schnell losweint, aber in meinen verletzlichen Momenten fließen auf jeden Fall Tränen. Ich kann mich gut an den Moment erinnern, als ich einer Freundin zum ersten Mal sagte, dass ich mich in einen Typ verliebt hatte und mich dafür schämte.

Ich erinnere mich noch gut daran, als eine Freundin mich für mein Verhalten gegenüber einer anderen Freundin ermahnte.

Oder an den Moment, in dem ich mich für eine Sache entschuldigte, die mir richtig peinlich war.

Es sind Situationen, die sich mir tief eingebrannt haben. Es sind zerbrechliche Momente, denn sie können bewirken, dass ich mich aus einer Freundschaft zurückziehe.

Wenn mich jemand schwach gesehen hat, gibt es zwei Möglichkeiten. Entweder ziehe ich mich zurück, weil die Person mir dadurch zu nahegekommen ist; ich fühle mich nicht wohl bei dem Gedanken, dass sie mich «schwach erlebt» hat, und schaffe Distanz, die den verletzlichen Moment zwischen uns verdrängt. Oder wir bauen auf unsere verletzlichen Momente auf und kommen uns dadurch näher.

Es sind seltene Momente mit Menschen, die mich ihnen nähergebracht haben. Enge Freundschaften halten das aus und werden dadurch noch enger. Dazu braucht es Vertrauen, das Aushalten, ohne es explizit anzusprechen, das Wahrnehmen ohne das Bloßstellen. Schwache Momente sind nichts, was man gegen den anderen verwendet, ihn damit abhängig macht oder manipuliert. Sie sind wie Kostbarkeiten, die dir anvertraut wurden, wie Geheimnisse, deren Hüter man wird. Und so, wie du damit umgehst, wird es das Vertrauen bei deinen Freunden fördern oder brechen. Erweist du dich als zuverlässig, vertieft sich die Freundschaft, fühlt es sich mit dir nicht sicher an, wirst du eine Wiederholung nicht erleben.

Mir fällt dazu ein sehr unrühmlicher Moment in meinem Leben ein. Ich habe mal in einer Gruppe von Freundinnen ein Geheimnis einer anwesenden Freundin gelüftet. Ich meinte es nicht böse, weil ich die Information nicht als Kategorie «Geheimnis» verbucht hatte. Ich verletzte die Freundin damit zutiefst. Ich hatte sie bloßgestellt und ein Geheimnis preisgegeben. Es tat mir aufrichtig leid und sie vergab mir, auch wenn es unsere Freundschaft für einige Zeit belastete.

Im Verlauf einer Freundschaft erleben wir uns in schlechten Momenten, doch durch die Augen tiefer Zuneigung sind wir nicht nur die Summe unserer verletzlichen Momente, unserer Schwierigkeiten und Schattenseiten. Wir werden eingebettet in das große Ganze unseres Seins. In solchen Freundschaften lernen wir uns selbst besser und tiefer kennen, werden in Weisen gespiegelt, die uns mehr entschlüsseln und Facetten von uns und anderen zeigen, die sonst verborgen geblieben wären. Doch im Verborgenen ruhen nicht nur unsere schönsten, sondern auch unsere hässlichsten Seiten. Freundschaft ist eine Einladung, sich einander auch mit seinen hässlichen Seiten zuzumuten.

TRANSPARENZ LERNEN

In kirchlichen Kontexten schnappte ich das Wort «Rechenschaftspartner» auf, was mir immer schon ein beklemmendes Gefühl vermittelte. Ich mag das Wort Rechenschaft gar nicht, auch wenn es landläufig dafür verwendet wird, sich anderen mit seinen unschönen Seiten zuzumuten. Es klingt für mich nach Druck und Manipulation, als würde man zur Beichte gezwungen. Hinter dem Konzept steckt eine Idee, die in christlicher Gemeinschaft von dem Bibelvers «Bekennt einander eure Sünden»[49] ausgeht. Das hört sich zunächst vielleicht etwas krass an, als müsste man sich emotional ausziehen. Doch der Gedanke dahinter hat, neben allen möglichen Gefahren, die mit einer solchen Aufforderung einhergehen, einen guten und hilfreichen Aspekt.

Ich war selten so beeindruckt wie von einem jungen Kerl, der neu in das Leitungsteam kam, in dem ich zu der Zeit war, und der uns in der Vorstellung von einer Sucht erzählte, mit der er seit Jahren kämpfte: «Ich sage euch das aus zwei Gründen: Zum einen ist jeder Kampf leichter, wenn andere um ihn wissen, und zum anderen nehme ich meiner Sucht ein bisschen Macht, wenn ich sie ans Licht bringe.» Mich hat das tief beeindruckt und diesem Menschen, der ein Freund von mir wurde, für immer meinen Respekt eingebracht.

Jeder Kampf ist leichter, wenn andere um ihn wissen. Meine Freunde waren über meine Dunkelheiten und Schatten längst nicht so schockiert, wie meine Angst es mir hatte weismachen wollen. Ganz im Gegenteil. Als ich anfing, «meine Sünden zu bekennen», begegnete mir ganz viel Verständnis, Gnade und Offenheit bei meinen Gegenübern. Und dass man der eigenen Dunkelheit die Macht nimmt, wenn man sie ans Licht bringt, ist für mich ein wichtiges Prinzip in meinen Freundschaften geworden.

Denn Süchte, Sünden, aber auch Traumata gären in der Dunkelheit am besten. Es kostet Mut und bedarf der Übung, solche Dinge auszusprechen. Mir hat es geholfen, von meinen Freunden das zu erwarten, was ich selbst bereit bin zu geben: einen sicheren Raum, sich verletzlich zu zeigen, Mitgefühl, Freundlichkeit und Gnade-Entgegenbringen.

Meine Freunde in die Bereiche meines Lebens blicken zu lassen, die man von außen nicht sieht, ist für mich keine Aufgabe, die es zu erfüllen gilt. Es ist vielmehr ein Angebot, das ich wahrnehmen darf. Das Angebot, dass ich mit meiner Angst und meinen Schatten nicht allein bleiben muss. Ich machte die Erfahrung, dass meine engsten Freunde mir mit mehr Barmherzigkeit und Liebe begegneten, als ich es erhoffen oder erwarten konnte. Das half mir, mir selbst und anderen ebenfalls mit Barmherzigkeit und Liebe zu begegnen.

Und manchmal erlebt man Wunder.

Überhaupt sind Freundschaften Orte für Wunder, und eins meiner schönsten Freundschaftswunder der letzten Monate möchte ich euch nicht vorenthalten.

LEBENSGEMEINSCHAFT TRÄUMEN

Irgendwann sagte der Verlobte meiner besten Freundin zu ihr, dass er sofort in eine Wohnung in meinem Haus ziehen würde, wenn da etwas frei werden würde. Meine Freundin meinte, dass ich das vielleicht gar nicht wollen würde. Irgendwann saßen wir zu dritt zusammen, schauten ihr zuliebe das EM-Spiel an einem verregneten Sommertag an und malten uns aus, wie schön es wäre, später gemeinsam in einem Haus zu wohnen. Ich fand die Idee schön, denn eine Lebensgemeinschaft mit Freunden in einer Großstadt ist schon ein kleiner Traum, auch wenn ich innerhalb einer WG definitiv für eine eigene Wohnungseinheit bin. Die Chancen, dass in meinem Haus etwas frei werden würde, standen aber schlecht. Die beiden anderen Mietwohnungen waren beide seit fast zehn Jahren bewohnt und für beide Mieterinnen war Frankfurt eine Langzeitperspektive. Quasi schon der Alterswohnsitz.

Wir fingen dennoch an, dafür zu beten – ich, ehrlich gesagt, mit sehr wenig Glauben.

Ich werde den Samstagmorgen ein paar Monate später allerdings nie vergessen: Mir entgleisten fast die Gesichtszüge, als die Nachbarin von unten plötzlich vor meiner Tür stand und sagte, dass sie sich entschieden habe, auszuziehen.

Mir kribbelte es am ganzen Körper.

Doch das Kribbeln verschwand direkt, als sie erzählte, dass die Nachmiete schon geregelt sei und die Wohnung der Nichte ihrer Cousine versprochen war. Mit der Vermieterin sei schon alles geklärt, der Vertrag schon unterschrieben.

Ich war gleichermaßen aufgeregt und enttäuscht. Sollte es jetzt echt entgegen jeder Erwartung so nah an unseren Traum herankommen, nur um dann haarscharf doch nicht zu passieren?

Es kam anders.

Die Vermieterin meinte, dass alle Hausbewohner einen Vorschlag einreichen dürften, und so schlug ich meine Freunde vor, obwohl sie lieber eine Einzelperson gehabt hätte. Doch der Vorschlag von unten fiel raus, weil die Nichte der Cousine einen Hund besaß und die Mieterin über mir eine Hundeallergie hatte. Der Vorschlag von oben zog spontan nach München, so blieben also nur noch meine Freunde. Sie waren nicht die erste Wahl, aber haben die Wohnung dennoch bekommen.

Kurze Zeit später zog meine beste Freundin also unter mir ein, ihr Mann einige Monate danach. Ich kann es immer noch kaum glauben, dass Gott unser zaghaftes Gebet so schnell und so direkt erhört hat. Für mich ist es ein Geschenk, mit Freunden im selben Haus zu wohnen, auch wenn wir noch ganz am Anfang dieses Abenteuers stehen. Ob das auch herausfordernd wird? Sicherlich. Denn enge Beziehungen sind ohne Kollisionen gar nicht möglich, aber wir haben auch schon einige gemeinsam durchgestanden.

Trotz allem ist es aber erst einmal ein Wunder. Ein Freundschaftswunder, ein Wohnungswunder. Gott macht seine Verheißung wahr und versorgt uns, gleichzeitig hilft er uns, in unseren Freundschaften ebenfalls treu zu bleiben, das finde ich schon ziemlich krass und es bewegt mich. Gott scheint ein Interesse daran zu haben, dass nicht nur er seine Treue immer wieder beweist, sondern dass auch ich mein Freundschaftsversprechen halten kann.

PRIORITÄTEN SETZEN

Unser Traum, also nicht nur am gleichen Ort, sondern sogar im selben Haus zu wohnen, wurde schneller greifbar, als wir zu hoffen gewagt hatten. Auch wenn wir nicht garantieren können, dass das für lange so bleibt, hat sich das Thema Umzug für uns verändert. Denn Umzüge fordern Freundschaften heraus, ihr Format zu verändern.

Für Wesley Hill, der zölibatär lebt, sind seine Freundschaften seine wichtigsten Beziehungen. Er schreibt in seinem Buch «Spiritual friendship» über die tiefe Verbundenheit und Schönheit, aber auch über die Enttäuschungen und Ängste, die er in Freundschaften erlebt. Er erzählt von seinen engsten Freunden und seiner Angst, als sie überlegten, wegzuziehen. Sie entschlossen sich dagegen, weil sie seine Freundschaft für wichtiger erachteten als die Gründe, die für den Umzug sprachen.

Mich bewegt das sehr, denn viel öfter erlebe ich, dass Menschen aufgrund des Jobs oder der Familie umziehen, ohne dass Freundschaften wirklich ein Entscheidungskriterium sind. Aber vielleicht sollten sie es sein. Ich erlebe immer mehr Menschen in ihren Dreißigern, denen es schwerfällt, an neuen Orten Zeit und Energie aufzubringen, um in neue Freundschaften zu investieren. Jeder Umzug ist auch eine Krise für Freundschaften.

Würdest du, um deiner besten Freunde willen, ein großartiges Jobangebot in einer weit entfernten Stadt flöten gehen lassen? Warum ja, warum nicht? Zum einen lassen sich auch an jedem neuen Ort Freunde finden, das ist die Seite der Freiheit in Freundschaften. Zum anderen lassen sich Freundschaften nicht ersetzen, und die Frage stellt sich, warum nicht die behalten und stärken, die man bereits hat?

Bei einer meiner Instagram-Umfragen hatte ich gefragt, ob man für seine Freunde den Wohnort wechseln würde. Rund 200 Follower klickten die Ja/Nein-Frage an. 37 % gaben an, dass sie für ihre Freunde den Wohnort wechseln würden, 63 % antworteten mit Nein.

Mir geht es nicht darum, pauschal zu sagen, dass man seine Freunde in alle Lebensentscheidungen einbeziehen sollte. Es geht mir darum, dass man sich bewusst wird, warum man welche Entscheidungen mit ihnen oder ohne sie trifft. Das Einbeziehen meiner Freundschaft bzw. ihr Nichteinbeziehen macht sichtbar, welchen Stellenwert sie hat, und dieser Stellenwert wird wiederum die Basis dafür sein, wie ich meine Freundschaften lebe.

Ich weiß, dass der Umzug meiner besten Freunde für mich keine lapidare Sache mehr ist. Vielleicht auch noch nie war, aber bis jetzt haben immer neue Freunde die Leerstellen aufgefüllt. Vielleicht bleibt es dabei, und egal wie viele Umzüge noch anstehen, besteht die Hoffnung, dass auch an jedem neuen Ort neue Freundschaften warten. Gleichzeitig wandeln wir nicht als unbeschriebenes Blatt durch luftleeren Raum. Mir fiel das Wegziehen von Freunden schon immer schwer. Als eine meiner engsten Freundinnen für den Job wegzog, litt ich unter dem Verlust einer meiner wichtigsten Bezugspersonen im Alltag. Ich trauerte still, denn gleichzeitig wollte ich meine Freunde nicht einengen, wenn andere Verpflichtungen und Abenteuer sie an neue Orte lockten. Ich will das hier nicht vertiefen. Um Verluste geht es erst in Kapitel 9.

Ich weiß, dass Umzüge von Freunden schwieriger für mich geworden sind, seit ich Freundschaften in meinem Leben Vorrang einräume. Ich spüre die Verlustangst stärker. Freundschaften haben eine zu hohe Priorität und Wichtigkeit bekommen, als dass ich es einfach als neutrale Information akzeptieren kann, wenn jemand fortzieht. Und andersherum kann ich mir kaum vorstellen, dass ich irgendwo hinziehen würde, ohne meine besten Freunde in den Prozess dieser Entscheidung mit einzubeziehen.

HORIZONT ERWEITERN

Nicht nur einzelne Freundschaften sind mir in den vergangenen Jahren wichtiger geworden, sondern auch das Thema Freundschaft an sich. Denn Freundschaften erweitern meinen Horizont. Die Frage, ob wir nur mit Menschen aus der gleichen sozialen, religiösen oder intellektuellen Bubble befreundet sein können, würde ich mit «Nein» beantworten. Ich stelle mich damit gegen das antike Freundschaftsideal, das meint, dass der intellektuelle Austausch der zentrale Kern der Freundschaft ist. Wie in Kapitel 5 beschrieben, hat Augenhöhe für mich mehr mit der gegenseitigen Anerkennung unserer Unterschiedlichkeit zu tun als mit der intellektuellen Wellenlänge. Ich bin der Meinung, dass wir das Potenzial von Freundschaft nicht in seiner Fülle erfahren, wenn unsere Freunde alle vom gleichen Schlag sind. In meinem Fall: weiß, weiblich, Single mit Studienabschluss. Menschen mit einem anderen kulturellen, religiösen oder sozialen Hintergrund, einer anderen sexuellen Orientierung, mit einer Behinderung, in einer anderen Lebensphase oder einem anderen Bildungsabschluss nehmen die Welt mit anderen Nuancen und Facetten wahr als ich. Ich glaube, dass es einen riesigen Unterschied für unsere Gesellschaft machen würde, wenn wir solche Menschen nicht nur kennen, sondern wirklich mit ihnen befreundet wären. Ohne allen Facetten dieser Thematik gerecht werden zu können, möchte ich euch von einer Freundschaft erzählen, die mir ein neues Potenzial für Freundschaften eröffnet hat:

Obwohl ich aus einer Familie komme, in der sieben von sieben Menschen eine Sehschwäche haben, können wir unsere Kurzsichtigkeit alle mit Sehhilfen ausgleichen. Als ich mit neunzehn anfing, in Heidelberg zu studieren, fiel mir recht schnell auf, dass es in der Stadt zahlreiche blinde Studierende gab. Ich bin jemand, der Menschen in öffentlichen Verkehrsmitteln recht konsequent anlächelt und auch mal anquatscht, doch hier stieß ich an eine Grenze meiner Sozialkompetenz. Wie spreche ich jemanden an, der mein Lächeln nicht sieht und an dessen Reaktion ich nicht ablesen kann, ob er/sie angesprochen werden will? Es vergingen ein paar Wochen, und ich dachte immer mal wieder daran, dass es doch doof ist, dass ich es nicht einfach mal mache.

Ich fing an, dafür zu beten, dass sich eine Möglichkeit ergibt, denn mir kam von selbst einfach keine gute Idee. Kurze Zeit später passierte Folgendes: Ich lief über einen größeren Platz, als ein blinder junger Mann von der Seite in mich reinlief. Er entschuldigte sich sofort, und ich so:

«Alles gut, es ist ja nichts passiert!»

Ich wollte weitergehen, als er mich fragte, ob ich ihm bei etwas helfen könnte.

«Ja klar, kann ich gerne machen.»

Er suchte eine bestimmte Bank, um Geld abzuheben.

Ich kannte die Bank nicht, aber der Beschreibung nach musste sie irgendwo in der Nähe sein.

Er hakte sich bei mir ein, und wir zogen plaudernd los.

Bei der Bank bat er mich, mit seiner Bankkarte 400 € abzuheben, und ich scherzte, dass er doch gar nicht wüsste, ob er mir vertrauen könne. Ich wüsste nicht, ob ich jemandem, den ich vor fünf Minuten kennengelernt hätte, auf Anhieb vertrauen könnte. (Beziehungsweise: Ich weiß sicher, dass ich es nicht tun würde.)

«Ich bin auf manche Hilfe angewiesen, und deine Stimme hört sich so an, als könnte man dir vertrauen.»

Meine Stimme weckte bei ihm Vertrauen. So wie für sehende Menschen das Aussehen Vertrauen erweckt, war es bei ihm die Stimme.

Woher ich denn kommen würde mit meinem Akzent? Meine Eltern sind in Rumänien aufgewachsen, mein rollendes «R» verriet mich.

Das würde sich charmant anhören, sagte er, und ich war zum ersten Mal in meinem Leben dankbar für meine Sprachbesonderheit. «Charmant» hatte es bisher noch nie jemand genannt. Wir redeten noch eine Weile, bevor ich ihn zum Bus brachte und mich verabschiedete.

«Wie quatsch ich dich denn an, wenn ich dich sehe?»

«Ja, einfach mit meinem Namen!», lachte er.

«Aber erinnerst du dich dann noch, wer ich bin, oder ist das seltsam?» Er lachte und sagte, dass er mich an meiner Stimme ja direkt wiedererkennen würde. – Sachen, die nur Sehende fragen!

Zwei Wochen später, gleicher Platz, andere Uhrzeit, wartete ich wieder auf den Bus.

«Entschuldigen Sie, können Sie mir sagen, ob ich für die 32 richtig stehe?» Ich blickte zu meiner Linken. Neben mir ein anderer junger Mann mit einem weißen Stock, der mich ansprach und nach dem Bus fragte. Er stand tatsächlich nicht richtig, und ich brachte ihn zur Haltestelle, von der aus die 32 abfuhr. Wir quatschten kurz, und ich erzählte ihm von meiner Begegnung von vor zwei Wochen.

Die beiden kannten sich und waren Freunde. Innerhalb von zwei Wochen war ich einfach mit zwei blinden Menschen in Kontakt gekommen und musste über mein Gebet und Gottes Antwort schmunzeln.

Es vergingen ein paar Wochen, bevor ich die beiden gemeinsam wiedertraf. Sie standen mit einer jungen Frau am Hauptbahnhof, als eine Freundin und ich auf dem Rückweg der Semesteranfangsfreizeit unserer christlichen Hochschulgruppe waren. Die beiden erinnerten sich sofort und stellten mich ihrer Freundin vor. Meine sehende Freundin und ich begleiteten die drei auf die andere Seite des Bahnhofs zu den Bussen.

Die junge blinde Frau hatte sich bei mir eingehakt. Sie hatte eine unglaublich sanfte Stimme und fragte mich, woher wir gerade kämen. «Wir waren auf der Semesteranfangsfreizeit einer christlichen Studentengruppe», erzählte ich.

«Lest ihr da auch die Bibel?», fragte sie neugierig zurück, was ich mit «Ja» beantwortete. «Ich habe auch angefangen, in der Bibel zu lesen. Das Buch der Offenbarung ist so spannend, auch wenn ich nicht alles verstehe. Wollen wir uns mal zum Bibellesen treffen?»

Ich musste lächeln. Das Buch der Offenbarung wäre das letzte, das ich als Start in die Bibellektüre empfohlen hätte, aber ich mochte die Frau mit der schönen Stimme auf Anhieb und so begann unsere Freundschaft.

Jahre später, als ich mir mein markantes «R» abtrainiert hatte, meinte meine Freundin, dass es schade sei, dass ich es nicht mehr rolle. Sie hätte es an mir geliebt. Durch meine Freundin nahm ich die Welt anders wahr, lernte die Welt mit anderen Augen sehen und begann, auf andere Dinge zu achten.

Mir fiel auf, wie viel in der sehenden Welt auch gerade *nicht* gesehen wird und wie sehr unser Sehsinn die Wahrnehmung durch andere Sinne in den Schatten stellt. Meine blinden Freunde hörten Geräusche, die ich nicht hören konnte. Meine blinde Freundin musste wiederum mir als Sehender vertrauen, denn unsere Welt ist nicht so barrierefrei, wie es für sie gut wäre. Es bewegte mich jedes Mal aufs Neue, dass sie es tat.

Manchmal vergaß ich, dass sie nicht sah, und einmal lief sie gegen eine Laterne, weil ich nicht Acht auf sie gegeben hatte. Allein wäre ihr das nicht passiert.

In der Freundschaft lernte ich, dass ich trotz sehender Augen vieles nicht sah und vieles nicht konnte. Ich lernte, dass, selbst wenn nichtsehende Freunde stellenweise auf meine Hilfe angewiesen waren, ich ebenfalls Hilfe von ihnen bekam, und ich eignete mir Dank ihnen Dinge an, von denen ich nicht einmal wusste, dass ich sie zuvor nicht gewusst hatte.

Das, was ich in der Freundschaft mit Freunden lerne, die die Welt anders wahrnehmen als ich, ist vor allem eins: eine Horizonterweiterung. Verschiedene Freundschaften helfen uns aus unserer engen Weltsicht, sprengen unsere Bubbles. Ich bin ein großer Fan davon, dass man bewusst in Freundschaften investiert, die einem eine Horizonterweiterung ermöglichen. Ich meine das nicht im Sinne einer strengen Verzwecklichung, als sollte der Freundeskreis eine Quote erfüllen. Mir geht es um eine offene Herzenshaltung, dass ich von Menschen viel lernen kann und es am besten geht, wenn das auf einer Freundschaft basiert. Der bekannte Film

«Ziemlich beste Freunde» ist dafür ein großartiges Beispiel. Zwei Männer unterschiedlichen Alters, unterschiedlicher Hautfarbe und unterschiedlicher Milieus beginnen eine Arbeitsbeziehung. In dieser Arbeitsbeziehung entsteht ein Vertrauen, eine Zuneigung, ein Augenöffnen für die Welt des anderen. Zwischen diesen Männern beginnt eine Freundschaft, in der Vorurteile abgebaut werden können. Den eigenen Freundeskreis zu diversifizieren kann nicht ein Abhaken sein im Sinne von :«Ich darf das sagen, ich habe auch eine schwarze Freundin.» Gleichzeitig wäre ein Perspektivwechsel nicht möglich, wenn ich keine Freunde hätte, die andere Erfahrungen, Lebenssituationen und Voraussetzungen mitbringen. Sie helfen mir auch, dieser bunten Welt vorurteilsfreier und annehmender zu begegnen, was ich als einen Mehrwert empfinde, den ich um nichts in der Welt missen möchte.

Wenn du mit Menschen mit Behinderung befreundet bist, Menschen, die aus ihrem Land fliehen mussten, Menschen, die einer anderen Religion zugehören, oder mit Menschen, die eine andere sexuelle Orientierung haben, dann kann das dazu beitragen, dass du in deinen eigenen Annahmen und Verhaltensweisen hinterfragt wirst, und ich glaube, dass dies uns hilft, in der Liebe zu wachsen.

Ob wir dabei Fehler machen? – Ich auf jeden Fall. Größere und kleinere. Dieser Moment beispielsweise, als ich zum ersten Mal zu meiner blinden Freundin sagte: «Wir haben uns ja schon lange nicht mehr gesehen!», und mich dann verhedderte: «Also, ich meine ... Ähm ...» Aber meine Freundin lachte einfach über mich.

Einmal, als ich in der S-Bahn den Arm um sie legte, rief sie laut: «Wer sind Sie? Lassen Sie mich los!» Sie ist eine großartige Schauspielerin und kann das täuschend echt nachahmen. Mich sahen sofort alle Menschen in der S-Bahn strafend an und wollten ihr zur Hilfe eilen, während sie sich ins Fäustchen lachte. Die Blicke anderer machten ihr nichts aus. Sie sah sie nicht, während ich nicht wusste, wohin ich gucken sollte.

Ich will nicht so tun, als könnten wir für alles im Leben offen sein. Wir sind Menschen, und die Selbstbeschreibung «offen für alles» sollte uns skeptisch machen. Doch manchmal ist es spannend, warum wir für etwas nicht offen sind und wie Freundschaften diesen Horizont erweitern können.

OFFENHEIT WAGEN. ODER: MEINE FREUNDE, MEIN DORF

Ich gebe zu, dass ich in meinen frühen Zwanzigern nicht unbedingt offen dafür war, mich mit Mädels anzufreunden, wenn diese bereits in einer Beziehung waren. Das hatte mit meinen Erfahrungen, Vorurteilen und Annahmen zu tun. Es entspricht allerdings auch den Tatsachen, dass es leichter ist, Freundschaften mit Menschen zu führen, die in der gleichen Lebensphase sind, weil die Themen und Rahmenbedingungen stellenweise kompatibler sind. Anfang zwanzig war das auch easy: Die meisten Menschen in meiner Umgebung waren jung, ungebunden und auf der Suche nach Freundschaft.

In den vergangenen Jahren reduzierte sich allerdings die Anzahl meiner Singlefreunde nicht nur, sondern ich lernte auch neu zu schätzen, mit Paaren und Familien befreundet zu sein.

Als Single ist mir da ein bedeutender Unterschied aufgefallen: Mit manchen Paaren fühlt man sich wohler als mit anderen. Manche Paare geben einem das Gefühl von

Freundschaft und Dazugehörigkeit, manche das Gefühl, das «fünfte Rad am Wagen» zu sein. Ich habe die Paare/Familien befragt, die mir positiv aufgefallen waren: «Wie macht ihr das?»

In den Gesprächen wurde deutlich, dass für sie Freundschaft ein Wert an sich ist. Eine Freundin sagte, das Gute bei ihnen sei, dass ihnen beiden ihre Freundschaften sehr wichtig sind und sie sich beide Zeit für ihre Freundschaften nehmen und geben, selbst wenn man dafür auch mal zurückstecken muss. Allen Befragten war gemeinsam, dass sie sich als Paar und Familie bewusst die Frage gestellt haben, welche Rolle ihre Freundschaften spielen und wie sie das einzeln und gemeinsam leben wollen. Diese Grundsatzentscheidung war im Umgang mit ihnen spürbar.

Wenn wir Offenheit wagen, ist es eine Bereicherung und Erweiterung unseres Horizonts, mit Menschen aus anderen Lebensphasen Freundschaft zu leben, an ihrem Herzen, ihren Ängsten und ihren Freuden ganz nah dran zu sein. Die Perspektiven, die sich uns eröffnen, machen unser Herz weiter und weicher und solidarischer. Dann ist die Basis gelegt für ein starkes Miteinander, in dem wir nicht nur offen füreinander sind, sondern sogar füreinander einstehen.

Das Sprichwort *It takes a village to raise a child* drückt aus, dass das Großziehen eines Kindes eine Herausforderung ist, die man mithilfe einer größeren Gemeinschaft besser meistern kann als allein. Früher war das Dorf eine natürliche Gegebenheit: Großfamilie und Nachbarn bildeten zusammen eine gleichbleibende Bezugsgröße in meiner direkten Umgebung. In unserer Zeit ist das vielfach anders. Wir leben isolierter und individueller. Die Verwandtschaft ist häufig verstreut, die Nachbarn wechseln ständig. Ich lebe selbst seit ein paar Jahren in einer schnelllebigen Großstadt. Diese Großstadt zeichnet sich viel durch Anonymität aus, einer

Koexistenz der Extreme und überproportional vielen Ein-Personen-Haushalten. Wir sind in gewisser Hinsicht eine isoliertere Generation als die Generationen vor uns. Wir wirken vernetzt und fühlen uns gleichzeitig nicht verbunden, denn ein großes Netzwerk ist nicht automatisch das Gleiche wie Freundschaften. Viele Menschen zu kennen, ist nicht das Gleiche wie Verbundenheit.

Ich glaube, dass meine Freundschaften – vor allem meine *Happy Few*, aber auch die Menschen in den anderen Kreisen um sie herum, zu denen über die Jahre Vertrauen und Verbundenheit gewachsen ist – meine Form von postmodernem Dorf sind. Ich glaube, in der Einsamkeit, Fragmentierung und Unverbundenheit unserer Gesellschaft brauchen wir gute Freundschaften und Weggefährten, die nah an uns dran sind und bleiben. Freundschaften sind für eine Partnerschaft oder Familie in dem Sinn kein Luxus oder eine optionale Nebensache, sondern eine kluge Investition. Gute Freundschaften können und wollen deine Partnerschaft und Familie bereichern und entlasten.

Ich halte es für eine Illusion zu meinen, dass die isoliert für sich lebende Kernfamilie als Bastion gegen den Rest der Welt eine gesunde Institution ist. Ich brauche Freunde, die mich darauf hinweisen können, wenn ich mich gegenüber meinem Partner und meinen Kindern falsch verhalte, auch wenn das kein leichtes Gespräch wird. Ich glaube, dass dieser «It takes a village»-Spruch nicht nur für das Kind gilt, sondern für jeden im Laufe seines Lebens wahr bleibt. Und weil mein «Dorf» der Chor meiner Freundschaften ist, klingt es dann eher so: «It takes friendship to raise a child. It takes friendship to raise a human. It takes friendship to raise me.»

Und jetzt?

Potenzial in Freundschaften zu entdecken kann unterschiedlich aussehen. Es kann sein, dass man in bestehenden Freundschaften neue Tiefe und neue Facetten entdeckt oder Freundschaften schließt, die einem neue Horizonte aufschließen. Ich möchte dich ermutigen, Verletzlichkeit zu wagen und Tiefgang zu initiieren. Das Leben ist zu kurz und zu kostbar, um in Freundschaften an der Oberfläche zu bleiben. Tiefe Freundschaften findet man nicht vor, sondern man stellt sie her. Im Laufe der Zeit kultiviert man sie und stellt irgendwann fest – da sind sie: meine *Happy Few*.

DEIN TIEFERGEHEN

- Wer sind deine *Happy Few*, oder wer sollen sie werden?
- Hast du eine Freundin oder einen Freund, mit der oder dem du gerne einen Freundschaftsbund schließen würdest?
- In welcher Freundschaft möchtest du gerade mehr Ehrlichkeit, Transparenz und Offenheit wagen?
- Was brauchst du dafür?
- Welche Freundschaften erweitern deinen Horizont?
- In welche Freundschaft außerhalb deiner Bubble könntest du investieren oder welche Orte in deiner Umgebung würden sich eignen, um Freunde außerhalb deiner Bubble zu finden?

Kapitel 7

BEGEHREN. ODER: WIE FREUNDSCHAFT ZUM ANDEREN GESCHLECHT GEHT

Ich halte mich selbst für eine Träumende, für eine Person, die daran glaubt, was sein kann, und nicht nur daran, was bereits ist.[50]

— Patrice Gopo

NACHTS VOR SEINEM BÜCHERREGAL

Ich war auf die WG-Party eines Kumpels eingeladen. Als die Gäste weniger wurden, stand ich im Flur vor der geöffneten Tür eines WG-Zimmers und mein Blick fiel auf das Bücherregal des Mitbewohners. Da ich Bücherregale fast so anziehend wie Menschen finde, betrat ich sein Zimmer, und mein Blick schweifte über die bunten Buchrücken. Ich entdeckte einige Bücher, die ich auch gelesen hatte, und zog ein Buch aus dem Regal, um den Klappentext zu lesen. Da stand der Typ, dem das Zimmer gehörte, plötzlich neben mir. Ich fühlte mich ein bisschen ertappt, aber er lächelte mich an und kommentierte meine Buchauswahl. Er griff nach einem anderen Buch, das er kürzlich erst gelesen hatte, und empfahl es mir. Wir standen bis spät in die Nacht vor seinem Bücherregal und sprachen über Bücher, die Kirche, Gott und die Welt. Am Ende lieh ich mir ein Buch von ihm aus.

Als wir uns das nächste Mal sahen, diskutierten wir den Inhalt und entdeckten ähnliche Meinungen und Fragen. Irgendwann brachte ich das Buch zurück und blieb zum Kaffee.

Das war der Anfang unserer Freundschaft. Als wir ein paar Jahre später auf einer Hochzeit von gemeinsamen Freunden eingeladen waren, wurden wir an unserem Tisch von zwei Pärchen gefragt, wie wir uns kennengelernt hätten. «Damals, als wir uns auf der WG-Party vor deinem Bücherregal bis tief in die Nacht verquatscht hatten ...», erzählte ich ausführlich, denn ich mag unsere Story, und unsere Zuhörer freuten sich.

Später raunte der Freund mir grinsend zu: «Franzi, ich glaube, die dachten, wir sind ein Paar.»

Ich musste lachen. Nicht weil es absurd gewesen wäre, sondern weil mir zuvor beim Erzählen schlichtweg der Gedanke nicht gekommen war und ich aufrichtig erzählt hatte, wie wir Freunde geworden waren. Gute Freunde sogar. Konnte man den Unterschied nicht sehen? Wer uns kannte, sah ihn.

KÖNNEN MÄNNER UND FRAUEN BEFREUNDET SEIN?

Können Männer und Frauen also befreundet sein?[51] Oder kommt uns «der primitive Trieb aus den Tagen des Höhlenmenschen» ständig dazwischen? Meine Antwort lautet offensichtlich: «Ja, Freundschaft zwischen Mann und Frau *kann* funktionieren!», ansonsten hätte ich euch die Story zu Beginn des Kapitels nicht erzählt. Ja, ich glaube, Männer und Frauen können grundsätzlich befreundet sein, aber ich bin mir auch bewusst, dass es kompliziert sein kann.

Seit ich denken kann, hatte ich gute Freundschaften zu Jungs, später zu Männern. Ganz schön naiv, fanden manche, wenn ich von meinen Männerfreundschaften erzählte. Andere fanden es bewundernswert, dass ich es machte und konnte. Wiederum andere warnten mich, dass ich früher oder später zum Schluss kommen würde, dass es doch nicht funktionieren kann. Irgendwie behielten sie alle recht.

Insgesamt sorgt die Frage auf jeden Fall für eine spaßige Kontroverse, die so manche trockene Gesprächsrunde in eine hitzige Diskussion verwandeln kann.

Die Frage ist nicht neu, und ich bin nicht die Erste, die sie stellt. Vielleicht ist die Frage sogar so alt und abgedroschen, dass man die Augen verdrehen möchte, wenn sie gestellt wird. Gleichzeitig ist sie so universal, dass wir alle eine Meinung, ein Gefühl oder eine Erfahrung mit ihr verbinden.

Vielleicht ist das der Grund, warum ich dieses Kapitel so liebe. Einfach, weil sich an diesem Thema so herrlich die Geister scheiden. Weil es bei ihm leidenschaftliche Befürworter und vehemente Ungläubige gibt. Und die große Mitte dazwischen, die mit mir sagt: «Ja ... aber.»

Wie sieht's bei dir aus?

Hand aufs Herz: Können Männer und Frauen laut deiner Meinung befreundet sein bzw. kann man mit einer Person, an der man potenziell auch ein romantisches oder sexuelles Interesse haben könnte, befreundet sein?

So richtig gut befreundet, ohne dass die Frage nach einer romantischen Beziehung der ständige Elefant im Raum ist?

Und was macht man, wenn die Frage früher oder später doch im Raum steht? Natürlicher Lauf der Dinge, das Platzen einer Illusion oder das große Drama?

Ich will glauben, dass Männer und Frauen befreundet sein können. Ich bin überzeugt, dass wir in dieser Welt Freundschaft zwischen den Geschlechtern brauchen. Keinen Kampf, kein bloßes Tolerieren, sondern Freundschaft.

Freundschaft kann ein Weg sein, wie wir Akzeptanz und einen guten Umgang mit Menschen lernen, die anders sind als wir. Im Fall von Frauen: mit Männern. Auch wenn ich mit Männern viel gemeinsam habe, so bleiben sie in bestimmten Bereichen doch auch immer anders. Anders in dem Sinne, dass sie sich in biologischer, neurologischer und soziologischer Weise von mir unterscheiden. Ich will mit Männern befreundet sein, auch *weil* sie anders sind. Und wo ein Wille ist, da findet sich ein Weg.

Ich habe Freundschaften mit Männern geschlossen, die ich nicht missen möchte. Gleichzeitig habe ich mir auf dem Weg auch ein paar Wunden zugezogen. Ich habe mich manchmal selbst belogen und manchmal wurde mit meinem Vertrauen gespielt. Das Resultat: Ich bin im Laufe der Zeit misstrauischer, aber auch ehrlicher zu mir selbst geworden, habe Freundschaften gewonnen und verloren.

ALLEIN AUF EINEM JUNGGESELLENABSCHIED

Wir kennen uns vom Studium, wurden irgendwann Freunde, obwohl er der Meinung war, dass das zwischen Männern und Frauen nicht möglich sei. Ich war sechs Jahre älter, fühlte mich ihm in der Frage überlegen und fand, dass wir dank Altersunterschied genau das werden konnten, nämlich: Freunde. Vor ein paar Monaten fragte er mich hypothetisch: «Wenn du zu einem Junggesellenabschied von 'nem Dude (seine Worte) eingeladen werden würdest – wo außer dir sonst nur Männer am Start sind –, würdest du hingehen?»

Ich schickte irgendein dummes Meme zur Antwort, das die hypothetische Frage mit Ja beantwortete. Kurz drauf wurde ich vom Trauzeugen zu meinem allerersten Junggesellenabschied eingeladen. Als einzige Frau. Ich fühlte mich geehrt, denn ich empfand es als Wertschätzung und Anerkennung unserer Freundschaft. Es ist die Auszeichnung, dass ich offiziell zum engen Freundeskreis dazugehöre, und liefert mir den finalen Beweis, dass Freundschaften zwischen Männern und Frauen möglich sind, so wie ich es eben glauben will.

Meine Einladung wurde im Vorfeld unterschiedlich kommentiert. Richtig cool fanden das die einen, richtig seltsam die anderen: «Dann müssen die sich ja voll zusammenreißen, wenn du als Frau dabei bist.»

Ich war davor etwas aufgeregt, wie man das halt so ist bei neuen Erfahrungen. Es stellte sich heraus, dass ich beim Kartfahren gut mithalten kann. Bei dummen Sprüchen auch. Sinnvolle Gespräche bekam ich in guten Momenten auch hin, und beim Trinken hörte ich nach meiner selbstauferlegten Regel, dass zwei alkoholische Drinks pro Event reichen, auch von selbst auf. Ich muss hier nichts beweisen, weder mir noch den Jungs.

Bei einem wortreichen Gesellschaftsspiel am Abend war ich zunächst richtig schlecht. Ich philosophierte im Stillen, ob männliche Gehirne einfach anders ticken? Es musste einen Grund geben, dass sie nicht darauf kamen, was ich meinte, denn solche Spiele sind eigentlich meine Expertise.

Ich genieße die Zeit mit den Jungs trotzdem. Sie ist leicht, eine gute Mischung aus Action, Rumhängen, Tiefsinn und Nonsens. Ich mag das. Nach dem Wochenende schreibt mir der Freund, wie wohltuend das Wochenende für ihn war. Ein Wochenende mit Menschen, wo er sein kann, wie er ist. Das ist Freundschaft für ihn, das ist Freundschaft für mich.

FREUNDSCHAFTEN MIT MÄNNERN

Seit ich mich erinnern kann, mochte ich es, mit Jungs befreundet zu sein. Schon in der Grundschule hatte ich Kumpel, die ich zu meinem Kindergeburtstag einlud, und so manche Freundschaft zu Jungs aus der Schulzeit bedeutet mir bis heute viel. Ich empfand es manchmal als entspannter, mit Jungs befreundet zu sein, denn ich spürte weniger die Erwartung, tiefgehen zu müssen, lief seltener Gefahr, dass mein Humor missverstanden wurde, und genoss den unverbindlicheren Rahmen.

Ein Freund schrieb mir: «Freundschaft mit Frauen ist tendenziell ein kleines bisschen weniger lustig als mit Männern.» Ich musste darüber lachen, denn es war nicht das erste Mal, dass ein Mann das so kommentierte. Pauschal würde ich dem nicht zustimmen, denn ich habe sehr witzige Freundinnen. Tendenziell merke ich, dass Männer wie Frauen in ihren eigenen Cliquen eine größere Leichtigkeit als in gemischten Gruppen haben. In mehreren Gesprächen vernahm ich dennoch, dass reine Frauencliquen von Männern wie von Frauen als ernsthafter und tiefsinniger empfunden werden. Emotionaler Austausch spiele eine größere Rolle, was Tiefgang, aber auch eine gewisse «Schwere» mit sich bringen kann.

Ich erinnere mich auch daran, dass ich in meiner Teeniezeit mit der unaufgeregten Passivität meiner männlichen Freunde manchmal besser zurechtkam als mit der bedeutungsgeladenen Intensität meiner Freundinnen.

Warum ich schon immer gerne mit Männern befreundet war und bin, hat mit meiner Persönlichkeit und meinem Aufwachsen zu tun: Ich war von Brüdern, zahlreichen Cousins und einer männerlastigen Jugendgruppe umgeben.

Ich weiß von einigen Männern, die dem Klischee entsprechend von sich sagen, dass sie sich mit ihren Freunden eigentlich so gut wie nie zum Kaffeetrinken verabreden, während das unter Frauen eine gängige Praxis ist. Stereotype helfen nicht, das Thema akkurat zu beschreiben, sondern sind Worte und Bilder, die das Gespräch darüber vereinfachen wollen. Ich kenne wiederum einige Männer, die gerade deshalb gern mit Frauen befreundet sind, weil es leichter ist, über emotionale und sensible Themen zu sprechen, und Frauen mit guten Fragen Tiefgang initiieren.

Auf der anderen Seite kenne ich weitere Frauen neben mir, die die Leichtigkeit und Unzweckmäßigkeit in Freundschaften zu Männern schätzen. In meiner Erfahrung fordern Männer weniger Verbindlichkeit und stellen weniger Erwartungen an mich. Ich sitze gerne mit Kumpeln und einem Bier in der Hand am Fluss, ohne zu denken und zu reden. Manchmal ist mein Bedürfnis nach emotionalem Austausch gar nicht so hoch, was auch mit meiner Arbeit zu tun hat. Ich rede den ganzen Tag über Existenzielles, höre mir in der Seelsorge tiefgehende Emotionen an, da brauche ich in meiner Freizeit vor allem Leichtigkeit und keinen weiteren *Deep Talk*. Nachdem ich gelernt habe, das als mein Bedürfnis zu kommunizieren, hat sich mein eigener klischeehafter Blick auf den Unterschied zwischen Freundschaften zu Männern und Frauen geweitet.

Als ich bei Instagram fragte, was man an Freundschaften mit dem anderen Geschlecht schätze, kamen da weniger klischeehafte Antworten oder platte Kategorien. Der Grundtenor war: Die andere Perspektive ist bereichernd. Sie wird als hilfreicher Gegenpol, als Horizonterweiterung und Vielfalt erlebt.

Das kann ich unterschreiben. Ich werde beispielsweise von meinen männlichen Freunden mehr hinterfragt. Nicht immer explizit, aber das Potenzial für Missverständnisse ist höher. In männlich dominierten Freundeskreisen musste ich mich häufig klarer ausdrücken und manchmal umfassender beschreiben, was meine Mädels ohne so viel Worte verstanden hätten. Das machte es manchmal auch anstrengender und umständlicher, aber ich glaube, dass es mich zu einer klareren Kommunikatorin gemacht hat. Denn Kommunikation ist echt so eine Sache. Da muss jetzt noch mal der Junggesellenabschied herhalten: Beim Gesellschaftsspiel war der Ton scharf, da flogen so einige direkte Attacken und harte Sticheleien durch die Luft, die mich zusammenzucken ließen, obwohl sie gar nicht mich betrafen. Ich blickte mehr als einmal hoch, um zu sehen, ob der andere jetzt beleidigt war. Aber der schoss einfach zurück, ohne mit der Wimper zu zucken, und gut war's. Es schien keinem aus der Runde negativ aufzufallen.

Meiner Erfahrung nach wäre der Abend in einer Mädelsrunde anders verlaufen. Insgesamt sind Frauen sehr viel vorsichtiger mit Beleidigungen. Zum einen kenne ich weniger Frauen, die sich gegenseitig so direkt frotzeln wie Männer, und zum anderen hätte der Großteil an Frauen anders auf solche Attacken reagiert, mich eingeschlossen. Männer machen sich meiner Erfahrung nach heftiger gegenseitig fertig und sind gleichzeitig aber auch weniger schnell beleidigt. Frauen sind weniger offen aggressiv, aber auch schneller beleidigt und reagieren dann mit eisigem Schweigen oder passiv-aggressiven Kommentaren.

Das bedeutet allerdings nicht zwangsläufig, dass Männer in allem direkter sind. Wenn es beispielsweise um Emotionen geht, erlebe ich Frauen als direkter, transparenter und wortgewandter.

Vielleicht kannst du mit solchen Pauschalisierungen wenig anfangen. Wie gesagt, mir geht es nicht darum, dass ich uns in enge Kategorien packen möchte, denn die Welt ist bunter und komplexer als meine Erfahrungen. Gleichzeitig erleben wir Dinge, die wir sortieren wollen, und machen Tendenzen aus, obwohl wir uns gleichzeitig nicht ganz in unseren eigenen Sortierungen wiederfinden.

Generell habe ich mehrfach die Erfahrung gemacht, dass die Überschneidungsbereiche in meinen Freundschaften zu Männern überraschend groß waren. Die Unterschiede lernte ich zu schätzen, weil sie mich zum Wachsen herausforderten und wir sie auf der Basis unserer Freundschaft diskutieren konnten.

DIE «FRIENDZONE»

Für manche ist das ein gefürchteter Ort, denn wenn man Datingabsichten hat, will man da nicht landen. Für Menschen mit Freundschaftsabsicht hingegen ist sie eine sichere Zone. Die *Friendzone* beinhaltet die Erklärung, dass unsere Beziehung ohne romantische Absicht besteht. Schwierig ist nur: Diese Erklärung wollen nicht immer beide Seiten unterschreiben.

Aus der Feststellung, dass ich mit Männern gut und gerne befreundet bin, wuchs bei mir irgendwann die Überzeugung, dass ich mit Männern gar nicht anders könne. Mir fiel es leicht, platonische Freundschaften zu beginnen, zu gestalten und auch zu halten, also wurde die *Friendzone* zu meiner einzigen Zone mit Männern. Von meiner Seite aus war die *Friendzone* ein ernst gemeintes Freundschaftsangebot. Ich hatte keine versteckten Absichten, sondern das offen ausgesprochene Interesse an einer Freundschaft.

Rückblickend war das nicht nur etwas Schönes, denn dahinter steckte das Selbstbild, das ich in den Augen von Männern nicht als Frau und nicht als begehrenswert wahrgenommen werde. Ich will nicht verheimlichen, dass dahinter auch ein Schmerz saß, der sich erst Jahre später an die Oberfläche wühlen konnte.

Doch einen Großteil meiner Teeniezeit und jungen Erwachsenenphase hindurch führte es dazu, dass ich sehr unbekümmert, sehr unbedarft Freundschaften mit Männern schloss. Gute Freundschaften, die seit Jahren andauern – in denen Vertrauen, Ehrlichkeit und Zuneigung gewachsen ist, die ich sehr schätze.

Eine gute Freundin sagte mir einmal, dass sie neidisch auf mich sei, dass ich mit Männern befreundet sein könne. Sie sah meine Freundschaften und empfand es als Mangel, dass sie das nicht hatte. Sie meinte, dass es bei ihr noch nie funktioniert hätte. Jedes Mal habe sich früher oder später jemand verliebt. Sie war die Schöne in unserem Freundeskreis und Männer wollten nie «nur» mit ihr befreundet sein.

Ich hingegen war neidisch auf sie, denn mit mir schienen Männer eben «nur» befreundet sein zu wollen, dabei wünschte ich mir insgeheim auch, dass sich neben den guten Freundschaften auch mal einer in mich verlieben würde.

«Man kann wohl nicht alles haben», sagten wir uns.

Ich musste im Laufe der Jahre feststellen, dass nicht jeder Mann von meinen klaren *Friendzone*-Markierungen angetan war. Die Sicherheit und Klarheit, die ich damit zu schaffen versuchte, wollten manche gar nicht. Ich erstickte mit meiner *Friendzone* auch manchmal einen Keim, der in eine andere Richtung hätte wachsen können. Denn der mögliche Aspekt des «Begehrens» unterscheidet meine Frauen- und Männerfreundschaften.

BEGEHREN

Ich goss im Garten die Blumen, als ich mit meinen Nachbarn, einem Paar Mitte-Ende dreißig, ins Gespräch kam: Sie ist völlig überzeugt, dass platonische Freundschaft funktionieren kann, er völlig überzeugt, dass alle Kumpel seiner Frau einmal auf sie standen und es eine weibliche Illusion sei, mit einem Mann «einfach so» befreundet zu sein. Ich fragte, ob sie noch Kontakt zu ihren männlichen Freunden von früher habe, woraufhin sie lachte: «Praktischerweise hat sich mein Mann mit ihnen angefreundet, sodass das jetzt einfach Freunde von uns beiden sind. Ansonsten wäre das wohl nicht mehr der Fall.» Ich finde, dass meine Nachbarn das pragmatisch gelöst haben.

Früher oder später verliebt sich jemand, das ist die Erfahrung vieler Menschen bei diesem Thema. Ganz rein platonisch sind dann Beziehungen zu jemanden, der potenziell auch für eine romantische Beziehung infrage käme, vielleicht doch nie. Es sei denn, dass die Verhältnisse geklärt sind, aber dazu später mehr.

Warum, wann und wie wir uns verlieben, ist meiner Meinung nach gleichermaßen Mysterium wie Banalität.

Es gehört zu den menschlichen Fähigkeiten und Sehnsüchten, zu begehren und sich begehren zu lassen. Begehren an sich ist nicht etwas Schlechtes, auch wenn das

Wort uns in den Zehn Geboten in der Formulierung «Du sollst nicht begehren» begegnet. Doch beim zehnten Gebot müssen wir klar sehen: Es geht nicht darum, dass wir an sich nicht begehren sollen, sondern darum, dass wir das nicht begehren sollen, *was (zu) jemand anderem gehört*. Das zehnte Gebot erinnert uns kompakt an eine starke menschliche Sehnsucht und zeigt gleichzeitig ihre Grenze auf. Das Verlangen nach sexuellem Kontakt mit einer Person ist Teil unserer Menschlichkeit, selbst wenn sie in unterschiedlichen Graden ausgeprägt ist.

Unser Begehren erstreckt sich dabei nicht automatisch auf jede oder jeden. Es ist auch eine menschliche Qualität, das eigene Begehren verantwortlich zu leiten und sich eben nicht blind von ihm beherrschen zu lassen. Als heterosexuelle Frau gehören Männer für mich in meine potenzielle «Begehren»-Kategorie, ohne dass ich jeden Mann automatisch gleich anziehend finde.

Ich glaube nicht, dass ich mich in jeden Mann verlieben kann. Gleichzeitig bin ich nicht gewillt, dafür meine Hand ins Feuer zu legen. Vermutlich könnte ich mich unter Investition körperlicher und emotionaler Nähe doch in mehr Männer verlieben, als mir recht ist. Denn trotz aller Verantwortung ist Begehren auch etwas, was sich nicht in allem mit unserem Verstand abspricht.

Zusammengefasst: Begehren als menschliche sexuelle Anziehungskraft ist grundsätzlich etwas Gutes, doch sind wir ihr weder ausgeliefert noch bleibend überlegen.

Wir sollten das Begehren in unsere Freundschaftsüberlegungen mit einbeziehen. Nicht als alles entscheidenden Faktor, aber als *einen* zentralen Faktor neben anderen.

Wir kommen nicht darum herum, dass wir als verantwortungsbewusste Wesen die inneren Paradoxe ausloten und Spannungen aushalten, die mit der Möglichkeit einhergehen, sich in einer Freundschaft zu verlieben. Mittendrin sollten wir gnädig mit unserer Menschlichkeit und der des anderen rechnen.

MIT MENSCHLICHKEIT RECHNEN

«Als ob ihr dann nicht rummacht? ...» Ich schaute meine Freundin ungläubig an und antwortete: «Nee, echt nicht!» Und es war nicht gelogen. Wenn ich abends mit meinem besten Kumpel einen Film schaute, behielt jeder seine Hände bei sich. Wir waren Freunde, und mit seinen Freunden macht man nicht einfach rum.

«Da wäre doch nichts bei», sagten manche.

«Irgendwann kommt ihr schon zusammen», sagten andere.

Die Vorstellung, dass wir auch eine partnerschaftliche Beziehung haben könnten, war nicht völlig absurd, aber von uns beiden nicht gewollt. Als wir uns kennenlernten, standen wir beide jeweils auf eine andere Person. Wir sprachen zwar miteinander über das Thema Partnerschaft, was wir bereichernd fanden, aber nicht in Bezug auf uns beide. Wir waren sehr unterschiedlich, aber hatten von Beginn an Vertrauen zueinander, das über die Jahre wuchs und blieb. Ich schätzte ihn, freute mich über jede Gelegenheit, ihn zu sehen, und als wir nicht mehr an einem Ort wohnten, blieben wir in Kontakt.

Wir hatten Höhen und Tiefen, erlebten uns in schlechten Zuständen und sprachen auch über verwirrende Momente zwischen uns. Wir vereinbarten, dass, wenn sich bei einem von uns romantische Gefühle gegenüber dem anderen zeigten, es in der jeweiligen Verantwortung liegt, es zu sagen. Damit war die Sache für uns wieder vom Tisch.

Zumindest für den Moment. Denn es gibt auch ein Problem mit dem Ausruhen auf «Wir haben das geklärt»: Beziehungen können sich jederzeit ändern. Morgen kann etwas passieren, was eine neue emotionale Nähe produziert, sodass wir uns stärker verbunden fühlen, was in unserem Inneren zu einem Begehren führt.

Auch kann eine Klärung immer nur so viel wert sein, wie ihr entsprechend gehandelt wird. Wo Zuneigung und Nähe auf Begehren trifft, verlieben wir uns. Das ist nicht schlimm, sondern menschlich.

Ich glaube auch, dass es okay ist, dass man sich ab und zu für fünf Sekunden verliebt. Ich glaube, ich hatte bei fast jedem männlichen Freund meine «fünf Sekunden», ohne das jetzt genau rekonstruieren zu können. Doch in besonders verbundenen Momenten kann es passieren, dass mich ein kurzer Moment von Verliebtheit streift. Mein Hirn dreht eine kurze Gedankenschleife, ob das, was wir haben, etwas anderes ist, als wir denken oder sagen. Ein winziger Moment, wo das Herz kurz auf den Prüfstand gestellt wird. Dass der Gedanke auftaucht, kann ich nicht kontrollieren, und er ist meistens genauso schnell weg, wie er aufgeploppt ist. Nicht weil ich ein Gefühl verdrängt hätte, sondern weil es sich meist als tiefes, aber rein freundschaftliches Gefühl entpuppte. Doch manchmal bleibt es nicht bei den fünf Sekunden, und die Frage ist, was wir dann damit machen.

Ich kenne Menschen, die waren mehr oder weniger heimlich länger in ihre Freunde verliebt. Tage, Wochen, andere sogar Jahre. Wir können aufgrund unserer Menschlichkeit nicht so klar und ehrlich sein, wie wir es idealerweise vielleicht gerne wären. Denn in uns ringen unterschiedliche Gefühle und Anliegen mit- und gegeneinander. Wir verlieben uns, obwohl wir es vielleicht nicht wollten, wir werden ein Paar, obwohl wir es nicht erwartet hätten, oder wir werden überrascht und enttäuscht. Es kommt zu Freude, es kommt zu Schmerz, und beides lässt sich nicht kontrollieren. *Ich hätte vorsichtiger sein können, oder? Vielleicht doch weniger naiv?* Hätte, hätte.

MIST, ICH HABE MICH VERLIEBT

Ich bin die Story im Nachhinein so oft in meinem Kopf durchgegangen und habe mich gefragt, an welchem Punkt ich hätte anders abbiegen müssen. Ich hätte nicht gedacht, dass ich mehr für ihn empfinden könnte. Er war viel jünger als ich und ich mit Kopf und Herz auf anderen Baustellen unterwegs, als wir uns kennenlernten. Es passierte so beiläufig, aber auch unaufhörlich, dass wir zufällig Zeit miteinander verbrachten und eine Freundschaft aufbauten, die vertraut und ehrlich, leicht und unkompliziert war. Wir genossen im studentischen Alltag die Art des anderen, lachten über die gleichen Witze und schätzten die Meinung des anderen. Es vergingen Monate, bevor mir zum ersten Mal bewusst wurde, dass sich bei mir romantische Gefühle entwickelt hatten. Ich sah ihn mit einer anderen Frau lachen und mich erwischte es eiskalt: Ich gestand mir ein, dass ich eifersüchtig war. *Ich* wollte an seiner Seite lachen und wollte mir nicht vorstellen, dass die engste Frau in seinem Leben jemand anderes sein könnte als ich.

Mir zog es die Kehle zusammen. Ich ärgerte mich über meine aufkeimenden Gefühle, als wäre mir ein blöder Fehler passiert. Ich schämte mich, weil ich den großen Altersunterschied zwischen uns – von dem ich ursprünglich dachte, dass er mich vor dem Verlieben schützen könnte –

unterschätzt hatte. Doch meinem Inneren war der Altersunterschied völlig egal.

So hatte ich mir das nicht vorgestellt. Mir war die Kontrolle entglitten, und ich hatte mich verliebt. Mein Eingeständnis führte zu einem Dilemma: Ich wollte unsere Freundschaft nicht aufs Spiel setzen, aber es fühlte sich auch zunehmend unehrlich an, die Gefühle zu verschweigen. Sagen oder nicht sagen? Ich vertagte es und versuchte, meine Gefühle loszuwerden. Ich lenkte mich ab, verreiste ein paar Tage und beschäftigte mich mit anderen Freunden. Doch da saß es in mir, dieses Gefühl. Hatte sich festgesetzt, und ich musste mir eingestehen, dass sich der Kerl einen Platz in meinem Herzen gesichert hatte. Mist, ich war verliebt. Verliebt in einen guten Freund, bei dem ich ziemlich sicher war, dass er nicht das Gleiche empfand. Aber was, wenn doch? Sagen oder nicht sagen?

- **Was hättest du gemacht, oder was hast du vielleicht in deinem Leben schon gemacht?**

Ein paar Monate später sagte ich es ihm. Benannte den Elefanten im Raum und brachte damit unsere Freundschaft zum Platzen. Er hatte zu viel Raum eingenommen, ich war nicht bereit, es länger auszuhalten, und zog die Reißleine.

Hollywood liebt die Geschichten, in denen dann aus so einer Situation etwas wird: die Lovestory, wo sich einer oder eine endlich überwindet, Gefühle zu gestehen, und sich auf wundersame Weise herausstellt, dass der andere das Gleiche empfindet. Auf die emotionale Verwirrung folgt die wohltuende Auflösung des erwiderten Gefühls.

Die unsichtbaren Geschichten dagegen, bei denen keine Liebesgeschichte folgt, bilden eine Dunkelziffer. Man sieht gebrochene Herzen nicht händchenhaltend.

Der Mut, den ich aufbrachte, wurde nicht belohnt, er führte zu einem schmerzlichen Zerbruch dieser Freundschaft. Ich litt unter den unerwiderten Gefühlen, aber mehr noch unter dem Verlust der Freundschaft. Ich habe mich in den Jahren danach oft gefragt, was passiert wäre, wenn ich es nicht gesagt hätte. Hätten wir es geschafft? Ich weiß, dass ich den Schmerz nicht verhindert hätte. Hätte ich es nicht gesagt, hätte unsere Freundschaft vielleicht überlebt, aber unter der Bedingung, dass ich in meinem Schmerz gefangen blieb.

In keiner Freundschaft lassen sich Schmerzen vermeiden, auch wenn man sie nicht vorprogrammieren muss. Und vielleicht fühlt sich Freundschaft zum anderen Geschlecht für dich so an – wie Schmerz, den man vorher hätte berechnen können. Doch Schmerz ist menschlich und daher unvermeidbar. Ich wünsche uns Mut, auch Fehler zu machen. Sich zu verlieben ist Teil vom Leben. Es ist nicht fair, meinem jüngeren Ich vorzuwerfen, dass sie anders hätte handeln sollen. Sie handelte mit dem, was sie über sich und die Welt wusste. Die Welt ist nicht schwarz und weiß, und Freundschaften mit Männern sind keine kontrollierbare gefühlsfreie Zone.

Noch nach Jahren schaue ich auf diese Geschichte mit gemischten Gefühlen zurück. Mit ein bisschen Wehmut, aber auch ein bisschen Stolz. Stolz bin ich darauf, dass ich damals so mutig war, etwas zu tun, was ich nie zuvor gewagt hatte. Ich bin stolz darauf, dass ich so gehandelt habe, wie ich es mir in anderen Geschichten im Gegenzug auch von anderen gewünscht hätte. Denn in anderen Geschichten hätte ich mir gewünscht, dass ich von seinen Gefühlen früher erfahren hätte. Ich handelte gemäß meinen Werten, gemäß der Franzi, die ich sein wollte, und erlebte Schmerz.

Das richtige Handeln wird nicht zwangsläufig mit einem guten Gefühl belohnt. Und nur, weil es sich gut anfühlt, ist es noch nicht gleich richtig. Ich schaue mit Dankbarkeit zurück, auch wenn die Narbe auf meinem Herzen bleibt. Dankbarkeit, weil ich daran wuchs, daraus lernte. Es war nicht schön, aber «schön» ist fürs Leben auch kein ultimatives Ziel.

Und was ist, wenn es dann doch mehr wird? Es gibt so viele Geschichten, wie Leute zuerst Freunde waren und sich dann ineinander verliebt haben. Viele Partnerschaften beginnen aus einer Freundschaft heraus, gerade in jungen Jahren. Manche gestehen, dass von Anfang an ein Funke romantischen Interesses bestand. Anderen fällt es Jahre später wie Schuppen von den Augen, und aus einer langjährigen Freundschaft wird eine Partnerschaft. Hättest du mich vor ein paar Jahren nach meiner favorisierten Liebesgeschichte gefragt, wäre sie eine von diesen: Aus einer tiefen Freundschaft erwächst tiefe Liebe.

Heute wird es das für mich so nicht geben, denn alle meine männlichen Freunde sind mittlerweile verheiratet, und meine emotionale Nähe zu Männern hat sich verändert. Dennoch glaube ich weiterhin, dass Freundschaft als Modus für jede langlebige Partnerschaft oder Ehe ein solides Fundament für eine tragfähige Beziehung bildet, und ich kann mich neidlos freuen, wenn eine Ehe diese Basis hat.

Wenn also Freundschaft und Begehren aufeinandertreffen, gibt es drei mögliche Szenarien:

1.) Das Begehren ist gegenseitig, und das Beziehungsformat verändert sich.

2.) Das Begehren ist einseitig, und die Freundschaft muss neu verhandelt werden.

3.) Das Begehren bleibt unsichtbar, und man lebt im gleichen Modus weiter.

Eine Freundschaft zwischen Männern und Frauen muss nicht automatisch vorbei sein, wenn nur eine oder einer Gefühle entwickelt. Es ist eine Art Konflikt, muss aber kein unlösbarer sein. Ich bin mit Menschen befreundet, für die ich mal mehr empfunden habe, die aber mittlerweile in Partnerschaften leben. Dabei kommt es auf den Grad der emotionalen Verwicklung an. Ich finde es hilfreich, wenn die Person mit der höheren emotionalen Verwicklung Verantwortung übernimmt und ihre Grenzen zieht. Durch zeitlichen, emotionalen und räumlichen Abstand kann man den eigenen Gefühlen Raum verschaffen, sich zu verändern. Gefühle verändern sich auch gemäß der Nahrung, die wir ihnen geben. Vergehen die Gefühle oder entstehen andere Beziehungskonstellationen, muss einer Freundschaft nicht zwangsläufig etwas im Wege stehen.

KLARE GRENZEN

Wir können «potenziell romantische Gefühle» zwar in den wenigsten Fällen komplett ausschließen, aber manche Freundschaften haben von Anfang an einen klaren Rahmen.

Ich halte es für eine gute Voraussetzung für eine Freundschaft zum anderen Geschlecht, wenn die Beziehungsdynamik von vornherein klar und mindestens eine Person bereits verheiratet ist.

Ich habe einige gute Freunde, die schon verheiratet waren, als wir uns kennengelernt haben. Mann mit Ring am Finger bedeutet für mich, dass es für dich in meinem Leben einen Platz in meiner *Friendzone* gibt. Vergebene Männer sind *off limits*, was ich in meinen Freundschaften so klar wie möglich versuche zu leben. In der Freundschaft zu vergebenen Männern gibt es Grenzen und Regeln, die ich in meinem Leben aufgestellt habe.

Bei aller Freundschaft habe ich den Grundsatz, dass ich im Leben dieses Mannes auf keiner Ebene die wichtigste Frau bin. Ich bin als Freundin weder Ersatz noch Ergänzung der Partnerin. Die Partnerin ist die wichtigste Frau im Leben des Freundes, und wenn ich nicht bereit bin, das zu akzeptieren, wertzuschätzen und zu fördern, bin ich am falschen Platz.

Als Nächstes gibt es keine Geheimhaltung vor der Partnerin. Weder bei Treffen noch bei Gesprächsinhalten. Ich lebe das so, dass ich Männern nichts anvertraue, was sie nicht ihrer (hypothetischen) Partnerin sagen könnten.

Mir war es stets wichtig, dass ich die Freundinnen meiner Kumpel kennenlernte und ich für sie greifbar war, selbst wenn wir nicht unbedingt selbst enge Freundinnen wurden.

Ich bin mit einem Paar befreundet, wo ich mit ihm befreundet war, bevor ich seine Frau kennenlernte. Wir teilten den Studienalltag, sie traf ich sporadisch. Ich fand es mutig und wertschätzend, als sie eines Tages das Gespräch mit mir suchte und sagte: «Mein Mann erzählt oft von dir, und ich freu mich aufrichtig, dass er eine gute Freundin in dir gefunden hat. Ich würde mir wünschen, dass wir auch eine enge Freundschaft haben können, damit bei mir keine Missgunst gegenüber einer Unbekannten wächst.»

Ich fand ihre verletzliche Ansage stark. Ich erwiderte, dass ich mich über die Freundschaft zu ihr freuen würde, und sagte ihr, dass ich mir wünsche, dass sie, wenn sie sich damit irgendwann unwohl fühlt, es mir sagt. Ich versprach ihr, dass ich ihrem Mann nichts anvertrauen werde, was sie nicht auch wissen dürfe. Wir waren klar, wir waren ehrlich – und sind bis heute gut befreundet.

Gleichzeitig sind Freundschaften mit Kumpeln auch auseinandergegangen, wenn Partnerinnen auftauchten ohne diesen Mut und diese Offenheit, sich so ehrlich mit dem eigenen Bedürfnis anzuvertrauen.

Doch auch losgelöst vom Beziehungsstatus gab und gibt es für meine Männerfreundschaften andere Grenzen als für meine Mädelsfreundschaften. Sie unterscheiden sich in der körperlichen und emotionalen Nähe, in ihrer Frequenz und Exklusivität, in ihrem wiederkehrenden Klärungsbedarf und ihren Grenzen.

Meine Freundinnen dürfen entscheiden, ob sie den Platz neben mir im Bett oder die Gästematratze im Wohnzimmer bevorzugen, bei Männerfreunden stelle ich diese Frage nicht. Auch die emotionale Nähe ist punktueller, weniger über einen langen Zeitraum vertiefend. Ich stellte mir innerhalb meiner Freundschaften zu Männern die Frage, was sich konkret verändern würde oder müsste, wenn er jetzt eine Freundin hätte.

Könnte unsere Freundschaft schmerzfrei um einen Partner erweitert werden, oder würde der Partner merken, dass man unbewusst sehr viele Partneranteile abgedeckt hat und eigentlich ein platonischer Platzhalter ist?

Ich habe in meinem Bestreben, mit Männern befreundet zu sein, einige Federn gelassen. Ich machte nicht nur einmal die Erfahrung, dass die Freundschaft zu Männern mit Beginn einer Beziehung vorbei war. Von heute auf morgen. Ich glaube, dass wir in unserer Unreife bewusst oder unterbewusst in Freundschaften Bestätigung suchen und Bedürfnisse stillen, die ihr nicht entsprechen. Ich musste auf dem Weg lernen, klarer zu unterscheiden, ehrlicher zu mir selbst zu sein und auch selbstbewusster Klarheit einzufordern, wenn von der anderen Seite nichts kam.

Denn so hilfreich es auch ist, dass Dinge «geklärt» sind, so wenig bringt eine Klärung, wenn nicht ihr entsprechend gehandelt wird, und dazu gehören immer zwei. Oder auch drei.

Ich habe es leider auch erlebt, dass vergebene Männer zwar vorgaben, Freundschaft zu meinen, aber die Klarheit in der Umsetzung fehlte. Das führt zur Irritation, wenn jemand mit dir flirtet, obwohl klar ist, dass es kein Flirten geben sollte. Das anzusprechen ist auch schwierig, denn dann wird die Karte «Hä, ich habe doch eine Freundin!» ausgespielt. Hinter dem Mangel an gelebter Klarheit und Integrität stecken unbewusste Ziele und Motivationen, manchmal auch schlichtweg Unreife. Ein Bekannter sagte mir, ihm sei «Freundschaft zu Frauen zu heikel, denn da kann man gar nichts richtig machen».

Ich glaube, dass es nicht ganz so schwarz-weiß ist. Ja, ich werde Fehler machen. Ich glaube aber auch, dass wir unseren Motiven auf die Spur kommen können. Ich unterstelle meinen männlichen Freunden auch nicht per se mangelnde Integrität. Es sei denn, sie stellen das selber unter Beweis. Aber natürlich meint es nie einer von uns böse, oder?

FLIRTEN VERBOTEN?!

Während manche von uns lernen müssen, wie es geht, sind andere von uns für das Spiel geboren: Manche Menschen wirken immer *flirty*, manche noch nicht einmal dann, wenn sie es beabsichtigen. Keine Frage, auch Flirten ist eine Kunst für sich. Ob offensiv oder indirekt: Sich jemandem anzunähern, den man anziehend findet, erfordert Mut und auch Feingefühl. Mir geht's darum, was Flirten mit unseren Freundschaften macht. Das Flirten lebt von der Zweideutigkeit, die Freundschaft von der Eindeutigkeit meiner Absichten. Wenn du an einer Freundschaft interessiert bist, dann sollte deine Kommunikation das verbal wie nonverbal ausdrücken. Wenn du deutlich am Dating mit dieser Person interessiert bist, dann darf das ebenfalls klargemacht werden. Schwierig wird es, wenn man selbst nie so ganz genau weiß, wo man steht. Vielleicht ist es dann das Ehrlichste, was du tun kannst, dass du dir selbst gegenüber ehrlich bist und zugibst, dass du es nicht weißt. Denn wenn du dir über deine Absichten nicht im Klaren bist, dann sind diese für dein weibliches oder männliches Gegenüber noch unklarer.

«Ey, sie/er spielt nur mit dir!» Wenn ich das Beste unterstelle, denke ich, dass diese Person unsicher ist und nicht weiß, wie ihr Verhalten beim Gegenüber ankommt. Im Umkehrschluss sollten wir eigene Klarheit nicht verschleiern, den anderen nicht rätseln lassen. Leider habe ich schon zu oft flirtendes Verhalten von Männern erlebt, die vergeben, verlobt oder sogar verheiratet waren. Sorry, aber man sieht dir deinen Beziehungsstatus nicht an.

Eine Freundin erzählte mir von einer Begegnung mit einem Kerl, den sie sofort attraktiv fand, und er sie allem Anschein nach auch. Sie kamen ins Gespräch, waren sofort auf einer Wellenlänge und wichen für den Rest des Abends nicht von der Seite des anderen. Später erfuhr sie, dass besagter Mensch in zwei Wochen heiraten würde. Bei ihr löste das Scham aus, denn hätte sie gewusst, dass er verlobt ist, hätte sie sich anders verhalten. Doch der Fehler lag nicht bei ihr, sondern an der fehlenden Information, die nur er geben konnte. Es ist nicht fair, den eigenen Marktwert auf Kosten der Gefühle einer anderen Person testen zu wollen.

Die amerikanische Autorin Brené Brown, die kluge Weisheiten zur Lebensführung parat hat, sagt: «Clear is kind. Unclear is unkind.»[52] Es ist gütig, den anderen nicht rätseln zu lassen, woran er oder sie bei mir ist. Wenn du vergeben bist und jemand mit dir flirtet, dann erwähne doch beiläufig deinen Partner, ohne daraus einen übertriebenen Korb à la «Sorry, ich bin schon verheiratet» machen zu müssen.

- **Hast du einen so klaren Umgang mit dem anderen Geschlecht, dass der andere oder die andere nicht raten muss, woran sie/er bei dir ist?**
- **Hast du schon mal dein Gegenüber im Unklaren gelassen, wie deine Freundschaft gemeint ist? Warum?**

Wenn du dir deiner eigenen Motivationen nicht bewusst bist, bitte einen guten Freund oder eine gute Freundin, dir das ehrlich zu spiegeln. Es ist weder freundlich noch liebevoll, wenn wir miteinander spielen. Im Gegenteil, es verletzt, hinterlässt Schmerz und Scham und sät Misstrauen gegenüber dem anderen Geschlecht. Als Folge unserer Verletzungen schützen wir uns mit Pauschalisierungen: «Männer wissen nicht, was sie wollen!», «Frauen wissen nicht, was sie wollen!»

FREUNDSCHAFT ALS MODELL FÜR KIRCHE UND GESELLSCHAFT

«Und genau deshalb habe ich keine Freundschaften zum anderen Geschlecht, Franzi. Viel zu stressig, viel zu heikel.»

Ich schaue auf manche meiner Erfahrungen und muss zustimmen. Ich verstehe diese Reaktion. Stellenweise hatte ich auch keinen Bock mehr drauf. Ich erinnere mich an den Moment, als ich entschied, dass mein Zeitalter für Kumpel vorbei war. In der Zeit sagte mir ein Kerl, dass er gerne mit mir befreundet wäre. Ich antwortete ihm, dass ich gerade in keine Freundschaft mit einem Mann investieren wolle. Er reagierte mit Unverständnis: «Hä, aber du bist doch auch noch mit anderen Männern befreundet.» Ich wurde wütend und fühlte mich wie ein Kumpel-Kuchen, von dem sich jeder was abschneiden darf. Ich musste mir aber auch eingestehen, dass ich mich in meiner Menschlichkeit verkannt und mit meinem idealistischen Anliegen überfordert hatte.

Ich wusste damals schon, dass das für mich kein Dauerzustand sein würde, pauschal alle Freundschaften mit Männern abzublocken.

Aber was ist die wirkliche Alternative?

Ich frage gerne Menschen, die meinen, dass Freundschaft zum anderen Geschlecht nicht funktioniert, wie sie denn das andere Geschlecht sehen.

Ich bin der Überzeugung, dass wir in der Geschlechterauseinandersetzung solide Konzepte brauchen, um versöhnlicher miteinander umzugehen. Ich denke, dass Freundschaft ein solches Konzept sein kann und sein sollte. Und das ganz gleich, ob ich Single bin oder nicht. Denn als was sehe ich Menschen des anderen Geschlechts, die nicht mein Partner sind? Gar nicht? Als potenzielle Gefahr? Als mögliche Verführung? Ich habe den Eindruck, dass vergebene Menschen häufig genauso über das andere Geschlecht denken. Alle – außer dem eigenen Partner – sind potenziell eine Gefährdung für die Beziehung. Ich denke, dass diese Haltung einen auf der einen Seite schützt, dafür aber andere Probleme schafft.

Ich kann nachvollziehen, dass Menschen aufgrund möglicher Verletzungen oder eigener Unzulänglichkeit sagen, dass Freundschaft zum anderen Geschlecht nichts für sie ist. Es geht mir nicht darum, damit anzugeben, dass ich es geschafft hätte. Es geht mir vielmehr darum, dass ich glaube, dass wir Freundschaft zwischen den Geschlechtern für unsere Gesellschaft wirklich brauchen, sie erlernen müssen. Die Gräben unserer Vorurteile zwischen den Geschlechtern laufen immer noch zu tief. Natürlich kann auch eine liebevolle Beziehung innerhalb einer Partnerschaft und der Familie zur Versöhnung zwischen den Geschlechtern beitragen, aber ich glaube, nicht zwangsläufig. Denn ich kenne Männer wie Frauen, die zwar ihren Partner oder Partnerin lieben, aber das in Abgrenzung und Ausnahme gegenüber dem Rest aller Frauen oder Männer tun.

Ich glaube, wir brauchen mehr positive Freundschaftserfahrungen mit dem anderen Geschlecht, damit sich Vorurteile abbauen.

Ich möchte nicht mit einer pauschal negativ gefärbten Sicht auf Männer durch dieses Leben gehen, da ich merke, wie es mich ängstlicher und misstrauischer macht. Was ich an der Stelle *nicht* brauche, ist der eine Mann, der anders ist, sondern ich brauche heilsame Erfahrungen mit unterschiedlichen Männern.

Wie zum Beispiel mit meinen männlichen Arbeitskollegen, die meine Freunde geworden sind. Oder eben ein Wochenende mit Männern, die einen respektvoll und freundschaftlich Teil eines Junggesellenabschieds sein lassen. Ich möchte Männer als Freunde haben, als Freunde sehen und behandeln. Ich möchte sie verstehen, sie unterstützen, eben eine echte Freundin sein. Wenn ich Single bleibe, möchte ich nicht in allen Männern ständig potenzielle Partner sehen und gleichzeitig nicht nur aus der Distanz Unverständnis hegen. Wenn ich irgendwann in eine Beziehung starte, werden hoffentlich nicht alle anderen Männer zu einer Gefahr.

Ob das schiefgehen kann? Natürlich. Aber ich glaube, dass wir aus Angst die falschen Fragen stellen und die falschen Schlussfolgerungen ziehen.

Ich glaube, dass Freundschaft mit Männern eine Chance ist – dass echte tiefe Freundschaften zwischen Männern und Frauen zu einem versöhnlichen Geschlechtermiteinander beitragen, etwas, was Ehen auf gesellschaftlicher Ebene bislang nicht geschafft haben. Ich glaube, dass jeder Mann und jede Frau Freundschaften mit dem anderen Geschlecht braucht. Weil wir von Freundschaften lernen, an ihnen wachsen und mehr Verständnis entsteht, wenn wir einander wirklich mögen. Ich glaube, dass ich Männer ohne meine Männerfreundschaften weniger mögen, weniger lieben, weniger verstehen würde. Meine Männerfreundschaften dekonstruieren meine Vorurteile, erinnern mich an meine Weiblichkeit und fordern mich in ihrer Andersartigkeit heraus.

Ich glaube, wir müssen lernen, miteinander befreundet zu sein und zu bleiben. In Freiheit und Ehrlichkeit.

Und das können wir nur lernen, wenn wir uns dem auch stellen. Und wir brauchen alle einen guten Umgang mit dem anderen Geschlecht. Einen freundschaftlichen Umgang, der nicht objektiviert, sondern wo ich annehme, dass sie oder er zunächst erst mal ein Mensch ist, den ich respektiere, von dem ich was lernen kann, mit dem vielleicht eine Freundschaft entsteht.

Ich mag dieses Thema, weil es hier keine einfachen Antworten gibt und uns ganz viel Ehrlichkeit abfordert. Entgegen unserem Ideal brauchen Freundschaften keine Gefühlsfreiheit, keine Souveränität oder Perfektion. Wir brauchen dagegen weniger Angst im Umgang miteinander, weniger Angst vor Fehlern, sondern mehr Bereitschaft, zu lernen und zuzuhören. Vielleicht denkst du, dass es sich nicht lohnt. Dass der Aufwand sich nicht rechnet und in der eigenen Lebensphase auch keine Priorität hat.

Ich kann da nur für mich sprechen, aber ich kann und möchte die Freundschaften zu Männern in meinem Leben nicht missen, denn sie eröffnen mir Perspektiven, lassen mich Gott, diese Welt und Menschen auf eine Weise sehen, wie es meine weiblichen Freundinnen nicht können. Ich weiß, dass sie mich etwas kosten werden und nicht immer schmerzlos vonstattengehen. Als Menschen sind wir «gemischte Tüten» – in mir tummeln sich mir bekannte und unbekannte Motive. Die muss ich nicht verstecken, sondern darf sie Stück für Stück entdecken. Und auf diesem Weg dürfen wir geduldig miteinander sein. Ich kann keine Klarheit leben, wo ich selbst keine Klarheit habe. Und darf gleichzeitig selbst in meinem unfertigen Unterwegssein ganz viel Gnade erleben.

Und jetzt?

«Ob es sich trotz allem lohnt?» Absolut, sagt meine Überzeugung. Lasst uns Freundschaft miteinander lernen. Versöhnter, integrer und ehrlicher miteinander sein. Das fordert heraus, fordert mir Verletzlichkeit ab, die ich manchmal müde bin, erneut zu wagen. Doch die Alternative finde ich erschreckend traurig: Hinter Chancen zurückbleiben, weil man Angst vor Fehlern und Verletzung hat. Ich wünsche mir, dass wir lernen, uns selbst und den anderen als die gemischt-motivierten Tüten anzunehmen, die wir sind, und uns gegenseitig herausfordern, unser Verhalten liebevoll korrigieren zu lassen.

DEINE EHRLICHKEIT

- Wie lebst du Freundschaften zum anderen Geschlecht?
- Wie lebt ihr als Paar Freundschaften zum anderen Geschlecht?
- Welche Chancen und welche Risiken siehst du?

- Was möchtest du bewusst ändern?
- Wo bist du nicht ganz ehrlich zu dir selbst? Zu anderen? Hast du da eine Vermutung, der es sich lohnt, mal nachzugehen?
- Wenn du die Beziehung zum anderen Geschlecht als grundsätzlich entspannter siehst – was steckt dahinter?

Kapitel 8

KOLLISIONEN. ODER: WARUM KONFLIKTE IN FREUNDSCHAFTEN NORMAL SIND

Es ist nie falsch, andere Menschen zu lieben. Aber immer geliebt werden zu wollen, ist gefährlich.[53]
—Thomas Härry

ICH NERVE, WEIL ICH BIN

«Puh, das war knapp», bemerke ich erschrocken und kralle mich an dem Griff rechts von mir fest. Meine Freundin hatte gerade den Schulterblick vergessen und musste scharf bremsen, um nicht mit dem Auto auf der linken Spur zu kollidieren.

«Nein, wir müssen da lang», beharre ich vehement, wenn ich den Weg kenne und der Fahrer scheinbar nicht.

«Ist hier die Geschwindigkeitsbegrenzung nicht bei 120?», sage ich und blicke dabei vielsagend auf den Tacho.

Okay, kurz gesagt: Ich bin eine nervige Beifahrerin. Meinen zumindest manche meiner Freunde. Ich empfinde mich eher als hilfreich, denn ich habe nicht nur einen untrüglichen Orientierungssinn, sondern auch meinen Blick stetig mit dir auf der Straße, auf deinem Tankstand und auf deiner Tachoanzeige. Ich mache deinen Schulterblick, wenn du ihn vergisst.

Erstaunlich viele Konflikte in meinen Freundschaften ergeben sich rund um mein Beifahrerdasein!

Ein Freund fühlt sich in seiner Fahrerkompetenz permanent infrage gestellt, wenn ich mich unentspannt festhalte und die rasante Fahrweise kommentiere, weil sie weit über der Geschwindigkeitsbegrenzung liegt. Die andere Freundin ist schlicht genervt von meiner gut gemeinten Voraussicht, sie empfindet sie als Besserwisserei und mangelndes Vertrauen ihr gegenüber. Da hat sie nicht Unrecht, denn dafür brauche ich noch nicht einmal den Straßenverkehr, um über mich sagen zu können, dass ich eine Besserwisserin bin und das Einhalten von Regeln in den meisten Fällen wichtig finde.

Ich lerne als Beifahrerin aber nicht nur viel über mich, sondern auch über meine Freunde. Manche reagieren dankbar und freuen sich über meine Hinweise auf Regeln und über mein Mitdenken, manche reagieren ungeduldig: «Wer fährt hier eigentlich? Du oder ich?»

KOLLIDIEREN IST MENSCHLICH

Ich nerve manchmal einfach, weil ich bin, wie ich bin. Das ist eine gleichermaßen desillusionierende wie befreiende Erkenntnis. Meine Eigenarten führen in Freundschaften mehr oder weniger zu Konflikten, und das nicht nur, weil ich bei manchen Freunden seelenruhig auf dem Beifahrersitz einschlafen kann, während ich bei anderen auch bei einer nächtelangen Fahrt kein Auge zu tun würde. Kollisionen sind allzu menschlich. Sie sind allein aufgrund unserer Unterschiedlichkeiten vorprogrammiert. Das ist kaum vermeidbar, auch wenn es nicht als Entschuldigung dienen kann à la «So bin ich halt».

Als Menschen kollidieren wir, weil wir unterschiedliche Vorstellungen von uns, dem anderen, von Gott und von dieser Welt haben. In unserer Kommunikation ist das Missverständnis die Regel. Ich will beim Beifahren helfen, meine Freunde wollen aber keine Hilfe: «Das meine ich doch ganz anders.» Wir sind einzigartig und wollen gleichzeitig aber auch herrlich unkompliziert sein: «Nee, macht mir nichts!», «Ach, ist doch egal!», «Klar, kein Ding!».

Manche von uns schleifen ihre Ecken und Kanten, ihre Bedürfnisse und Grenzen so ab, dass sie sich möglichst reibungslos einfügen und Konflikte vermeiden. Natürlich kann man beim Autofahren auch einfach still sein und mit den eigenen Gefühlen und Gedanken klarkommen. Manchmal ist das auch weise. Aber nicht immer. Denn in dem Anspruch, keine Konflikte herbeizuführen, müssen wir nicht nur eigene Bedürfnisse zurückstellen, sondern geben auch unsere Einzigartigkeit und Besonderheiten preis.

Ich dachte lange, dass ich Konflikte in meinen Freundschaften vermeiden kann, wenn ich mich «richtig» verhalte. Solange ich mich bedürfnislos und unkompliziert verhalte, mich zurückziehe, wenn es mir nicht gut geht, und nie Nein sage, entsteht doch erst gar kein Konflikt, oder? Ich war häufig stolz darauf, wie harmonisch ich meine Freundschaften hinbekam, und bemerkte nicht, welchen Preis ich dafür zahlte. Mein Bruder nannte mich einmal (scherzhaft) «Harmoniediktator» und fand, dass ich Konflikte gerade durch mein Bestreben, sie zu vermeiden, produzierte. Selbst Vermeidung führt zu Kollisionen.

Vielleicht geht es dir ähnlich wie mir. Wenn es um Konflikte geht, dann gerät dein Inneres in Stress und fühlt sich bedroht. Doch es muss nicht immer gleich die ganz große Krisenkiste sein. In Freundschaften kommt es zu einer Vielzahl an Kollisionen und Reibungspunkten unterschiedlicher Art und Intensität. Das können Meinungsverschiedenheiten, Missverständnisse, Spannungen, unterschiedliche Bedürfnisse und offene Streitigkeiten sein.

Kollisionen an sich sind nicht negativ, sondern zeigen, was in uns steckt. Sie offenbaren unsere Bedürfnisse, Erwartungen, Ängste, die in ihrer Unterschiedlichkeit aufeinandertreffen. Konflikte bringen unsere Freundschaften auf ihrem Weg an eine Art Wegkreuzung, stellen Bisheriges in Frage und können schlimmstenfalls der Anfang vom Ende sein. Müssen sie aber nicht. Ob und wie wir mit den Kollisionen in unseren Freundschaften umgehen, hat mit dem Ausmaß der Kollision zu tun, mit dem Konfliktverhalten der Beteiligten und mit unserer Persönlichkeit, aber auch mit der Bereitschaft, an einem Konflikt zu arbeiten, und mit der Wichtigkeit der jeweiligen Freundschaft. Ganz schön komplex!

Wie bereits gesagt, kommt es nicht mit allen Freunden zu den gleichen Konflikten. Die Eigenschaft, die in der einen Freundschaft für Reibung sorgt, kann in einer anderen unproblematisch bleiben. Ich bin beispielsweise «kein überpünktlicher Mensch» (so nennen sich unpünktliche Menschen), es sei denn, es geht zum Flughafen. Bei Freunden, denen Pünktlichkeit wichtig ist, fällt das auf und kann zu Verstimmungen führen. Mit Freunden, die noch größere Zuspätkommer sind als ich, passiert das nicht.

Wir unterscheiden uns aber nicht nur darin, was warum zum Konflikt führt, sondern auch darin, wie wir uns bei einer Kollision verhalten. Das haben wir jeweils aus unserer Familie übernommen.

- **Wurden bei euch früher daheim Konflikte offen ausgesprochen oder verschwiegen?**
- **Wurde gestritten oder verdrängt?**

Unsere Prägung, Erfahrung und Persönlichkeit formen unser Konfliktverhalten. Manche von uns fürchten Konflikte, manche von uns provozieren sie eher. Manche Menschen sprechen an, was sie fühlen, was sie stört und was ihnen an dir gerade auffällt. Andere Menschen verschweigen ihre Gefühle, entweder bewusst oder weil sie nicht gelernt haben, sie wahrzunehmen oder zu äußern. Manche von uns fürchten sich vor Konflikten in Beziehungen, für andere gehören sie dazu.

Bei mir stellte ich irgendwann fest, dass ich eigentlich eher Angst vor einer möglichen Kollision als vor der Konfliktsituation an sich habe. Ich bin von Haus aus eine klassische Vermeiderin und musste als Erwachsene von Grund auf neu lernen, das Gute an Kontroversen zu sehen. Ich lerne auch: Je besser ich mich selbst kenne und meine Probleme benenne, desto sprachfähiger bin ich im Konflikt. Und je enger die Beziehung, desto eher werde ich mich dem Konflikt stellen.

Ich denke, dass die wenigsten Menschen bewusst den Konflikt suchen, denn in der Regel fühlt sich das nicht gut an.

In diesem Kapitel geht um ein paar Kollisionen, die ich in Freundschaften erlebe, ohne dass die Liste eine vollständige Übersicht über alle Konfliktfälle wäre, die es zwischen Freunden geben kann, denn tatsächlich sind Kollisionen so individuell wie Freundschaften. Doch die verborgenen Themen hinter dem Augenscheinlichen und die Fragen, die wir uns in den Kollisionen stellen und auch die Art und Weise, wie wir durch unsere Konflikte navigieren, sind in fast allen Freundschaften ähnlich.

Kollisionen sind unvermeidbar, und ich halte das für einen Vorteil, weil Konflikte verkappte Chancen sind. Trotzdem tun uns Streitigkeiten auch weh. Über diesen Schmerz möchte ich sprechen, und warum ich finde, dass wir ihn nicht vermeiden sollten.

VERÄNDERUNG ALS GRUNDKOLLISION

Als wir uns kennenlernten, studierten wir an der gleichen Hochschule, waren im selben Alter und kamen sogar aus der ähnlichen Gegend. Wir wurden Freunde aufgrund unserer Gemeinsamkeiten, den Umständen und Sympathie. Das ist die Ausgangsbasis vieler Freundschaften. Man ist auf derselben Wellenlänge, in der gleichen Lebensphase und empfindet Zuneigung füreinander. Doch was ist, wenn eins davon wegbricht? Wenn wir uns verändern in einem, in zwei oder drei dieser Bereiche?

Klar ist, *dass* wir uns verändern. Und wenn wir uns verändern, verändern sich auch unsere Freundschaften. Manche mehr, manche weniger. Doch sie verändern sich ständig. Wenn viel Zeit vergeht, ohne dass wir kommunizieren, entfremden wir uns. Wenn unsere Lebensphasen sich verändern, verändern sich die Rahmenbedingungen unserer Freundschaft. Sie verändern sich durch persönliche Entwicklungen, Werteverschiebungen und Grundsatzentscheidungen.

Die meisten Kollisionen in unseren Freundschaften entstehen aufgrund von Veränderungen und Prozessen im Unbewussten, viel weniger aufgrund plötzlicher Streitfälle, die vom Himmel fallen. Auch wenn es eine Binsenweisheit ist, irritiert es uns, dass Freundschaften nicht gleichbleiben. Wir starten in unseren Freundschaften mit einem inneren «Vertrag»: So bist du, so bin ich, so ist das Wir. Sobald sich eine Komponente verändert, muss dieser «innere Vertrag» neu ausgehandelt werden.

Freundschaft ist ein ständiges Ausloten von Spannungsfeldern, Gemeinsamkeiten und Unterschieden – ein Tanz zwischen dir und mir – selbst wenn uns das nicht immer bewusst ist. Sprich, jedes Ungleichgewicht, jede Veränderung birgt Konfliktpotenzial. Der Mangel an Aufmerksamkeit gegenüber gegenseitiger Anerkennung, ein Verheddern unserer Bedürfnisse und Erwartungen, Nähe- und Distanzprobleme oder auch fehlende Kommunikation und Missverständnisse führen zu Kollisionen.

Auch wenn ich Veränderungen als Gründe für Kollision bezeichne, bedeutet das nicht, dass sie negativ empfunden werden, noch zwangsläufig schaden oder sogar zum Ende der Freundschaft führen müssen. Sie sind zunächst einmal eben Weggabelungen. Ein An- und Innehalten, ein nach dem Weg schauen – wohin will ich, wohin du, und wie können und wollen wir weitergehen?

Positiv könnte man über Kollisionen sagen, dass sie immer eine Chance sind, sich selbst und den anderen besser kennenzulernen. Gut überstanden, können sie in einer Freundschaft zu größerer Freiheit und tieferer Verbundenheit führen. Jede Krise birgt auch immer Möglichkeiten für beide, sich zu hinterfragen und neu zu orientieren.

Der ZDF-Moderator Jo Schück schreibt: «Ein gesundes Maß an Infragestellung der Motive für eine Freundschaft ist gleichsam der Garant für ihren Fortbestand.»[54]

Ein gesundes Maß an Infragestellung als Garant. Wahrnehmen, hinschauen, ansprechen. Wenn wir unsere Veränderungen nicht sichtbar machen, machen sie sich irgendwann sichtbar.

ICH HABE MICH VERÄNDERT

«Hä, früher warst du gar nicht so.» Das stimmt, ich habe mich verändert, aber irgendwie nervt es mich, dass du es kommentierst. Ich fühle mich, als hättest du den Satz, den du mir immer auf die Geburtstagskarte schreibst, viel zu ernst gemeint: «Bleib, wie du bist.» Doch wer tut das schon? Wer bleibt denn schon, wie er oder sie ist?

Ich bin anders als vor fünf Jahren, ganz anders als vor zehn oder fünfzehn Jahren, und ich will keine Garantie dafür abgeben, dass ich bleibe, wie ich heute bin. Persönliche Veränderungen können ein Konfliktfeld sein, wenn wir persönliche Entwicklungen bei einem Freund nicht mitkriegen oder nicht nachvollziehen können. Wir fühlen uns abgehängt, entfremdet und vielleicht sogar hintergangen. Solche Brüche und Umbrüche fordern uns heraus und lassen sich manchmal schwer aushalten. Dabei kommt es nun darauf an, welche Ebene von der Veränderung betroffen ist: Wenn mir jemand immer noch Haselnussschokolade zum Geburtstag schenkt, weil ich die in der Kindheit so mochte, obwohl ich vor Jahren eine Haselnussallergie entwickelt habe, dann ist das was ganz anderes, als wenn ich die Religion wechsele oder wir feststellen, dass unsere Weltbilder auseinandergedriftet sind.

Die Frage, die wir hier brauchen, ist: Kann ich neue Informationen in die Freundschaft integrieren und mit einem vielfältigeren Bild weiterleben, oder bewirkt die Veränderung etwas, was wir nicht mehr überwinden oder überbrücken können?

Ich sprach mit einem Freund darüber, wie einer seiner besten Freunde seit ein paar Jahren zunehmend Verschwörungstheorien aufsitzt und meint, einem Geheimwissen über dieses Weltgeschehen auf der Spur zu sein. Die

Begegnungen und Gespräche wurden anstrengender. Am Anfang belächelte er ihn innerlich, jetzt nimmt es zu viel Raum ein. Er weiß nicht, ob ihre Freundschaft das langfristig überlebt, wenn das für seinen Freund bleibend eine solch hohe Priorität einnimmt. Wie in Kapitel 6 beschrieben, halte ich Freundschaften zu Menschen mit anderen Perspektiven für wertvoll, bereichernd und hilfreich, um in einer pluralistischen Welt lernbereit zu bleiben. Doch das hat seine Grenzen, und es wäre falsch, so zu tun, als wären wir für alles offen. Egal wie sehr Menschen von sich denken, «offen für alles» zu sein, sie sind es doch nicht unendlich. Wir alle haben in unserer Offenheit Grenzen, spüren irgendwann Abneigungen, es gibt für jeden absolute No-Gos. Kein Mensch ist für alles offen, und es wäre auch nicht gut, wenn wir es wären, denn offen für alles heißt auch: für nichts zu stehen.[55]

Ich merke, dass wir uns in unserer Generation schnell in unserer Zugehörigkeit und Legitimation angegriffen fühlen. Wir suchen in unseren «Bubbles» oder Resonanzräumen ständig nach Zustimmung und hören auf, unseren Freunden in Meinungsverschiedenheiten das Beste zu unterstellen. Wir machen hinter der anderen Meinung ein «für uns» oder «gegen uns» aus, als wäre jedes Thema ein persönliches.

Ich finde es hilfreich, wie Alan Jacobs die Begriffe *likehearted* (dt. «eines Herzens sein») und *likeminded* (dt. «gleich gesinnt») gebraucht.[56] Gleichzeitig eines Herzens und einer Gesinnung zu sein, muss nicht zwangsläufig zusammenkommen, um Vertrauen ineinander zu haben. Wir können unterschiedlicher Meinung sein, aber können in unserer Herzenshaltung weiterhin miteinander unterwegs bleiben.

Es handelt sich dabei um das Finden der entscheidenden Gemeinsamkeit, ein Vertrauen, miteinander im Gespräch zu bleiben, eine innere Verpflichtung, den anderen anzuhören und ihn oder sie verstehen zu wollen. Die Verbindung wird nicht von jeder Meinungsverschiedenheit unterbrochen und die Freundschaft nicht sofort grundsätzlich infrage gestellt. Lernen wir, solche Ambiguitäten auszuhalten?

- **Mit welchen Freunden fällt es dir gerade schwer, verbunden zu bleiben, weil ihr unterschiedlicher Meinung seid?**

Der Philosophieprofessor Andreas Urs Sommer findet dafür prägnante Worte: «Wer heute die Gesinnung zu dem erklärt, worauf es einzig ankomme, lechzt nach Eindeutigkeit in einer uneindeutigen Welt.»[57] Die Erwartung, dass Freunde in allem meiner Meinung sein oder die Welt durch meine Augen sehen müssen, kann nur enttäuscht werden. Doch wenn wir miteinander unterwegs bleiben und einander eine aufrichtige Herzenshaltung unterstellen, dann können wir im Gespräch bleiben.

In der Pandemie gab es Themen, da war ich auch mit engen Freunden teilweise nicht einer Meinung. Bei manchen ließ sich das Thema ausklammern. Mit zwei Freundinnen habe ich offen über Unterschiede in unseren Ansichten gesprochen, Hoffnungen und Ängste ausgetauscht und Akzeptanz zugesprochen. Wir erkannten an, dass wir einander nicht umstimmen können und die Sorge bzw. Sorglosigkeit der anderen jeweils nicht spürten. Wir entschieden uns, dass wir im Austausch bleiben und einander Gutes unterstellen wollen. Dass wir im Herzen *füreinander* sind, beide Gutes wollen, auch wenn sich unsere Weltbilder unterschieden.

Mir half es sehr, darüber zu sprechen, denn, wenn wir nicht darüber sprechen, formen sich Gedanken in unserem

Kopf – losgelöst vom Austausch – und bilden Gebäude der Unterstellung. Wir müssen in Freundschaften einander zugestehen, dass jeder und jede sich verändert. Ich möchte die Freiheit haben, mich zu verändern und auch meinen Freunden diese Freiheit zugestehen, selbst wenn ich die Veränderungen vielleicht nicht mag und nicht beeinflussen kann.

Die Devise lautet dabei: Neugier statt Angst. Wenn mir Veränderung Angst macht, lohnt es sich, näher hinzuschauen, warum es mir Sicherheit gibt, wenn alles immer so bleibt, wie es ist. Wir haben oft Angst vor dem, was wir nicht kennen, was uns fremd scheint. Wir haben Angst davor, uns zu entfremden. Uns auseinanderzuleben und es nicht zu schaffen, darüber ins Gespräch zu kommen.

Ich möchte mich und dich ermutigen, dass wir diesen Veränderungen mit Neugier begegnen. Offene Fragen stellen, weniger beiläufig kommentieren oder Dinge unterstellen. Neugierde statt Angst. Faszination anstelle von vorschnellen Schlussfolgerungen. In ihrer Freiheit stehen Freunde mir gegenüber nicht in einer Erklärungspflicht, sie unterliegen keinem Mitteilungszwang, dass sie sich verändert haben. Es ist auch Freiheit, dem anderen zuzugestehen, dass er oder sie sich verändern darf. Mit dieser Haltung kommuniziere ich proaktiv Sicherheit, die es einer Person leichter machen wird, sich mir mit ihren Entscheidungen anzuvertrauen.

- **Hast du Freundschaften, die es aushalten, dass du dich grundlegend veränderst?**
- **Wie gehst du damit um, wenn Freunde etwas anderes wählen, glauben oder Entscheidungen treffen, die du fragwürdig findest?**

Ich suche in solchen Fällen gerne nach der Gemeinsamkeit, dem ursprünglichen Grund unserer Freundschaft. Ehrlich gesagt gelingt mir das bei manchen Personen mehr und bei anderen weniger. Solche Lernprozesse sind heilsam, aber nie schmerzfrei. Doch wenn es gelingt, dann ist es eine Bereicherung. Veränderung kann uns Angst machen oder neugierig werden lassen: Wer werden wir sein? Was werden wir lernen?

Ich denke mit Dankbarkeit an Freundschaften, in denen beide sich sehr verändert haben, wir uns aber entschieden, im Gespräch zu bleiben. Wir stellten offene Fragen und waren offen dafür, dass uns die Antwort fremd sein könnte. Diese Neugier am anderen ist etwas Kostbares und kann – neben der Zuneigung füreinander – eine neue innere Vereinbarung werden, die frühere Gemeinsamkeiten ablöst.

KLASSISCHE KOLLISIONEN

Insgesamt ist der Versuch, «im Gespräch zu bleiben», ein gutes Prinzip. Neben unseren Unterschiedlichkeiten und Veränderungen gibt es ein paar Aspekte, die ich in meiner Umgebung als weitverbreitete, daher «klassische Kollisionen», wahrnehme.

Unterschiedliche Erwartungen

«Warum antwortest du nicht einfach direkt auf deine Nachrichten?», fragte sie mich. Ich, stets überfordert mit dem Hinterherkommen bei meinen Nachrichten, spürte Ärger in mir hochkriechen. Was ich hörte, war ein Vorwurf. Ich spürte eine Erwartung, die ich regelmäßig enttäusche und die mich unter Druck setzt. Mein Antwortverhalten ist in manchen Freundschaften ein kritischer Punkt und macht deutlich, dass wir unterschiedliche Erwartungen aneinander haben. Sie meldet sich tatsächlich immer binnen kürzester Zeit zurück und hält das für normal, während ich länger brauche und keine Schwierigkeit damit habe, dass Freunde ebenfalls lange für ihre Antworten brauchen. Ich fühle mich unter Druck gesetzt, weil indirekt kommuniziert wird, sie fühle sich nicht wertgeschätzt, weil ich ihre Erwartung enttäusche.

Die Unterschiedlichkeit in unseren Erwartungen ist ein großes Konfliktfeld. Denn während ich für meine Freundin auf jeden Fall da sein möchte, ist ihre Erwartung an unsere Schreib-Frequenz für mich nicht machbar.

Manche Erwartungen, denen wir begegnen, werden ausgesprochen, manche hängen unausgesprochen im Raum. Der Theologe Thomas Härry hat in seinem Buch «Die Kunst des reifen Handelns» ein ganzes Kapitel[58] dazu geschrieben, was bei Erwartungen für die Unterscheidung wichtig ist: Er nennt Erwartungen, für die es gute Gründe gibt, auf sie einzugehen, weil sie unseren Aufgaben, Verantwortungen, Absprachen und Werten entsprechen. Dann gäbe es aber auch Erwartungen, die wir enttäuschen sollten, weil sie uns zum Spielball der Vorstellung des anderen machen oder sogar unreifes Verhalten anderer verstärken. Härry fordert dazu heraus, zu unterscheiden zwischen klar kommunizierten und nur gespürten Erwartungen, da letztere eher mit uns und weniger mit dem anderen zu tun haben. Er ermutigt auch, selbst anzuschauen, was unsere Motivation ist, einer Erwartung entsprechen zu wollen. Er schreibt: «Manchmal helfen wir einem Menschen dann am meisten, wenn wir ihn enttäuschen. Wenn wir ihm nicht ständig nach dem Mund reden, ihm nicht jeden Wunsch erfüllen, nicht alles abnicken und uns nicht jeden Widerstand verkneifen. Ehrlichkeit, Konfrontation und Herausforderung sind in der Bibel Kennzeichen der Freundschaft.»[59]

Wir werden also nicht vermeiden können, andere Menschen zu enttäuschen, und aus den richtigen Gründen ist eine Enttäuschung auch kein Vergehen, trotzdem sie schmerzhaft ist. Es gibt in Freundschaften angemessene und unangemessene Erwartungen: Angemessenen Erwartungen können und wollen wir in der Regel entsprechen. Meine Freunde können und dürfen damit rechnen, dass ich für sie da sein möchte. Doch wenn sie erwarten, dass das immer so aussieht, wie sie es sich gerade wünschen oder vorstellen, überschreiten sie eine Grenze. Freundschaft nimmt es dir nicht ab, dich verantwortungsvoll zu verhalten, reif zu handeln und Grenzen einzuhalten.

Manche von uns lassen zu viel mit sich machen, andere sagen zu häufig Nein. Ich möchte grundsätzlich eine sehr großzügige Freundin sein und kommuniziere, dass meine Freunde immer herzlich willkommen sind, ihre Nöte von mir gehört werden und ich sie auch nachts irgendwo abholen würde, insofern sie mich denn nachts erreichen.

Gleichzeitig kann und will ich nicht auf alle Bedürfnisse eingehen und enttäusche auch Erwartungen. Freundschaft ist keine Dienstleistung.

Für die Kommunikation der Erwartungen sind beide Seiten je selbst zuständig. Wir müssen lernen, über unsere Erwartungen zu sprechen, gerade weil wir sie als so selbstverständlich empfinden. Wir fühlen uns dann verletzt oder enttäuscht, ohne dass die andere Person darum wissen kann.

- Welche Erwartungen hast du an deine Freunde?
- Wie gehst du damit um, wenn sie dich enttäuschen?

Ich lerne in den letzten Jahren, dass es leichter ist, wenn man schon über Erwartungen gesprochen hat, *bevor* eine Enttäuschung überhaupt zum Auslöser fürs Gespräch wird. Das fühlt sich vielleicht manchmal künstlich an, aber verhindert, dass man das Gespräch zum ersten Mal im Konflikt führen muss, wo man dem anderen gegenüber allgemein missgünstiger entgegenblickt als bei einem neutralen Ausgangspunkt. Missgunst entsteht aber nicht nur aufgrund von enttäuschten Erwartungen, sondern kann auch durch Neid oder Vergleichen entstehen.

Neid und Vergleichen

Es kostet viel Mut, sich selbst und anderen gegenüber einzugestehen, dass man Neid empfindet. Dass sich der Blick auf etwas festgesetzt hat, was andere haben und ich nicht. In diesem eingeschränkten Blick gärt Unzufriedenheit und entwickelt sich zu einer Brille, durch die ich die Welt oder eben meine Freundschaft sehe. Wir sind umgeben von einer Menge begabter Menschen in unserem Alltag und sehen ausgewählte Glanzmomente krasser Menschen auf Social Media, neben denen man sich nur klein fühlen kann. Ich habe Freunde, die sehr schön sind, Freunde mit bewundernswerten Ehen, großartigen Ideen oder viel Geld. Und manche haben sogar alles zusammen.

Für mich ist es keine hilfreiche Strategie, bei solch beeindruckenden Menschen das Haar in der Suppe zu suchen, um mich dann besser zu fühlen (obwohl man tatsächlich nie weiß, wie es in anderen Bereichen auch noch aussieht). Mir hilft es, wenn ich mit meinem eigenen Leben versöhnt bin und mich nicht mit meinen Freunden vergleiche. Ich bin dankbar für viele Dinge in meinem Leben – meine Aufgaben,

Beziehungen und Gaben, die Gott mir anvertraut hat. Und der Blick auf den Lichtkegel über meinem Leben bringt Weite.

Mir hilft es auch, dankbar für die guten Dinge im Leben meiner Freunde zu sein: *Danke, Gott, dass er so eine großartige, unkomplizierte Ehe hat. Danke, Gott, dass sie mit ihrer Stimme dieser Welt einen schönen Klang verleiht. Danke, Gott, dass sie so süße Kinder haben.*

Zufriedenheit ist kein Kuchen, der weniger wird, wenn andere etwas haben, was ich nicht habe. Ich kann mich mit anderen freuen, auch wenn ich das nicht habe, was sie haben.

In meinem engsten Freundeskreis tummeln sich Frauen, die stark ausgeprägte Gaben haben. Wir kennen uns aus dem Theologiestudium und sind miteinander und nebeneinander in unsere Berufung hineingewachsen. Ich weiß es von Herzen zu schätzen, wie viel Freude wir in unserem Freundeskreis über die Erfolge und Höhen der anderen teilen und sie bewusst feiern. Besondere Höhen bei einer von uns? – Wir öffnen definitiv eine Flasche Sekt, obwohl den keine von uns gerne trinkt. Harte Zeiten? – Wir leiden mit. Wir lernen miteinander, dass man durch Erfolge der anderen nicht in den Schatten gestellt wird, sondern Teil des Erfolgs wird, wenn man die Freude teilt.

Der Weg dahin ist keine leichte Geschichte, denn die Vergleichsflächen sind immer nur einen Blick entfernt. Ich bin unfassbar stolz auf die Gaben meiner Freundinnen und begeistert von dem, was sie können, haben und wissen. Um unserer Freundschaft und der Freude willen möchte ich mich immer grundsätzlich *gegen* Neid und das Vergleichen entscheiden, denn für Freundschaften sind sie Gift.

Muss man Neid ansprechen?

So pauschal lässt sich das nicht beantworten, denn grundsätzlich «darf» man alles ansprechen, aber meiner Erfahrung nach ist es nicht immer hilfreich. Von meinem

Neid weiß die andere Person nicht unbedingt, und sie ist auch nicht dafür verantwortlich. Neid ist Ausdruck *meines* Herzens, und die erste Frage sollte nach innen gehen und nicht die Verantwortung nach außen verlagern. Für meinen Neid bin ich verantwortlich.

Andererseits können es manchmal herrlich entlarvende Momente sein, wenn wir in unserem Vergleichen ehrlich werden. Unsere innere Engführung wird vielleicht sogar durch die Perspektive des anderen erweitert:

«Oh Mann, du kannst echt so gut vor Menschen reden, ich trau mich das gar nicht.»

«Du hast dafür unter vier Augen die viel größere Ausdauer, und jetzt?»

Und jetzt? Es ist normal, dass wir fürchten, zu kurz zu kommen, übersehen und von Freunden in den Schatten gestellt zu werden. Doch statt unser Verhalten von den Gefühlen leiten zu lassen, lass uns hinter unserem Neid und Vergleichen die wahren Sehnsüchte unserer Seele entdecken. Beim Vergleichen vergessen wir, was wir haben, wissen und sind. Wenn wir hinschauen, was sich hinter dem Neid verbirgt, dann stoßen wir darauf, was uns wichtig ist und was uns fehlt, und können dem nachgehen, ohne uns an dem Leben unserer Freunde abzuarbeiten.

Cliquendynamik

Nicht für alle Freundschaften gilt das Motto: «The more, the merrier», obwohl ich selbst ein Gruppenmensch bin. Dynamiken in Freundeskreisen können die Zweierfreundschaft bereichern oder herausfordern.

Ich liebe den Horizont, den C. S. Lewis im Hinblick auf Freundschaften in Gruppen aufmacht.[60] Er sagt, dass unterschiedliche Menschen andere Seiten in uns zum Klingen bringen. Ich schaue auf die Vielfalt meiner Freundschaften und stimme ihm zu. Ich bin nicht in allen Freundschaften gleich – meine Freundschaften zu Freundin A, B und C unterscheiden sich. In einem Freundeskreis, in dem A, B, C und ich zusammenkommen, kann das natürlich kollidieren, macht uns aber reicher und komplexer. Unsere Rollen verschieben sich, wir fühlen uns vielleicht in Gruppen weniger wohl als zu zweit, sind möglicherweise auch verunsichert von manchen Dynamiken und fühlen uns in der eigenen Rolle wenig wahrgenommen.

Vielleicht mag man aber die Clique mehr als die Zweierbeziehung, ist mehr ein Gruppenmensch als ein Zweisamkeitstyp. Wie schon in anderen Bereichen geschildert, hilft es auch hier, dass man sich zunächst fragt, was hinter der Oberfläche liegt. Ist es Neid, ist es Angst vor dem Ausgeschlossen-Werden oder etwas ganz anderes? Vielleicht hast du den Gedanken auch schon einmal gehabt: «Wenn B nicht wäre, hätte ich mehr von A.»

Ich erinnere mich an meine frühen Teeniejahre, wo in meiner Clique alle um die Freundschaft mit einem Mädchen konkurrierten. Als sie mich einer anderen vorzog, gab es große Enttäuschungen, so weit, dass wir manchmal verheimlichten, dass wir uns zu zweit trafen. Rückblickend schmunzeln wir vielleicht über solche Geschichten, doch sie sind auch in Erwachsenen-Freundschaften nicht weit weg. Wir haben Angst, zu kurz zu kommen, nicht so wichtig und bedeutsam wie andere Freunde zu sein oder keinen bereichernden Beitrag zu leisten. C. S. Lewis schreibt, dass wir beim Verlust eines weiteren Freundes vom anderen nicht mehr haben, sondern weniger. Wenn B stirbt, dann habe ich nicht mehr von A. Ich habe weniger, denn das, was B in A hervorbrachte, wird fehlen.[61]

Dahinter steckt eine große Freiheit für Freundschaften. Ich kann also in einer Freundschaft nicht mehr gewinnen, wenn ich sie nur für mich haben will. Die Freiheit, dass A neben mir noch B und C hat, möchte ich als Mehrwert und nicht als Zurückweisung erleben. Denn natürlich bringe auch ich etwas in A hervor, was einzigartig ist und mir niemand nimmt. Keine tiefe Freundschaft ist einfach so zu ersetzen oder zu kopieren. Das darf uns selbstbewusst in unseren Freundschaften sein lassen und uns ermutigen, diese Vielfalt zu gestalten. Herausfordernd wird es in Gruppen vor allen dann, wenn man merkt, dass sich ungute Dynamiken einschleichen. Der Eindruck wächst, dass A und B einander nicht guttun, die Gruppe sprengen oder jemanden bewusst ausschließen. In guten Freundschaften kann man so etwas ansprechen – und ja, so ein Ansprechen will gelernt sein. Muss gelernt werden.

WIE SPRECHE ICH ETWAS AN?

Ehrlich gesagt, bin ich darin kein Profi. Ich vermeide ein klärendes Gespräch lieber und ziehe mich zurück. Ich tue eher so, als sei nichts gewesen, als dass ich etwas zeitnah anspreche.

Ich bin gut darin, etwas abzutun, und finde es eher albern, «immer alles anzusprechen». Wenn ich dann etwas anspreche, ist die Ernsthaftigkeit dahinter manchmal zu stark, weil es mich so viel Überwindung gekostet hat, oder ich brauche sehr lange, bis ich es anspreche. Das frustriert meine Freunde und es leuchtet mir auch ein, dass es uncool ist. Es ist sogar etwas, was mich selbst zutiefst stresst, wenn Freunde nach Monaten mit Zeug rausrücken, was man zeitnaher sehr viel leichter hätte aus dem Weg räumen können. Bleibendes Lernfeld also. Ich möchte zwei

Dinge mit euch teilen, die ich in den letzten Jahren gelernt habe und die mir beim Ansprechen hilfreich erscheinen. Weil sie aus dem Englischen kommen und auf Deutsch nur halb so cool klingen, behalte ich sie im Original bei: *Give it a day* (dt. «Warte einen Tag») und *The Story I'm telling myself* (dt. «Aus meiner Perspektive würde ich es so darstellen»).

Give it a day[62]

Ich bin nicht gut darin, etwas sofort anzusprechen, weil es meistens etwas länger dauert, bis ich meine Gefühle wahrnehme. Es gibt Menschen, die sprechen alles an, oder zumindest früher als ich. Ich habe eine Freundin, da fürchte ich schnell, etwas falsch zu machen, weil ich weiß, dass sie es mir definitiv sofort sagen wird. Es gibt aber auch Menschen, die sprechen gar nichts an.

Tendenziell habe ich in der Vergangenheit manchmal zu lange gewartet, bis ich etwas zur Sprache bringe. Wenn ich mich über eine Freundin oder einen Freund ärgere, dann gilt für mich mittlerweile die Regel: *Give it a day*. Ich glaube, dass es normal ist, dass einen manchmal etwas nervt, man einen Kommentar blöd findet oder irgendetwas nicht nachvollziehen kann. Das kann verschiedene Gründe haben, und nicht alle sind es wert, dass man sie anspricht. Ich merke, dass sich vieles nach einer Nacht Schlaf und einem *Self-Check*, was gerade mit mir los ist, einfach auflöst. Wenn wir müde, hungrig und gestresst sind, sagen wir manchmal Dinge, die wir später gerne zurücknehmen würden. Wir hören Dinge auch anders, wenn wir müde, hungrig oder gestresst sind. Ich merke, dass vieles, was mich in meinen Beziehungen nervt, stresst und verunsichert, am nächsten Tag weg ist oder sich relativiert hat.

Wenn ich merke, dass etwas länger als zwei Tage an mir nagt, dann liegt der Grund meistens tiefer, und es ist für meine Freundschaft gut, es anzusprechen. Vielleicht ist *Give it a day* auch etwas, was für dich hilfreich ist? Entweder, weil du Dinge immer sofort klären willst und ein bisschen Geduld helfen würde, Prioritäten zu sortieren. Vielleicht neigst du aber auch zum Aufschieben und *Give it a day* markiert die Grenze, das, was an dir knabbert, anzusprechen. Fürs Ansprechen selbst hält meine Heldin Brené Brown so einiges an Weisheiten bereit:

The story I'm telling myself.[63]

«Wir müssen reden.» Ich krieg Schweißausbrüche, wenn mir Freunde diese Worte schreiben. Noch bevor ich andere Optionen in Betracht ziehe, entsteht in meinem Kopf der Gedanke, dass ich etwas falsch gemacht haben muss.

Wenn man mir ohne Ankündigung etwas an den Kopf knallt, finde ich das nicht wesentlich besser. Bist du eher jemand, dem eine Ankündigung zu einem klärenden Gespräch hilft, oder der lieber direkt damit konfrontiert wird? Meine engsten Freunde wissen über mich, dass ich bei einem «Wir müssen reden» in Stress gerate. Ein bisschen mehr Kontext hilft da schon, zum Beispiel: «Hey, ich fand's heute mit dir irgendwie angespannt, können wir da morgen drüber reden?» Das hilft, die Tragweite einzuordnen.

Ich habe eine sehr gute Freundin, die das gut kann: «Hey Franzi, ich würde dir gerne etwas spiegeln, darf ich das und wenn ja, wann würde es dir passen?» Das gibt mir die Freiheit, das Wann und Wie eines solchen Gesprächs mitzubestimmen, was für meinen Alltag sehr entlastend ist. Ein Freund von mir sagt mittlerweile noch dazu: «Ist auch nichts Schlimmes», weil er weiß, dass ich mir sonst im Vorfeld zu viele stressige Gedanken mache. Ich bin sehr dankbar für Freunde, die auf mich eingehen und von denen ich selbst lernen durfte, wie ich Konflikte und Irritationen ansprechen kann.

Gleichzeitig bin ich auch beschämt darüber, dass ich Leute manchmal zwischen Tür und Angel mit Konflikten konfrontiert und überfordert habe. Wenn ich versuche, so lange wie möglich nichts zu sagen, in der Hoffnung, dass der Konflikt von selbst verschwindet, dann bringe ich manchmal nicht die Klarheit und Geduld auf, es vorsichtig zu sagen, sondern platze damit heraus, wenn es nicht mehr auszuhalten ist. Das ist unfair und ein Feld, in dem ich wachsen will.

Für Freundschaften ist das eine großartige Frage, wenn man sie in einem ruhigen Moment stellt: «Welche Gefühle löst es bei dir aus, wenn ich sage: Wir müssen reden?» Oder: «Hilft dir eine Ankündigung im Vorfeld oder ist es besser, wenn ich es direkt sage?»

Vielleicht weißt du gewisse Dinge gar nicht über dich. Wir finden manches erst raus, wenn wir es ausprobieren. Und vielleicht dachtest du, dass eine Ankündigung dir hilft, und du merkst dann, dass du es doch stressiger empfindest, als du dachtest. Das hat eben auch damit zu tun, dass wir uns verändern und dass es in verschiedenen Freundschaften auch unterschiedlich sein kann. Mit manchen Freunden funktioniert das Direkte sehr gut, bei anderen ist das Herantasten sehr viel besser. Ich habe einen Freund, der sich ziemlich veräppelt vorkäme, wenn ich ganz vorsichtig fragen würde, ob wir denn mal reden könnten und wann es ihm passen würde. Ich sehe sein Augenrollen buchstäblich vor mir: «Ach, Franzi, sag's doch einfach.»

Ich habe aber auch eine Freundin, die sehr empfindlich auf Kritik reagiert, sodass ich Dinge maximal indirekt verpacke in der Hoffnung, dass sie das herausliest, was ich anmerken will. Das ist nicht zwangsläufig besser oder schlechter. Wir haben selbst kein einheitliches Konfliktverhalten und daher auch keinen einheitlichen Umgang in Bezug auf das Verhalten anderer.

Persönlich hat mir der Rat von Brené Brown eine Brücke gebaut. Sie spricht von *The story I'm telling myself*, was ich übersetze mit: «Aus meiner Perspektive erzählt sich die Geschichte so ...». In der Annahme, dass meine Freunde sich mir gegenüber liebevoll verhalten wollen, hilft mir diese Ausdrucksweise, meine Verletzung oder das Konfliktgefühl zur Sprache zu bringen, ohne angriffig zu werden: «Aus meiner Perspektive sieht es so aus, dass du dich zurückgezogen hast, weil ich gesagt habe, dass ich mehr Abstand brauche.» Meine Freunde haben die Chance, auf das von mir Gesagte einzugehen und ihre Version der Geschichte zu erzählen. Das eröffnet möglicherweise schon viel Raum und Verständnis dafür, dass wir in unseren Bedürfnissen aneinander vorbei agiert haben. Das Problem ist häufig gar nicht, dass ich die Bedürfnisse des anderen nicht kenne, sondern dass ich mir meiner eigenen nicht bewusst bin. Wir können immer nur bei uns anfangen, für uns selbst Verantwortung übernehmen und das ins Gespräch mit dem anderen einbringen.

EINANDER GUTES UNTERSTELLEN

In meinem Gemeindepraktikum in den USA war ich beeindruckt von dem transparenten Miteinander im Team und fragte meine Mentorin, was ihr Geheimnis sei. «Zwei Dinge», sagte sie: «Wir unterstellen einander Gutes und sind schnell bereit zu vergeben.» Ich nahm mir das nicht nur für meinen Arbeitskontext, sondern auch für meine Freundschaften zu Herzen. Gutes unterstellen und Bereitsein zu vergeben.

Häufig sind Konflikte in unseren Freundschaften Schlussfolgerungen aus unseren Annahmen, den Attributen, die wir unseren Freunden im Konflikt zuordnen. In der Psychologie spricht man von sogenannten «Attributionstheorien». Damit sind unsere Erklärungen gemeint, mit denen wir das Verhalten anderer Menschen interpretieren.

Angenommen, eine Freundin vergisst, dass wir zusammen ins Kino wollten, und ich warte vergeblich auf sie in der Kälte. Nun gibt es verschiedene Weisen, darüber zu denken und daraus Schlussfolgerungen zu ziehen.

A: «Immer vergisst sie unsere Treffen, ich bin ihr scheinbar nicht wichtig genug.»

B: «Ihr ist sicher was Wichtiges dazwischengekommen, sie hat bestimmt einen guten Grund.»

Natürlich hängt unsere Schlussfolgerung auch mit unserer Erfahrung zusammen, aber der Unterschied hier ist, *wo* wir den Grund für das Handeln suchen: «Ich bin ihr nicht wichtig» findet die Erklärung bei sich selbst, im Inneren, das ist die sogenannte «interne Attribution». «Es hat sicher einen guten Grund» findet die Erklärung im Außen, was auch «externe Attribution» genannt wird.

Menschen, die bei einem negativen Erleben mehr Gründe im Außen annehmen, erleben die Situation weniger als Konflikt als diejenigen, die das negative Erleben auf sich persönlich beziehen. Im Falle eines positiven Erlebens ist es genau umgekehrt: Gelungene Beziehungen kennzeichnet, dass wir Gutes auf die Person selbst und Negatives stärker auf die Umstände beziehen. Gerade Freundschaften leben von dieser Großzügigkeit: Wenn sich ein Freund nicht meldet, kann ich entweder denken, dass er null Bock auf mich hat, oder denken, dass bei ihm gerade sehr viel los ist. Ersteres führt bei mir zu Ärger, letzteres zu Verständnis.

Wie wir also «attribuieren», macht demnach einen wichtigen Unterschied. Sich einander das Beste zu unterstellen ist auch Arbeit. Mir hilft es, wenn ich mir vorstelle, was ich in ähnlichen Situationen brauche: Wenn ich mich mal nicht melde, brauche ich Verständnis, dass ich mit meinen Nachrichten gerade nicht hinterherkomme, und nicht eine Erwartung oder Unterstellung obendrauf.

Wenn ich zu spät komme oder etwas vergesse, dann hoffe ich auch auf einen gnädigen Blick. Wir kommen da nicht immer zusammen, wir verletzen einander, handeln aneinander vorbei und unterstellen einander eben nicht immer Bestes. Doch wenn wir einander mit Gnade begegnen – sie geben und in Anspruch nehmen –, hält eine Freundschaft ganz schön viel aus.

- **Wie steht es um deine Attributionen?**
- **Welche Rolle spielen Barmherzigkeit, Vergebungsbereitschaft und Geduld in deinen Freundschaften?**
- **Unterstellst du deinem Gegenüber gerade Gutes? Bist du bereit, schnell zu vergeben?**

Eine Freundschaft hat nur Bestand, wenn wir bereit sind, einander zu vergeben. Vergeben, was wir einander manchmal antun oder unterlassen zu tun. Ohne dieses Vergeben, das Freigeben nach Verletzung, ohne Gnade und Barmherzigkeit wird keine Freundschaft auf lange Sicht überleben können.

Nach einem gemeinsamen Wochenende sagte ein Freund von mir etwas über Freundschaft, was mich bewegte und was ich zutiefst bejahe. Er sagte: «Freundschaft ist so ein Evangeliumsding. Jesus beruft uns auch nicht zuerst zum

Tun, sondern dazu, jemand zu sein. Gottes Kind zu sein. Und Freundschaft, in der man einfach sein darf, spiegelt daher auch irgendwie Gott wider.»

Er spricht mir zutiefst aus der Seele. In Kapitel 2 ging es bereits darum, was Gnade als Angenommensein von Gott für mein Leben bedeutet: sein zu dürfen, ohne tun zu müssen. Angenommen sein, weil und wie ich bin. Dort, wo wir Freundschaft auf diese Art erfahren und selbst schenken, erleben wir etwas aus Gottes Herzen: Annahme, Gnade, Zuhausesein.

Diese Gnade möchte ich nicht nur empfangen, sondern sie in meinen Freundschaften weitergeben. Gnade in meinen Freundschaften bedeutet für mich, dass ich mit Fehlern rechne. Mit meinen eigenen und mit denen der anderen. Gnade bedeutet, dass ich bereit bin, auszuhalten. Dass ich bereit sein möchte zu vergeben. Gnade bedeutet, dass ich Kleinigkeiten stehenlasse, weil ich Gutes unterstelle.

Mein Glaube spielt daher eine Rolle dabei, wie ich meine Freundschaften sehe und lebe. Ich möchte wachsen: Gnade weitergeben und auch Gnade empfangen. Gleichzeitig muss ich lernen, klar zu kommunizieren, für meine Grenzen einzustehen und Verantwortung dafür zu übernehmen, was ich brauche.

Okay, die Theorie ist also soweit sortiert. In der Praxis fordert das aber ziemlich heraus, und ich möchte euch in eine Kollision mithineinnehmen, die mich die letzten Jahre viel beschäftigt hat und seither immer wieder auftaucht.

DIE ZWEITE REIHE

Eine der zentralsten Veränderungen in unserem Leben ist der Start in eine romantische Beziehung. Das muss nicht für alle Freundschaften einen Konflikt darstellen, und vielleicht entspricht es nicht deiner Erfahrung. Ich fand die Veränderung des Beziehungsstatus bei Freunden in meiner direkten Umgebung häufig herausfordernd, weil sich dadurch so viel für Freundschaften veränderte. Es ist zwar eine universelle Erfahrung, weil sie in den meisten Freundschaften früher oder später passiert, aber deshalb vielleicht auch so schwierig in der Kommunikation: Über «Selbstverständliches» wird allgemein weniger gesprochen.

Meine Schwierigkeit im Hinblick auf meine Freundschaften war meistens nicht die Tatsache, *dass* Freunde eine Beziehung eingingen. Freundschaften verändern sich mit unseren Lebensphasen, unserem Zeitkontingent und den Prioritäten. Aber wie stillschweigend selbstverständlich vorausgesetzt wurde, dass Freundschaften zwangsläufig in den Hintergrund treten mussten, das störte mich. Störte mich zunehmend.

Nach jahrelanger Erfahrung sagte ich irgendwann den Satz: «Ich will nicht mehr stillschweigend in die zweite Reihe versetzt werden.» Es tat zunehmend weh, es wieder und wieder zu erleben. Die Erfahrung, dass Freundschaft für meine Freunde so lange wichtig war, bis sie einen Partner gefunden hatten, häufte sich in meinem Erleben. Manchmal passierte es eher unbewusst: Betreffende Freunde waren zu jung oder zu verliebt, um es überhaupt zu merken. Manchmal wurde es auch bewusst kommuniziert: «Ich habe jetzt einen Partner und daher nicht mehr die Zeit oder Bedarf, Freundschaft zu pflegen.» Manchmal vielleicht auch mit einem schlechtem Gewissen ringend.

Ich habe es erlebt, dass Freunde sich schlichtweg nicht mehr oder nur noch ganz sporadisch meldeten, nachdem sie eine Partnerschaft begonnen hatten. Manchmal passierte es schleichend, manchmal sehr abrupt, manchmal wurde man in die Kommunikation einer entstehenden Partnerschaft reingenommen und manchmal vor vollendete Tatsachen gestellt.

Es wäre einfacher gewesen, wäre es einfach bei allen gleich gewesen, dann hätte man ein Muster ausmachen können. Dann hätte man sagen können: Okay, die offizielle Lebensphase der Freundschaften wird hier also durch die offizielle Phase der Partnerschaft abgelöst. (Statistisch stimmt das sogar, denn langfristig reduziert sich die Zahl der engen Freunde nach einer Heirat bei Männern von 14 auf 7, bei Frauen von 13 auf 6 Freundschaften.[64])

Doch es ist eben nicht bei allen so. Nicht alle Freunde tauschen ihre Freunde gegen einen Partner aus, und nicht alle lassen ihre Freunde im Dunkeln über das, was sich gerade bei ihnen verschiebt. Manche sind sich der Veränderung für die Freundschaft bewusst, andere nicht. Ich empfand es als Wertschätzung, wenn die Veränderung der eigenen Lebensphase nicht nur von meiner Seite aus angesprochen wurde. Es sind Aussagen und Fragen wie: «Franzi, mir ist unsere Freundschaft wichtig, auch wenn ich jetzt in einer Beziehung bin. Was braucht unsere Freundschaft, dass sie tief bleibt?», oder: «Wie geht's dir mit der Veränderung?», oder: «Ich bin mit meinen drei Kindern leider nicht mehr so flexibel, zu dir zu kommen, wäre es möglich, dass du zu uns kommst?», die den Unterschied machen. Sie zeigen, dass dir die Freundschaft etwas wert ist. Dass du Verantwortung übernimmst, deine Veränderung zu kommunizieren.

Ich hatte die vergangenen Jahre immer einen riesigen Respekt vor einer Freundin, die sehr jung in eine Beziehung ging, früh heiratete, fünf Kinder bekam und dennoch Freundschaften wertschätzte, in sie investierte und sie vertiefte. In ihrer Kommunikation fühlte ich mich nicht unkommuniziert in die «zweite Reihe versetzt», obwohl sich unsere Freundschaft natürlich sehr verändert hat. Neben allen neuen Prioritäten blieb Freundschaft in ihrem Leben ein zentraler, kommunizierter und gelebter Bestandteil. Sie gehört zu den wenigen, bei denen ich das in meinen Zwanzigern so positiv erlebte. Es passierte häufig genug, dass ich Hoffnung spürte, dass es anders möglich ist, aber zu selten, als dass ich mich sicher fühlte.

Die Erfahrung, stillschweigend in die zweite Reihe versetzt zu werden, überwog, und so wuchs neben aller Freude über die Partnerschaften meiner Freunde auch eine Empfindlichkeit oder sogar Angst davor, dass Freunde mir sagen könnten, dass sie jetzt in einer Beziehung sind. In mir wuchs heimlich die Überzeugung, dass romantische Beziehungen, Ehen und Familien Freundschaften bedrohten, wie ich es auch schon im ersten Kapitel angedeutet habe. Ich wollte mich für meine Freunde freuen, die in eine Beziehung gingen, aber fürchtete mich zunehmend vor dem Verlust und dem Schmerz, dann fallengelassen zu werden, und fühlte mich so, als hätte ich dann immer doppelt verloren: Ich verlor nicht nur eine bestimmte Freundschaft, sondern auch die Hoffnung darauf, was Freundschaft sein kann.

«Würde es dir helfen, wenn ich mit ihm Schluss mache?» – Ich hatte vieles erwartet, aber nicht diese Frage. Denn das Problem war doch, dass ich etwas nicht geschafft hatte. Ich musste mir eingestehen, dass es mir dieses Mal richtig schwerfiel, dass meine beste Freundin in eine Beziehung gestartet war. Ich versuchte, den inneren Konflikt allein zu lösen, Zeit mit den beiden zu verbringen, mich mit ihm anzufreunden, für die beiden zu beten. Ich hatte stets den Anspruch, die beste Freundin sein, die sich ein Paar vorstellen konnte, und stellte fest, dass meine Gefühle dieses Mal nicht mitgingen.

Als ich ehrlich vor mir selbst wurde, eröffnete das keinen schönen Anblick: Ich war neidisch. Ich wünschte mir selbst eine Beziehung und war wieder «nur» die Freundin, die sich am Glück der anderen mitfreuen sollte und gleichzeitig versetzt werden würde. Ich war wütend, weil ich in einer Lebensphase zurückgelassen wurde, die wir gemeinsam hätten verlassen sollen. Entweder beide oder keine. Ich war wütend auf meine Freundin, weil sie unsere Freundschaft mit ihrer Entscheidung veränderte, ich war wütend auf ihren Freund, einfach nur, weil es ihn gab. Und ich war wütend auf Gott, weil ich mich übergangen fühlte und den Eindruck hatte, dass alle meine Freundinnen vor mir dran waren. *Es wird gar niemanden geben, den ich mal fies in die zweite Reihe versetzen könnte*, dachte ich in richtig schlechten Momenten.

Ich hatte die Wut schon länger unbewusst unterdrückt, aber damit war sie nicht weg. Sie hatte sich über Jahre angestaut und entlud sich in einer Welle verletzter Gefühle und dem Eingeständnis, dass ich in so mancher Freundschaft Enttäuschung erlebt hatte, indem ich einfach gegen einen Partner ausgetauscht worden war. Ich war aber auch traurig, denn ich spürte, dass Dinge sich ein weiteres Mal verändern würden, und erfahrungsgemäß würde diese Veränderung auf Kosten der Freundschaft gehen. Während ich mir in der Vergangenheit meine Verletzung selten eingestanden hatte, zu schnell über sie hinweggegangen war, blickte ich ihr nun ungeschönt ins Gesicht – der Angst vor Einsamkeit, dem Neid, der Wut, der Ungerechtigkeit. Absolut nicht schön. Ich fühlte mich schwach und gemein.

Wie eine Bittstellerin, die aber kein Recht auf Ansprüche hatte. Was sollte ich denn sagen? «Hey, mich stört es, dass du in einer Beziehung bist»? Weshalb sollte ich mich meiner Ängste, meinem Neid und dem ganzen Rattenschwanz diffuser Gefühle aussetzen? Ich rang mit mir. Auf der einen Seite fühlte ich mich unfair, gemein und zu anspruchsvoll: *Was erwartest du denn? Dass Freunde da Rücksicht nehmen? So läuft das im Leben nicht. Lover trumpft Freundschaft.* Zumindest war das meine Erfahrung, meine Prägung und sogar meine eigene bisherige Überzeugung, auch wenn ich sie noch nicht lebte.

Auf der anderen Seite meinte ich, dass es doch einen Weg geben müsse, über so etwas zu sprechen; und wie ich diese Freundin kannte, würde sie das hören wollen, obwohl es nicht schön war.

Es wurde ein tränenreiches Gespräch. Für uns beide. Ich erzählte ihr, wie es mir damit ging, dass sie in einer Beziehung war, und welche Gedanken und Gefühle sich in mir angesammelt hatten. Ich entschuldigte mich, denn es tat mir leid, dass ich mich einfach nicht freuen konnte, sondern darunter litt. So sehr, dass ich ihren Freund innerlich ausblendete und stellenweise missgünstig hoffte, dass die Beziehung nicht halten würde.

Meine Freundin weinte. Es tat ihr leid, dass ich so darunter litt. Es sei ernüchternd für sie, dass sie versucht hatte, sich richtig zu verhalten, und es doch nicht ausreichen würde. Das war eine tragische Feststellung, denn es stimmte, sie hatte sich bemüht. Mehr als jede vor ihr. Das machte es für unsere Freundschaft zwar leichter, für mich emotional zunächst jedoch schwerer. Es wäre einfacher gewesen, etwas zu sagen, hätte sie sich falsch verhalten und würde es um konkretes Fehlverhalten gehen, das ich nun ansprach. Aber so hing es irgendwie dann doch an mir, einfach den grundsätzlichen Verlauf der Geschichte zu akzeptieren. Und dann fiel dieser Satz von ihr: «Würde es dir helfen, wenn ich mit ihm Schluss mache?»

Es war ein Satz, der mich in meinem Gefühlschaos anhielt, weil er für mich die Welt auf den Kopf stellte. Hatte sie gerade die Option in Betracht gezogen, *meinetwegen* ihre Beziehung zu beenden?! Ganz gleich, ob sie diesen Satz in dem Moment wirklich ernst meinte oder nicht, für mich glätteten sich die Wogen. Ihre Worte bedeuteten mir in dem Moment die Welt und brachten die Stimme der Angst zum Verstummen, die mir immer eingeflüstert hatte, dass meine Bedürfnisse keinen Platz mehr hatten, sobald Freunde in einer Beziehung sind.

Ich antwortete ehrlich: «Vielleicht ja. Vielleicht würde es meinen akuten Schmerz lindern. Aber zu welchem Preis? Dass du jemanden verlierst, den du liebst? Der Preis ist zu hoch und ich möchte nicht, dass du ihn zahlst.»

Es war wirklich so: Ich wollte meinen Schmerz nicht auf Kosten ihres Schmerzes beheben. Es war ein besonderer Moment, in dem unsere Liebe für die andere sehr greifbar wurde. Die Vorstellung, dass die andere litt, schmerzte uns. Es war aber auch ein tragischer Moment, dass die Situation, wie sie war, nicht aufgelöst werden konnte.

Ich wirke sehr dramatisch, wenn ich das alles rückblickend beschreibe. So oft habe ich mir selbst vorgehalten: *Get over yourself! Reiß dich zusammen!*, doch darüber zu sprechen und die Gefühle nicht länger kleinzuhalten, war nur die halbe Miete.

Ich wollte ihr Opfer nicht, aber ihre theoretische Bereitschaft, etwas opfern, hat mein Bild von Freundschaft verändert. Es hat mich ermutigt, ehrlicher in meinen Freundschaften zu sein und meine Freundschaft als wertvoller zu erachten. Meine Freundin spiegelte mir durch ihr

Verhalten, dass die Freundschaft zu mir wichtig, wertvoll und nicht einfach auszutauschen war.

Das führte zu größerer Freiheit in mir und mehr Freiheit ihr gegenüber. Meine ängstlichen Gefühle verschwanden nicht einfach, aber das Gespräch setzte uns auf einen anderen Ausgangspunkt. Es dauerte ein paar Monate, bis ich meinen Schutzmodus verlassen und ihren Beziehungsstatus anerkennen konnte.

Ob ich mich deshalb albern fühle?

Komplett. Glaubt mir, ich wäre in dieser Geschichte gerne die Heldin gewesen und nicht die neidische, missgünstige Freundin, die sich überlegt, wie sie den Partner der anderen loswird.

In einer Freundschaft Ansprüche zu stellen, klingt zunächst negativ, und überhöhte und unangemessene Erwartungen können unsere Freundschaften belasten und überfrachten. Ansprüche und Erwartungen zu kommunizieren kann aber auch bedeuten, dass ich ausdrücke, dass mir unsere Freundschaft wichtig ist. Zu wichtig, als dass ich einfach in die zweite Reihe versetzt werden möchte. Glaub mir, du solltest mich behalten.

Ich bin aber auch manchmal von selbst gegangen. Ich habe meiner Enttäuschung zuvorkommen wollen. Ich habe mich distanziert, wenn Freunde in eine Beziehung gingen. Bevor ich verletzt wurde, ging ich lieber selber. Doch verletzte Menschen verletzen andere. Ich habe Freunde mit meinem Verhalten verletzt. Eine Freundin suchte das Gespräch mit mir, weil ich mich nicht mehr meldete, seit sie in einer Beziehung war, und ich mich aus unserer Freundschaft distanzierte, die ihr wiederum zu wichtig war.

Unzählige weitere Geschichten könnte ich dazu erzählen, und sie alle drücken aus, dass es im Endeffekt darum geht, dass wir Kollisionen bewusst sichtbar machen und das

Gespräch mit der Freundin, dem Freund suchen. Dass wir darüber sprechen, was uns die Freundschaft bedeutet hat und bedeuten soll. Falls wir es nicht tun, wird die Kollision sichtbar machen, was unsere Freundschaft uns bedeutet hat.

Gerade im Fall von Partnerschaften muss es nicht zu einem Entweder-oder kommen. Eine Bekannte sagte einmal zu mir: «Der Mensch hat doch zwei Seiten. Auf der einen Seite steht mein Partner und auf der anderen Seite meine beste Freundin.» Für sie war es eine bewusste Entscheidung, beide Beziehungsformen als gleich wichtig zu erachten. Im Leben sei doch Platz für beides, und Partner und Freund müssten einander nicht ersetzen.

Was das bedeutet, was machbar ist und was nicht, muss zwischen Freunden bewusst entschieden und immer wieder neu verhandelt werden.

Ich hatte den Eindruck, dass über «Freundschaft als Mätresse der Beziehungsformen» kaum gesprochen wurde. Ich hatte nicht gelernt, dass Freundschaft es wert ist, dass wir sie behalten, für sie kämpfen, sie gegenüber den Erzählungen unserer Prägung und Gesellschaft sichtbarer machen.

Heute finde ich, wir zersetzen Freundschaft, wenn wir meinen, dass sie so leicht zu ersetzen ist. Als ich diese Zeilen zuerst aufschrieb, fragte ich mich, ob es nur mir so ginge. Ich machte eine Umfrage und tauchte ein in die Welt vieler trauriger Geschichten. In so mancher Rückmeldung und Geschichte kristallisierte sich heraus, dass Freundschaften beim Thema Ehe an eine markante Weggabelung kommen. Gerade die Hochzeitsfeier, die in den letzten Jahren ein Comeback als überfrachtetes Statussymbol erlebt, macht das deutlich.

HOCHZEIT ALS STUNDE DER WAHRHEIT

«Ich bin überzeugt davon, dass unsere Freundschaft ohne die bevorstehende Hochzeit noch intakt wäre. Gleichzeitig frage ich mich, wie tief unsere Freundschaft jemals war, wenn so eine Stresssituation sie zum Wanken bringt. Wie es nach der Hochzeit mit uns weitergehen soll, weiß ich nicht. Wenn die Hochzeit vorbei ist, werde ich noch mal in Ruhe mit ihr reden und ihr meine Meinung sagen.»[65] – Diese Worte stammen aus einem Zeit-Online-Artikel, in dem zwei Trauzeuginnen und ein Trauzeuge davon berichten, wie die Hochzeit ihrer besten Freunde die Freundschaft herausforderte. Der Artikel trägt den anschaulichen Titel «Der härteste Nebenjob ihres Lebens», und es ist erstaunlich, wie viel auch Google zur Thematik zu bieten hat.

Kaum ein anderes Ereignis ist in unserem Kulturkreis so von Emotionen und Erwartungen beladen wie eine Hochzeit, obwohl die Bedeutung der Ehe an sich abgenommen hat. Und das macht sie zu einem spannenden Ereignis für unsere Freundschaften. Zum einen, weil mit dem Schritt zur Hochzeit möglicherweise eine neue Lebensphase begonnen wird, und zum anderen, weil sich nun unsere Erwartungen an das Fest, den Partner und auch an unsere Freunde offenbart. Als Mensch mit unzähligen Hochzeits- und Trauzeuginnen-Erfahrungen kann ich attestieren, dass der Aufwand bei so mancher Hochzeit erheblich ist. Ursprünglich gab es die Trauzeugin oder den Trauzeugen für die Unterschrift beim Standesamt. Heutzutage könnte man wegen des Aufwands eine Saison lang einen Mini-Job anmelden. – Was mit Hochzeitsplanung, Deko-Bastel-Wochenenden, Brautkleid- und Anzugsuche, Junggesellenabschieden, Polterabend, Standesamt und Hochzeit nicht alles dazu gehören kann!

Freundschaften können an einer Hochzeit scheitern, weil rund um dieses Ereignis so viel auf den Tisch kommt – an Unterschieden, Erwartungen und Werten. Plötzlich entpuppt sich die beste Freundin als unerträglich anspruchsvolle *Bridezilla*, der beste Freund als teilnahmsloser Hochzeitsorganisator, der seinem Trauzeugen alle To-Dos überträgt. Man erlebt sich in Stresssituationen, die man nicht immer nachvollziehen kann, entdeckt Werte und Überzeugungen, die man nicht teilt, und dass man in der Erwartung enttäuscht. Ich habe in meinem Umfeld bei zahlreichen Geschichten erlebt, dass die Erwartungen an Freunde vor Hochzeiten sehr hoch sein können. Ich kenne mehrere Betroffene, denen die beste Freundschaft im Zuge der Hochzeitsvorbereitungen zerbrach. Es ist klar, dass das keine Zwangsläufigkeit ist, aber es soll zeigen, wie herausfordernd es sein kann, diese Phase gut zu manövrieren.

Ich erinnere mich an eine Hochzeit, bei der das Brautpaar seine Enttäuschung darüber äußerte, dass es auf seiner Hochzeit so wenig persönliche Beiträge gab. Gleichzeitig war es aber genau eins dieser Paare, die in den Jahren vor der Hochzeit kaum in Freundschaften investiert hatten. Ihre Freunde fühlten sich gar nicht nah genug, um einen persönlichen Beitrag zu bringen. Die Erwartung, dass sich Freunde in mein Lebensevent investieren, kann der oder die haben, der in Freundschaften investiert hat, in denen es als *echte* Freude empfunden wird, einander zu beschenken. Ansonsten hat das Ganze «ein G'schmäckle», wie man im Schwabenland so schön sagt, einen faden Beigeschmack, weil das Gefühl, ausgenutzt zu werden, nahe liegt. Deine Freunde kennen den Unterschied, sie fühlen den Unterschied.

In meinen vielen Erlebnissen als Hochzeitsgast und Trauzeugin habe ich oft frustrierte Emotionen mitbekommen:

enttäuschte Brautpaare, enttäuschte Familien, enttäuschte Freunde. Welche Erwartungen haben wir an unsere Freunde im Hinblick auf unsere Hochzeit? Sind diese gegenüber der Freundschaft angemessen oder überzogen? Und für die andere Seite stellt sich die Frage: Helfe ich als Freundin oder Freund gerade gerne oder weil es erwartet wird?

Gemischte Gefühle sind in Ordnung, und das sage ich nicht nur, um mich selbst zu rechtfertigen. Bevor meine verheirateten Freunde beim Lesen ins Schwitzen kommen und das Gefühl entsteht, dass ich abrechnen will, möchte ich Folgendes sagen: Ich liebe die Hochzeiten von Freunden. Bei meinen Freunden habe ich selbst den Anspruch, dass sie einen richtig schönen, sorglosen Tag haben können, und fühle mich geehrt, Teil der Hochzeit zu sein, ganz gleich, für welchen Job ich angefragt werde. Denn es entspricht auch meiner Erfahrung, dass mein Einsatz für die Freude meiner Freunde zu den schönsten Dingen gehört. Echte Freundschaft rechnet nicht und wird dennoch ausgeglichen. Dann kann das Engagement anstrengend sein und fällt gleichzeitig nicht ins Gewicht. Denn am Ende ist es die Dankbarkeit, Freundschaft, Freude und Wertschätzung des Hochzeitspaares, die zählt und bleibt.

Das ist eines dieser vielen Paradoxe in Freundschaften: Man will alles geben, ohne dass der andere es erwarten kann. Man darf alles empfangen, aber es muss einem geschenkt werden. Ich fürchte, dass es uns da viel an Offenheit, Ehrlichkeit und Transparenz über unsere Erwartungen fehlt. Wenn dir deine Freundschaften wichtig sind, vor und nach deiner Hochzeit, dann sprich es an.

Als ich darüber mit einem Freund sprach, meinte er, dass das sicher mehr ein Frauending sei. – Möglicherweise gibt es mehr *Bridezillas* als *Groomzillas*, aber ich kenne Geschichten von und über beide Geschlechter. Er meinte, dass sich seine Freundschaften kaum durch Hochzeiten verändert hätten. Und bei manchen stimmt das, denn da, wo Freundschaft für wichtig geachtet wird und entsprechend gelebt und kommuniziert wird, führt Veränderung nicht zwangsweise zum Konflikt. Während des Gesprächs fiel ihm dann aber auch auf, dass einer seiner besten Freunde seit dessen Hochzeit keine Zeit mehr habe ...

KOLLISIONEN MÜSSEN NICHT DAS ENDE SEIN

In einer Freundschaft *muss* nichts zum Konflikt führen, aber alles *kann* Streit hervorrufen. Kollisionen machen deutlich, was uns wichtig ist. Sie berühren unser Inneres und sie bringen hervor, welche Werte und Wünsche, Bedürfnisse und Ängste wir haben. Und wenn uns etwas wichtig ist, dann haben wir auch Angst, es zu verlieren. Unsere Gefühle hinter unseren Kollisionen unterscheiden sich möglicherweise von denen unserer Freunde, und wir reagieren dementsprechend auch unterschiedlich in Konflikten. Dazu kommt die Herausforderung, dass Kollisionen in Freundschaften sich aufgrund der Distanz und der Frequenz weitgehend vermeiden lassen. Viele Menschen können sich schön lange zusammenreißen und es braucht Vertrauen und Sicherheit, dass man den anderen tiefer schauen lässt.

Beim monatlichen Plauder-Austausch im Café oder der unregelmäßig stattfindenden Bouldersession mit dem Kumpel entstehen nicht unbedingt tiefgreifende Reibungsflächen. Doch wenn man viel Zeit miteinander verbringt, den anderen nahe an sich heranlässt, die Freundschaft nicht nur aus besonderen Momenten, sondern aus Höhen und Tiefen des Alltags besteht, dann kommt es früher oder später zu Kollisionen. Und während für all unsere Beziehungen gilt, dass wir nicht immer nur unser bestes Ich sind, so können Kollisionen dazu führen, dass es uns schlicht zu aufwendig ist, sie anzusprechen, wenn es nicht unbedingt sein muss.

Wenn du dich aus einer Freundschaft zurückziehst, fällt das gesellschaftlich nicht auf. Das Gehen wird einem leicht gemacht. Aber ist es nicht auch so, dass genau das ein Test des Vertrauens ist, wenn Menschen in unserem Leben bleiben, obwohl sie gerade nicht die schönste Version von mir erleben? Ist es nicht gerade das Schöne an tiefen Freundschaften, dass sie etwas aushalten können? Dass ich mit meinen Launen, Ecken und Kanten, mit meinen Grenzen und meinen Bedürfnissen ertragen werde? Eigentlich wird es in Beziehungen doch dann erst spannend, wenn Menschen aufhören, einander beeindrucken zu wollen. Freundschaften können Kollisionen aushalten, aber die Frage ist, ob wir es wollen und ob wir bereit sind, dafür zu investieren.

Wir brauchen in Freundschaften die Sicherheit, dass wir nicht bei jedem kleinen Fauxpas den Laufpass bekommen, dass nicht jedes Wort auf die Goldwaage gelegt wird und wir auch mal was Dummes, was Zweifelhaftes oder Fragwürdiges sagen können, ohne dass wir Angst um die Beziehung haben müssen. Das heißt nicht, dass es ein Freibrief für schlechtes Verhalten gibt, denn für mein falsches Verhalten werde ich mich entschuldigen müssen. Aber Freundschaft soll auch ein Raum sein, in dem ich frei denken und reden kann und weder ständig Gefahr laufe, missverstanden zu werden noch meinen guten Ruf zu verlieren. Sichere Freundschaften können mir diese Sorge nehmen.

Es gibt Tage, an denen mag ich mich selbst nicht. Tage, an denen ich nicht stolz auf mein Verhalten oder meine

Aussagen bin. An solchen Tagen brauche ich keine Menschen, die meine Scham vertiefen, entgeistert reagieren und sich schockiert abwenden. An solchen Tagen brauche ich Freunde, die mich in den größeren Kontext meines Daseins versetzen können und wissen, dass ich nicht immer so bin und nicht immer so bleiben muss. Dass meine schlechten Momente, meine Charakterschwächen und Fehlverhalten nicht bedeuten, dass ich unliebenswürdig bin.

Das klingt vielleicht wie Schönmalerei, denn Freundschaften sind ja auch anstrengend. Wir neigen dazu, Freundschaften zu verklären, und sind dann desillusioniert, wenn es schwer wird. Wir denken und malen uns glanzvolle Beziehungsszenarien aus und sind dann enttäuscht, wenn die Realität anders aussieht. Wir können Freundschaften ebenso schnell überfrachten wie jede andere Beziehungsform auch, indem wir etwas von ihr erhoffen, was sie uns nicht geben kann.

Der Psychologe Robert Coordes, der ein Institut für Beziehungsdynamik in Berlin leitet, meint, dass wir einfach nicht klar kommunizieren. Wir setzen zu viel voraus. Unsere Vorstellungen unterscheiden sich, und wir werden enttäuscht.[66] Ganz gleich, ob es den gemeinsamen Urlaub, das gemeinsame Wohnen oder die Freundschaft im Allgemeinen betrifft.

Ich finde, dass wir weniger Angst vor Kollisionen brauchen und nüchterner mit ihnen rechnen sollten.

Nicht in dem Sinne, dass wir dauernd Schlimmes erwarten, sondern in dem Sinne, dass sie für Beziehungen normal sind. Wir werden es im Leben weder vermeiden können, dass wir enttäuscht werden, noch, dass wir enttäuschen. Wir können es nicht vermeiden, dass unsere Werte, Erwartungen, unser Egoismus, unsere Kapazitäten, Prioritäten und Unterschiede kollidieren. Wir können sie aber im Gespräch sichtbar machen, Verantwortung für unsere Emotionen und Erwartungen übernehmen, aus Liebe vergeben und erfahren, dass wir nicht nur für, sondern gerade auch an unseren Freundschaften reifen.

Dank dieser Perspektive verlieren Kollisionen für mich an Bedrohlichkeit und werden zu Wachstumschancen. Sie verhelfen mir dazu, dass ich auf die Brüche, Konflikte und Verletzungen in meinen Freundschaften nicht mit Bitterkeit schauen muss. Sie helfen mir, die Fragen zu formulieren: «Was habe ich gelernt? Was nehme ich mit, was lasse ich zurück?»

Ich habe den Eindruck, dass wir gesellschaftlich eher dazu aufgefordert werden, um unsere romantischen Beziehungen und unsere Ehen zu kämpfen, auch wenn wir uns individuell häufig dagegen entscheiden. In romantischen Beziehungen und Ehen ist man exklusiver auf das eine Gegenüber angewiesen, sprich die Beziehungsform ist ultimativer und absoluter. Die Notwendigkeit, sich Konflikten zu stellen und an der Beziehung zu arbeiten, drängt sich in dieser Lebenssituation stärker auf. Man teilt den Alltag, das Bett, Aufgaben und vielleicht auch Kinder. Damit das auf lange Sicht gut geht, müssen wir uns zwangsläufig unseren Kollisionen stellen.

In Freundschaften ist das anders. Die scheinbare Ersetzbarkeit, die größere Unverbindlichkeit und ausgewählten Berührungsflächen schaffen für Kollisionen in Freundschaften schnellere und einfachere Auswege.

Bei Menschen, die man sporadisch sieht, kann man manche Differenzen auch aushalten, denn, egal wie anstrengend der Besuch auch war, abends geht er wieder. Wenn Freundschaften zu anstrengend werden, können wir sie auslaufen lassen. Kein Mensch stellt sich einem Konflikt gern, wenn der Leidensdruck nicht hoch genug ist und die Notwendigkeit nicht eingesehen wird. Wir bleiben in Freundschaften nicht freiwillig, wenn sie schwer werden, weil wir den Wert von Freundschaft nicht mehr zu schätzen wissen und die Notwendigkeit daher gar nicht sehen können, was es bedeutet, dieses freiwillige Bleiben wirklich zu lernen. Doch die Konsequenz ist, dass ich das Potenzial der *Happy Few* in meinem Leben verpasse. Wenn ich nicht lerne, Kollisionen in Freundschaften anzugehen, werde ich Freundschaft nie in ihrer Tiefe erleben.

Ich sage das, weil ich es sehr lange so gemacht habe. Ich sitze mögliches Konfliktpotenzial in Freundschaften aus. Ich lasse Zeit verstreichen, senke die Frequenz und vermeide kritische Gespräche. Auf Distanz ist das gut machbar. Man kommt damit gut durchs Leben. Doch je enger, tiefer und verbindlicher eine Freundschaft ist, als desto weniger hilfreich haben sich meine Konfliktvermeidungsstrategien erwiesen. In Freundschaften entsteht gerade durch Kollisionen Nähe und gleichzeitig Weite.

Und jetzt?

Zurück zum Anfang: Eine Freundin sagte mir neulich, wie dankbar sie immer dafür ist, dass ich so eine aufmerksame Beifahrerin bin. *Ha, von wegen Besserwisserin und Kontrollfreak!*

Natürlich fühlen sich Freundschaften schöner an, wenn wir in ihnen hören, was wir hören möchten. Doch wie vermessen wäre es von mir, wenn ich mich nur mit Menschen umgebe, mit denen keine Reibungsflächen entstehen, weil sie zu weit weg sind oder ich Angst vor Konflikten habe. Wir brauchen Menschen in unserem Leben, die nah genug an uns dran sind, dass wir mit ihnen kollidieren. Die dranbleiben, wenn es zu Konflikten kommt, und die uns in ihrer

Verschiedenheit etwas mitteilen. Denn in allem Schmerz liegt die Chance verborgen, etwas über mich selbst, über andere, Gott und diese Welt zu lernen.

DEINE KOLLISIONEN

- Welche Haltung hast du allgemein beim Thema Kollisionen in Freundschaften?
- Welche Konflikte tauchen in deinen Freundschaften wiederkehrend auf?
- Was ist dein persönliches Konfliktverhalten?
- Wie kann deine persönliche Strategie aussehen, einen Konflikt in einer Freundschaft anzusprechen?
- In welcher deiner Freundschaften unterscheiden sich gerade die Erwartungen?
- In welcher Freundschaft spielt Neid eine Rolle?
- In welcher Freundschaft steht eine Veränderung der Lebensphase an?
- Was würdest du dir dafür wünschen?

Kapitel 9

SCHLUSS MACHEN. ODER: WARUM MANCHE FREUNDSCHAFT AN IHR ENDE KOMMT

Es gibt nur ein Problem, das schwieriger ist,
als Freunde zu gewinnen: Sie wieder loszuwerden.
— *Mark Twain*

DU TUST MIR NICHT GUT

«Du tust mir nicht gut.» Ein Satz, der noch Jahre später tief sitzt. Ich hatte ihn nicht kommen sehen und fand ihn unfair. Aus meiner Perspektive war unsere Freundschaft gut. Nicht supereng, nicht extrem vertraut, aber eine solide Freundschaft innerhalb meines engsten Freundeskreises.

Mich traf die Ansage aus dem Nichts und stieß mich vor den Kopf. Ich hatte versucht, eine gute Freundin zu sein: setzte mich ein, freute mich mit ihr, feierte ihre Erfolge und trauerte über die Brüche in ihrem Leben. Ich verhielt mich so, wie ich Freundschaft verstand und leben wollte.

Ihre Rückmeldung, dass ich ihr nicht guttue, rüttelte an meinem Selbstverständnis.

Wäre es eine schlichte Selbstoffenbarung gewesen, hätten wir darüber sprechen können. Es war allerdings mehr. Sie sagte «Tschüss». Sie wollte die Freundschaft nicht mehr. Zog einen Schlussstrich. Ich empfand es als unfair, weil ich vor vollendete Tatsachen gestellt wurde. Ich tat nicht gut. Aus ihrer Sicht zog sie eine wichtige Grenze, als sie die Freundschaft mit mir beendete. Aus meiner Sicht gab sie an einem Punkt auf, der kein Ende hätte sein müssen.

WARUM ENDEN FREUNDSCHAFTEN?

Dass eine Freundschaft endet, kommt vor und muss nicht zwangsläufig schlimm sein. Ich selbst habe zwei bis drei Freundschaften zu verzeichnen, die endeten, weil mir gegenüber ein Schlussstrich gezogen wurde. Ich selbst habe bisher erst eine Freundschaft abgebrochen, wie ich in Kapitel 7 beschrieben habe. Doch beides ist in meinem Leben nicht die Regel. Viel öfter gab es unspektakuläre Enden, weil die Freundschaft von vornherein auf Zeit oder nur für eine gewisse Phase angelegt war.

Ich glaube, dass die meisten Freundschaften nicht wegen des großen Streits enden, weil man mit Donner und Blitz im Konflikt aneinandergeraten ist. Die meisten Freundschaften scheitern leiser. Bluten langsam aus. Verschwinden kaum merklich in der Versenkung. Zerbröckeln am Anfang kaum merklich. Doch mit zunehmender Entfremdung geraten sie in den Hintergrund, irgendwann in Vergessenheit.

Gerade nach Corona merke ich, dass manche Freundschaft sich verlaufen hat. Nicht böse, nicht im Streit, sondern schlicht aufgrund der Tatsache, dass wir uns aus dem Blick verloren. Der Blick in unsere letzten Nachrichten wenig aufschlussreich:

Ich noch so: «Ich bin 16:30 Uhr bei dir.»

Sie so: «Ok.»

Zwei Jahre später kann ich mir nur eingestehen, dass wir uns seitdem nicht mehr gehört oder gesehen haben. Ich habe keine Ahnung, wie es ihr geht und was sie beschäftigt. Zwischen uns schoben sich eine Pandemie, zwei Jahre Leben und sicher noch jede Menge andere Gründe, wenn ich sie denn suchen würde. Zwischendrin fiel sie mir ab und zu ein, doch ich vergaß, ihr zu schreiben. Je mehr Zeit verging und je länger wir uns nicht meldeten, desto unwahrscheinlicher wurde es, dass man es dann doch einfach macht. Der Weg zurück scheint zu lang. Ist es nicht zu aufwendig, das Schweigen zu erklären, und vielleicht auch nicht notwendig? Die andere Person hat sich ja auch nicht gemeldet!

Wir verharren stumm in der ausbleibenden Kommunikation, akzeptieren die Tatsache, dass wir uns entfremdet haben ... Nenne ich sie noch Freundin? Ist es noch Freundschaft, wenn wir sie weder «offiziell» für beendet erklären noch fortführen?

Der Philosoph Sören Kierkegaard schreibt: «Kann irgendjemand bestimmen, wie lange das Schweigen währen muss, damit man sagen kann, nun sei es kein Gespräch mehr?»[67]

Ab wann ist eine Freundschaft keine Freundschaft mehr? Würde man nicht sagen, dass das Gespräch vorbei ist, sobald Schweigen eintritt?

Kierkegaard würde argumentieren, dass wahre Freundschaft und wahre Liebe nicht daran zerbricht, dass einer die Verbindung abreißen lässt. Er beschreibt das wahre Wesen der Freundschaft und der Liebe als bleibend: «Liebt man in Wahrheit, so bleibt man dabei; hört man auf zu lieben, so hat man auch nicht geliebt.»[68]

Kierkegaard findet in seinem Buch «Der Liebe Tun» starke Worte für die Beschreibung wahrer Liebe. Er illustriert den wahren Liebenden als einen, der bleibt. Selbst dann bleibt, wenn der andere geht. Wie bei einem zusammengesetzten Wort mit Bindestrich, das auseinandergerissen wird, behält der Liebende den Bindestrich[69]: «Ich bleibe, denn zum Gespräch gehört zuweilen auch das Schweigen.» Er fragt weiter: «Ist denn der Tanz abgebrochen, weil der eine Tänzer weggegangen ist? In gewissem Sinne Ja.»[70]

Kierkegaard findet, dass die wahre Liebe bleibt. Wie ein Tänzer in der Position verharrt, hoffend und wartend, dass der Tanzpartner zurückkehren könnte, um den Tanz wiederaufzunehmen.

Als ich Kierkegaards Vision der christlichen Liebe zum ersten Mal las, fand ich seine Worte gleichermaßen inspirierend wie verstörend.

Denn egal, wie sehr ich dieses Bild der bleibenden Person liebe, die ihre Liebe nicht von der Erwiderung abhängig macht, so tragisch und ziellos empfinde ich es auch.

Denn für eine Freundschaft braucht es zwei, oder? Ist es nicht per Definition keine Freundschaft mehr, wenn wir keine Freundschaft mehr leben?

So würde ich es sehen. Freundschaft hört auf, wenn man ihr den Kern nimmt. Den Kern des beidseitigen, freiwilligen Bleibens. Weil Freundschaft keinen äußeren Rahmen hat, hört sie auf, wenn sie im Inneren nichts mehr zusammenhält. Freundschaft ist wie ein auf Spannung gehaltenes Band, von dem wir jeweils ein Ende in unseren Händen halten. Wir spüren Verbundenheit, wenn der andere festhält, wir spüren es, wenn er lockerlässt, und wir spüren, wenn das Band zwischen uns niedergelegt oder durchgeschnitten wird.

Meine Freundin und ich hatten das Band nicht durchgeschnitten oder bewusst abgelegt, aber wir hielten es auch nicht mehr fest. Es hängt schlaff zwischen uns. Wir spüren keine Verbindung und wissen nicht mehr, wo die andere steht. Es ist keine lebendige Freundschaft, sondern eine ehemalige. Sie ist, so glaube ich, immer noch eine potenzielle, die mit jeder Nachricht neu entfacht werden könnte, aber im Moment ist sie das Schweigen im Gespräch.

Einige Freundschaften endeten in meinem Leben mit einem undefinierten «Wir hören uns sicher», und man hörte sich nicht wieder. Veränderungen führten dazu, dass wir lockerließen, der Freundschaft keine Beachtung schenkten oder sie sogar vergaßen.

Manche Freundschaften enden aber auch wegen Kollisionen, die zu sehr schmerzhaften Brüchen führen.

HERZSCHMERZ

Wer schon mal unglücklich verliebt war, der kennt den Schmerz von Liebeskummer. Den Schmerz, wenn wir loslassen müssen, es aber nicht können, wie David Whyte sagen würde.[71]

Bei Herzschmerz haben wir schnell vor Augen, dass eine romantische Beziehung entgegen der Erwartung gescheitert ist. Selbst wenn man zuvor noch nie unglücklich verliebt war, so gibt es eine Million Tipps, wie man damit umgehen kann, eine Palette an Spotify-Playlists nur für diesen Zweck. Es überrascht uns nicht, dass Menschen nach dem Ende einer Partnerschaft trauern und es Zeit braucht, bis sie wieder Mut fassen, sich freuen oder in eine neue Beziehung starten können.

Wie nennt man aber eigentlich den Schmerz, wenn Freundschaften enden? Ist das auch Liebeskummer? Freundschaftskummer? In den letzten Jahren hat es mich viel beschäftigt, dass so viele Menschen in Freundschaften Schmerz erfahren haben, der aber nirgendwo so richtig zur Sprache kommt. Doch das Gefühl nach dem Verlust einer engen Freundschaft ist echt, geht tief und kann ziemlich weh tun. Ich denke an die Traurigkeit, die mir im Telefonat mit einer Freundin entgegenschlug, als sie mir von dem frischen Ende einer Freundschaft erzählte: Jemand verließ ihren langjährigen Freundeskreis mit der Begründung, dass die Beziehungen nicht mehr das hergaben, was von ihnen erwartet wurde, und brach daraufhin den Kontakt ab. Ich hörte meine Freundin am Telefon schluchzen, und als sie mir von ihrem Schmerz erzählte, wurde mir erneut bewusst, dass auch Freundschaftsbrüche tiefe Wunden hinterlassen können. Auch das ist Herzschmerz. Das Herz bricht, wenn eine enge Freundschaft verlassen oder der innige Kontakt abgebrochen wird.

Herzschmerz ist eine Folge davon, dass wir verlieren, was uns wichtig war. Die Trauerarbeit nach dem Verlust einer Freundschaft ist der des Liebeskummers ähnlich, auch wenn wir sie nicht so benennen und sie in unserer Gesellschaft wenig Beachtung findet.

Vielleicht erscheint einem der Verlust einer Freundschaft nicht so schlimm, denn meistens hat man mehr als nur eine. Vielleicht war die Freundschaft auch nicht *so* eng, als dass sie eine wirkliche Lücke hinterließ. Ich vermute, dass die meisten Freundschaften zu oberflächlich sind, als dass ihr Ende uns wirklich schmerzt. Ob und wie sehr der Verlust einer Freundschaft wehtut, oder eben nicht, hängt ab von verschiedenen Faktoren: War das Ende beidseitig? Bahnte es sich schleichend an oder kam es ganz plötzlich?

Wurde darüber gesprochen oder hängt noch Jahre später Unausgesprochenes in der Luft? Wie lang dauerte die Freundschaft, wie tief war sie? Welche Faktoren führten zu ihrem Ende? Stehen da Klärung und Freiheit oder Scham und offene Fragen?

Je nach Gründen und Intensität der Beziehung zieht das Trauer nach sich, die man nicht ohne Weiteres übergehen kann oder sollte. Durch Freunde ausgelöster Herzschmerz braucht Zeit, zu heilen. Er kann Misstrauen und Angst säen, die uns davon abraten, neu in Freundschaften zu investieren. Meine Freundin am Telefon hatte es leider schon mehrfach erlebt, dass enge Freunde gingen. Sie spürte, wie dieses Verlassenwerden tiefe Ängste aufkommen ließ. Sie fragte mich: «Wie oft kann man enttäuscht werden und wieder neu Vertrauen wagen?»

Puh, gar nicht so leicht, oder? Ich weiß die Antwort nicht. Ich weiß aber, dass über das Beenden von Freundschaften viel Unklarheit besteht. Wir sprechen zu wenig darüber, wissen nicht, wie wir ein Ende gut herbeiführen können, und übergehen die Trauer, die nach dem Verlust ihre Zeit bräuchte. Ich bin in den vergangenen Jahren Menschen begegnet, die in sich noch immer den Schmerz trugen, der ihnen von Freundschaftsbrüchen aus dem Kindergarten nachhing. So etwas ist ein eingeschlossener Schmerz, der verhindert, dass ich Freundschaft wieder wage. Gleichzeitig ist ein Ende eben Teil des Lebens, normal und in Ordnung.

EIN ENDE MUSS NICHT SCHLIMM SEIN

Wie schon häufig betont, gilt auch hier: Das Schöne an der Freundschaft ist gerade auch ihre Freiheit. Die Freiheit, dass eine Freundschaft weder festen Anfang noch Ende braucht. Sie darf einfach sein, so lange wie sie eben ist. Die wenigsten Freundschaften begleiten uns ein ganzes Leben lang, und ich meine, das ist okay so. Sie entstehen organisch und sterben vielleicht auch genauso organisch. Wenn uns nichts mehr verbindet, dann muss man auch nicht verkrampft daran festhalten. Das kann unseren Freundschaften möglicherweise auch Druck nehmen, wenn wir das «Ganz oder gar nicht»-Prinzip auch manchmal entzerren.

Freundschaften sind oft einfach in ihrer jeweiligen Lebensphase besonders schön. Wir brauchen bei dem Thema auch Entspanntheit, dass eine Freundschaft für eine gewisse Zeit gut und schön war, und, nur weil sie nicht fortbesteht, ist sie dadurch nicht insgesamt schlecht gewesen. Zahlreiche Freundschaften gehen einfach auseinander, weil die gemeinsame Schulzeit endet, der Studienort verlassen wird oder andere gemeinsame Berührungspunkte verschwinden. Ich bin der Meinung, dass wir über solche «Verluste», neben nostalgischer Traurigkeit, auch ganz viel Dankbarkeit erleben können.

Ich denke an mehrere intensive Freundschaften in meinem ersten und zweiten Studium. Menschen, die ich von Herzen mochte, und deren Zuneigung zu mir ich als ebenso echt einschätzen würde. Uns verband Freundschaft, die gemeinsame Lebensphase und der gemeinsame Wohnort. Wenn zwei von drei Faktoren wegfallen, braucht es eine absichtsvolle Gestaltung, diese Freundschaft weiter zu gestalten, und das war mir nur bei bestimmten Freundschaften möglich.

Ich erinnere mich an eine Abschlussparty, als eine Freundin wegzog und ich weinen musste. Der Abschied fühlte sich endgültig an. Wir wussten irgendwie beide, dass wir nicht in Kontakt bleiben würden, und mussten beim Abschied darüber lachen und weinen. Es tat weh und war gleichzeitig in Ordnung. Ich frage mich manchmal, wo sie heute lebt und was sie so macht, aber da ist kein Schmerz, kein Ungleichgewicht und keine bittere Note. Die Zeit war gut, die wir miteinander hatten, und ihr Weggehen schuf Platz für neue Freundschaften. Denn wenn keine Freundschaft endet, dann haben wir auch keinen Platz für neue.

Mit einer Freundin war es so, dass sie mir, kurz bevor ich meinen Studienort verließ, sagte: «Franzi, wir werden nicht in Kontakt bleiben. Ich schreibe nicht gern und werde mich vermutlich nicht bei dir melden. Aber wenn wir uns sehen, dann wird es sein wie immer.» So ausgesprochen war es selten, aber es war eine unglaubliche Freiheit. Sieben Jahre später zähle ich sie nach wie vor zu meinen Freunden, denn wenn wir uns sehen, ist es unglaublich tief, inspirierend und wohltuend. Eine Freundschaft zum Auftanken, so wie ein Urlaub. Selten, aber so erholsam. Obwohl es für mich zunächst klang, als würde unsere Freundschaft bewusst enden, wurde das Ende zu einem Neuanfang. Es beendete die Freundschaft, wie wir sie bisher gelebt hatten. Wir fanden für uns beide ein Format, mit dem wir langfristig weitermachen konnten, auch wenn ich manchmal vermisse, was wir hatten.

Ich habe allerdings mehr Freundschaften, die vorübergehend sehr eng waren und den nächsten Ortswechsel nicht überlebt haben. Das ist immer noch schade, aber bei mir überwiegt die Wertschätzung für das, was wir eine Zeit lang hatten.

Solche Freunde sind Wegbegleiterinnen und Wegbegleiter gewesen, die für ihre Zeit wichtig und gut waren.

Danke, dass du damals für mich da warst. Danke, dass du mich mitgeprägt hast. Danke für diese schöne gemeinsame Zeit. Ich kann nicht an jeder Beziehung festhalten und trotz meines Wunschs, das Bleiben in Freundschaften zu lernen, kann ich es nicht bei allen.

FREUNDSCHAFTSLIMIT UND DIE ANGST VOR DEM VERSAGEN

Wenn wir Robin Dunbar Glauben schenken, dann haben wir, wie oben bereits erwähnt, alle ein Freundschaftslimit. Die Dunbar-Zahl besagt, dass wir kognitiv etwa 150 Menschen persönlich kennen können. Das muss ein reiner Richtwert sein, denn Dunbar konnte nicht wissen, dass allein meine Verwandtschaft aus so vielen Personen besteht, und das ist nicht gelogen.

Ich weiß nicht, wie vielen Menschen ich in meinem Leben begegnet bin. Aber es sind weit mehr als 150! Klar, es sind nicht alle Menschen meine Freunde geworden. Aber theoretisch könnte es jeden Tag passieren, dass wir neue Menschen kennenlernen und neue Freundschaften schließen.

Neue Freundschaften brauchen Zeit und Investition und verdrängen dadurch alte Freundschaften, die aufgrund von Lebensphasenveränderungen oder Entfernung weniger Zeit beanspruchen.

Gleichzeitig wird man Freunde nicht einfach los, nur weil man zu viele hat, oder?

Ich würde über mich selbst sagen, dass mein größter Reichtum darin besteht, viele sehr gute Freunde zu haben. Ich habe meine Zwanziger damit verbracht, in Freundschaften zu investieren, und ich bin sehr dankbar für sie. Gleichzeitig wurde das Leben in den vergangenen Jahren voller, was mich als notorische Optimiererin herausforderte, noch mehr Bereiche in meinem Leben möglichst effizient zu gestalten.

Also auch meine Freundschaften. Ich versuche, immer mehr Menschen in der gleichen Zeit gerecht zu werden. Ich arbeite meine Nachrichten mit System ab, organisiere meine Urlaube so, dass ich möglichst viele Freunde besuchen kann, und merke zunehmend, dass ich darin versage. WhatsApp hält mir dafür täglich den Spiegel vor. Ich bin jemand geworden, der monatealte Telefondate-Anfragen unbeantwortet lässt. Die vergisst, Sprachnachrichten, die länger als zwei Minuten sind, überhaupt anzuhören, die trotz bestmöglichem Antwortsystem nicht hinterherkommt, sich Stress aufbaut und Konflikte produziert.

Ich habe einen guten Freund gehabt, bei dem ich mir einfach eingestehen muss, dass er mich geghostet hat – ob unbewusst oder bewusst, kann ich nicht sagen. Wir waren gut befreundet, doch vor ein paar Jahren hörte er auf, mir zu antworten. Weil ich ihm das Beste unterstellte («Er hat sicher viel um die Ohren, er vergisst zu antworten, hoffentlich geht es ihm gut …»), habe ich ihm trotzdem weiter geschrieben, zum Geburtstag, zu Ostern, wenn ich an ihn gedacht habe, an Weihnachten. Nach anderthalb Jahren einseitigem Chatverlauf habe ich aufgegeben, ihm zu schreiben. Scheinbar hat er das Band abgelegt, dann mache ich das jetzt auch.

Dabei ist eine Mischung aus Ärger und offenen Fragen zurückgeblieben. Ärger, weil ich es schlichtweg doof finde, dass er nie geantwortet hat. Und offene Fragen, weil doch immer mal wieder ein leiser Zweifel über mich hinwegfegt, ob nicht doch mehr dahintersteckt? Und dann denke ich an mein eigenes Antwortverhalten und werde etwas demütiger, denn mir fallen auch eigene uncoole Aktionen ein, wo ich mich lange nicht gemeldet habe. Mein erster Impuls ist es, mich erklären zu wollen, denn es tut mir leid und mein Nichtantworten nagt an meinem Gewissen, piekst mein Selbstverständnis als Freundin. Ich möchte treu sein, da sein und bleiben – und scheitere doch selbst auch.

«Du hast einfach zu viele Menschen in deinem Leben», höre ich von den einen. Und: «Man muss doch nicht allen Erwartungen gerecht werden» von anderen. Vielleicht stimmt beides, aber ist die Feststellung schon die Lösung? Man kickt nicht einfach Menschen aus dem Leben, nur weil es zu viele geworden sind, oder etwa doch?

Ich weiß, dass ich nicht antworten muss, aber ich möchte es doch. Ich möchte dir doch eine Freundin sein. Einfach nicht zu antworten, dich zu ghosten, schweigend aus deinem Leben zu verschwinden, ist für mich Ausdruck des Gegenteils. Es ist Egoismus, es ist eine Absage an unsere Freundschaft, eine Bagatellisierung unserer Verbundenheit. Es ist auf jeden Fall nichts Gutes, und: So möchte ich nicht sein. Und doch scheitere ich an meinem Selbstanspruch. Ich ärgere mich über meine Begrenzung, meinen Mangel an Zeit und Ressourcen, die Beschränkung, nur an einem Ort sein zu können und sozial erschöpft zu sein.

Ich muss mir eingestehen, dass ich es oftmals nicht schaffe, die Freundin zu sein, die ich sein will. Ich bin mit meinen Freundschaftskapazitäten am Limit. Und weil ich Angst davor habe, diesem Versagen ins Gesicht zu blicken, kommuniziere ich kein Ende. Denn eine Freundschaft zu beenden ist für mich innerlich mit Aufgeben und Versagen verknüpft. Ist es das aber immer? Beziehungsweise ist es nicht eine bloße Illusion zu glauben, dass es kein Ende gibt, nur weil wir es nicht als solches benannt haben?

HIER GEHT KEINER

Ich erinnere mich an eine Situation, als ein Freund aus einer WhatsApp-Gruppe austrat und der Admin ihn einfach mit den Worten wieder hinzufügte: «Hier geht keiner.»

Ich dachte lange, dass ich nach diesem Motto auch meine Freundschaften lebe. Hier geht keiner.

Zwischen meinen konzentrischen Freundschafts-Kreisen aus Kapitel 4 besteht die Freiheit, sich hin und her zu bewegen, aber dass jemand die Kreise willentlich *verlässt*, ist in meinem System nicht vorgesehen. Dachte ich zumindest. In meiner idealistischen Vorstellung lässt sich über alles sprechen. Freundschaften können durch Konflikte sogar vertieft werden, und solange zwei Menschen an einer Freundschaft Interesse haben, wird es immer einen Weg geben. Letzteres glaube ich immer noch, aber meistens ist das Auseinandergehen nicht unbedingt eine einvernehmliche Entscheidung. Uns sind unsere Freundschaften unterschiedlich wichtig und der Wert «Freundschaft» wird unterschiedlich gewichtet, sodass natürlich auch ein Gehen verschieden empfunden wird. Da für mich der Wert «Freundschaft» in den letzten Jahren bedeutsamer wurde, fühlt sich ein Gehen wie Versagen an, als Verrat meiner Werte. Gleichzeitig war es mir immer wichtig, meine Freunde nicht mit meinen Erwartungen einzuengen, da ich selbst nicht gerne eingeengt werde.

Während ich also paradoxerweise den Anspruch an mich selbst hatte, nicht gehen zu dürfen, wollte ich dir aber die Freiheit geben, stets gehen zu dürfen.

«Du darfst gehen.»

Ich will meinen Freunden die Freiheit zusprechen, dass sie nicht aus Pflichtbewusstsein oder vorschnellen *commitments* bleiben müssen, sondern immer auch die Möglichkeit haben, zu gehen. Ob mich das was kostet? Klar, das kostet mich ganz viel Mut und auch Überwindung. Aber ultimativ entspricht es meinen Werten.

Ich möchte selbst in Freundschaften aus einer Freiheit heraus bleiben und meinen Freunden das ebenfalls zugestehen. Ich möchte niemanden an mich binden, unter Druck setzen oder unrealistische Erwartungen stellen. Wenn jemand aus der Freundschaft mit mir rausgehen möchte, dann sollte sie oder er das tun dürfen. Trotz meines, wie ich finde, noblen Anliegens, ist das aber leichter gesagt als gelebt. Mir wurde bis zum heutigen Tag dreimal explizit die Freundschaft gekündigt, eine Geschichte habe ich zu Beginn dieses Kapitels geschildert. Obwohl zwischen den Ereignissen jeweils ein paar Jahre lagen, waren sie doch ähnlich: Ich wurde vor vollendete Tatsachen gestellt und musste die Entscheidung akzeptieren, obwohl ich mich missverstanden fühlte.

Kann ich jemandem nicht guttun, obwohl ich versucht habe, eine gute Freundin zu sein?, fragte ich mich damals bei der ersten Geschichte. Das war zumindest meine Perspektive. Aber gut gemeint und gut gemacht sind zwei unterschiedliche Paar Schuhe, und ich musste anerkennen, dass ich das Ende zwar nicht beabsichtigte hatte, aber dennoch mit daran beteiligt war und durch mein Verhalten dazu beigetragen hatte.

GEFÄLLE. ODER: HOW I KILLED A FRIENDSHIP

Da Freundschaften ständigen Veränderungen ausgesetzt sind, kann es sein, dass wir uns buchstäblich aus den Augen verlieren, weil wir nicht mehr auf Augenhöhe sind. In einer engen Freundschaft kam es in der Krisenzeit einer Freundin dazu, dass ich die Rolle ihrer Seelsorgerin übernahm. Ich wurde die Helfende, sie die Ratsuchende, und unsere Freundschaft, die auf Augenhöhe begonnen hatte, geriet in Schieflage.

Während punktuelle Gefälle für Freundschaften völlig normal sind, schufen wir über Monate ein sich vertiefendes Gefälle. Sie überfrachtete unsere Freundschaft mit ihren Bedürfnissen, ich übernahm Verantwortung, die nicht zu mir gehörte. Ich war in meinem Element, den Messias zu spielen, und konsolidierte das Gefälle, indem ich aufhörte, ihre Freundin zu sein. Als es ihr wieder besser ging, war sie für meine Unterstützung dankbar, aber wir fanden aus dem Ungleichgewicht nicht wieder heraus. Sie brach den Kontakt ab. Ich weiß nicht genau, was der wirkliche Grund war, aber in einer letzten E-Mail schrieb sie, dass sie mir dankt, dass ich für sie da gewesen sei, dass sie nun aber Abstand brauche.

Mich stieß das vor den Kopf, denn ich hatte es doch so gut gemeint. Irgendwann stellte ich fest, dass es nicht die einzige Freundschaft war, in der ich durch meine zu schnelle Verantwortungsübernahme das Gefälle vertieft, manchmal sogar produziert hatte. Das ist zunächst mal eine Kollision, und ich bin dankbar, dass ich damit nicht alle meine Freundschaften notorisch vor die Wand fuhr. Aber es blieb nicht nur bei der einen.

Ich habe aus dieser Art von Ende gelernt, wie wichtig Grenzen für Freundschaften sind, und wie es die Freiheit und Würde des anderen schützt, wenn ich nicht die Rolle der Seelsorgerin übernehme.

Dem anderen helfen wollen, kann sogar verletzen. In meiner Zeit in Kanada, als ich ein Praktikum in einem sozialdiakonischen Projekt machte, las ich das Buch «When helping hurts» von Steve Corbett. Es hinterfragt Menschen mit ausgeprägtem Helfersyndrom und Messias-Komplex.

Ich fühlte mich in Freundschaften, in denen ich die Helfende war, lange wohl. Da war ich von Nutzen, sicherte mir meine Legitimität durch mein Gebrauchtwerden. Es ist eine Rolle, die ich früh verinnerlicht habe. Ich lernte erst später durch meine Freunde, dass sie mich als Freundin wollten und nicht als Seelsorgerin, ganz gleich, wie gut ich darin war.

Für mich markiert das mittlerweile eine klare Grenze für Freundschaften. Ich kann nicht beides sein – ich bin entweder deine Seelsorgerin oder deine Freundin. Wenn du meine Freundin bist, helfe ich dir beim Suchen einer Seelsorgerin, springe aber nicht mehr selbst auf dieses Bedürfnis an. Ich musste das Freundinsein lernen und erlebte, dass manche Freundschaft diesen Rollenwechsel nicht überleben konnte. Denn wenn wir es nicht schaffen, unsere Konflikte zu lösen und unser Gefälle wieder auszubalancieren, dann kommt eine Freundschaft an ihr Ende.

«Wir haben es nicht geschafft.»

Ein befreundeter Pastor erzählte mir, wie eine langjährige Freundschaft in seinen Vierzigern an einem Rollenkonflikt scheiterte. Als Seelsorger war er an einem Fall beteiligt, von dem sein Freund zwar nicht unmittelbar betroffen war, bei dem er aber das Vorgehen des Pastors nicht guthieß. «Wir haben es nicht geschafft», erzählte mein Freund mir im Gespräch. Es ist eine traurige Erkenntnis, dass man schon so viel im Leben gemeinsam durchgestanden hat, nur um sich dann in der Mitte des Lebens in einem komplexen Konflikt gegenüberzustehen, den man nicht gelöst bekommt. Die Ernsthaftigkeit und die Komplexität der Sache brauchte mehr als ein «Schwamm drüber» oder ein «War nicht so gemeint».

Je älter man wird, desto komplexer werden unsere Lebensgeschichten, und wenn Konflikte entstehen, haben sie meist einen längeren Vorlauf. Bei manchen führt die längere gemeinsame Geschichte zu der Überzeugung, dass es genau deshalb lohnt, daran festzuhalten. «Wir haben schon so viel zusammen durchgestanden, dann schaffen wir das auch.» Bei anderen wird die Vergangenheit zum Rattenschwanz. Mit dem neuen Konflikt kommen alte Geschichten hoch, und der punktuelle Konflikt wird Teil einer Vorwurfsgeschichte, in der Sätze wie «Das hat mich schon immer an dir gestört!» fallen. Die Vergangenheit wird in einem negativen Licht reflektiert und das Ende der Freundschaft wird zum notwendigen Befreiungsschritt. Kennst du das auch?

- **Welcher Freundschaft trauerst du nach?**
- **Welches Ende einer Freundschaft fühlte sich an wie ein Befreiungsschlag?**

TOXISCHE FREUNDSCHAFTEN

Wir labeln Beziehungen, die uns nicht guttun mittlerweile recht schnell, fast inflationär, als «toxisch». So wichtig es ist, dass wir in unseren Freundschaften lernen zu unterscheiden, was gesunde und ungesunde Dynamiken sind, sollten wir mit dem Urteil «toxisch» nicht voreilig sein. Ich sage das nicht, weil ich dazu raten würde, in Beziehungen zu bleiben, die einem nicht guttun, sondern weil ich glaube, dass es gute Unterscheidungshilfen braucht. Denn nicht jede Beziehung, die sich nicht gut anfühlt, ist gleich toxisch, und nicht jede Loslösung aus einer toxischen Beziehung ist einfach ein Befreiungsschlag.

Als «toxisch» werden umgangssprachlich Beziehungen bezeichnet, die uns unglücklich machen, die uns in unserem Selbst verunsichern und uns mehr Kraft rauben, als sie uns geben. Wenn dir da jetzt ganz viele Menschen einfallen und von deinem Chef bis zu deiner Oma alles dabei ist, dann gilt es kurz innezuhalten. Viele Beziehungsgeflechte haben wir uns nicht ausgesucht, und während wir lernen müssen, Grenzen zu setzen und für unser Wohlsein Verantwortung zu übernehmen, ist das Kündigen einer Beziehung nicht immer der beste Weg.

Es gibt Freundschaften, die dir schaden, weil deine Freunde sich falsch verhalten. Aggressives, manipulatives oder einschüchterndes Verhalten ist nicht in Ordnung, und ein Freund, der offensichtliches Fehlverhalten entschuldigt bzw. zudeckt, zahlt einen hohen Preis. Vielleicht ist das negative Verhalten aber subtiler, und du hast dich an bestimmte Charaktereigenschaften deiner Freunde gewöhnt, die dir vielleicht gar nicht mehr auffallen, dir aber auch nicht guttun.

- **Gibt es eine Freundschaft, in der du dich so fühlst, als müsstest du «auf Eierschalen gehen»? Ständig aufpassen, wie die andere Person reagiert?**
- **Gibt es eine Freundschaft, in der du dich abhängig fühlst? Was steckt dahinter?**
- **Gibt es eine Freundschaft, in der du nicht «Nein» sagen kannst oder darfst? Gibt es Freunde, in deren Gegenwart du dich verstellst, sodass du dich selbst nicht magst und in ungesunde Muster verfällst?**

Es geht nicht darum, dass wir einen Schuldigen ausmachen. Es geht darum, dass wir die Dynamik verstehen und vielleicht ehrlicher und klarer sehen, was hinter so mancher Freundschaft steckt.

Vielleicht hast du auf manche Freundschaften aber auch keine Lust mehr. Du scheust dich davor, dass die eine Freundin oder der eine Freund auftauchen könnte. Du spürst, dass die Freundschaft nicht mehr ist, was sie mal war. Du bist enttäuscht, genervt und magst die Erwartungen nicht, die an dich gestellt werden.

Hier gilt es, in unserem Impuls, eine Freundschaft abzubrechen, innezuhalten. Sich der eigenen Gedanken und Gefühle bewusst zu werden. Ich würde dich ermutigen, dass du mit jemandem darüber sprichst – mit einer Therapeutin/einem Therapeuten, einer Seelsorgerin/einem Seelsorger oder mit Freunden und Freundinnen, die diese Person nicht kennen. Es kann auch in der betreffenden Freundschaft sein, wenn das möglich ist, muss aber nicht.

Wie gesagt: Grenzen sind in Freundschaften wichtig, sie sind das gesunde Gegenstück zur Freiheit, und eine uferlose Freundschaft ist nur die Illusion von Freiheit. Nach der Erkenntnis, dass die Freundschaft so nicht weitergehen kann, muss eine Grenze markiert werden. Wenn du anfängst, in einer Freundschaft notwendige Grenzen zu ziehen, wirst du erleben, wie «gesund» diese Freundschaft wirklich ist. Wenn du Grenzen ziehst und die Freundschaft daran zerbricht, bestand sie vielleicht nur aufgrund deiner Grenzenlosigkeit. Ungesunde Freundschaften werden dich manipulieren, deine Grenzen aufzugeben, gesunde Freundschaften werden sie akzeptieren.

Ich habe beides erlebt. Ich habe Grenzen gezogen, auf die mit viel Wut reagiert wurde, und ich habe Grenzen gezogen, die akzeptiert wurden und wo wir miteinander daran gearbeitet haben, dass unsere Freundschaft weiter bestehen konnte. Es ist nicht einfach, sich einzugestehen, dass man in einer ungesunden Beziehung feststeckt. Doch wenn du eine enge Freundschaft zu einer Person hast, die deine Grenzen nicht respektiert, nie nachfragt, wie es dir geht, dich energiemäßig aussaugt, sich ständig beschwert und andere schlechtmacht, die nur über sich selbst und eigene Probleme spricht, sich nicht entschuldigt und bei der du nicht das Gefühl hast, du selbst sein zu können, dann stellt sich die Frage, ob das wirklich eine Freundschaft ist.

Wenn du in Beziehungen zu Menschen stehst, die dir nicht guttun, du sie aber – aus welchen Gründen auch immer – nicht aus deinem Leben ausschließen willst oder kannst, dann bleibe, aber nenne sie nicht deine Freunde. In gesunden Freundschaften sollte man Raum haben und über ein «Zeit mit dir tut mir gerade nicht gut» oder ein «Unsere Freundschaft tut mir gerade nicht gut» sprechen können. Wenn ich deine Freundin wäre, würde ich das wissen wollen. Ich würde auch gerne herausfinden, woran das liegt. Ich würde mir wünschen, dass du über dein Unwohlsein reden kannst und wir gemeinsam üben, unsere Grenzen zu achten.

Denn wenn wir den Eindruck haben, dass uns eine Freundschaft nicht guttut, dann gilt es immer, näher hinzuschauen. Was löst dieses Gefühl aus? Liegt es daran, dass die andere Person mich schlecht behandelt, Lügen über mich verbreitet oder etwas Falsches tut? Oder liegt es daran, dass die andere Person zwar nichts Falsches getan hat, aber dennoch etwas bei mir triggert, was zu negativen Gefühlen führt? Ein Gespräch, wenn auch mit unterschiedlichen Zielen, könnte in der Beziehung Freiheit schaffen. Die Reaktion des anderen kann mir Klarheit verschaffen, ob ich diese Freundschaft tatsächlich beenden sollte, oder sie kann neues Vertrauen schaffen, um an der Freundschaft zu arbeiten.

DAS ENDE EINGESTEHEN

Ich möchte meinen Freunden, die mir gegenüber einen Schlussstrich gezogen haben, Mut unterstellen. Dass sie so gehandelt haben, wie es für sie gut schien und was sie gebraucht haben. Ich möchte sie dafür feiern, dass sie für sich einstehen, Grenzen ziehen und Verantwortung übernehmen. Denn sich ein Ende einzugestehen, kostet Mut und braucht Ehrlichkeit. Wenn es für dich besser ist zu gehen, dann möchte ich dich dazu ermutigen, diesen Schritt zu machen. Ich werde dich nicht festhalten, nicht zum Bleiben zwingen und dich auch nicht dafür bestrafen. Mir scheint es schlimmer, wenn man sich das Ende nicht eingesteht. Man nicht ehrlich zu sich ist. Vielleicht hofft man noch, dass das Gefühl sich auflöst oder dass die oder der andere mir einen Grund liefert zu gehen. Und das notwendige Gespräch zur Trennung wird nicht geführt, wird aufgeschoben.

Bei einer Freundschaft erfuhr ich von den negativen Gefühlen zwischen uns erst beim Abschied. Sie hatte die Entscheidung ohne mich getroffen und, statt mich an irgendeinem Punkt in ihre Gedanken miteinzubeziehen, war sie den Weg ohne mich gegangen. Am Ende kam eine Mail, in der sie sich verabschiedete. Meine Person und ihr negatives Gefühl unserer Freundschaft gegenüber waren eine Einheit geworden, die zu dem Zeitpunkt nicht mehr voneinander zu trennen waren. Ich konnte ihre Argumentation nachvollziehen, aber ich fühlte mich vor vollendete Tatsachen gestellt. Es gab kein Gespräch, sondern nur eine Abschiedsmail.

In einer anderen Freundschaft versuchten wir, an dem «Du tust mir nicht gut» zu arbeiten. Sie sagte zumindest, dass sie an der Freundschaft arbeiten wolle. Fakt war, dass daraufhin aber nichts folgte. Es blieb ein leerer Satz. Sie sagte mir zwar, dass sie an der Freundschaft festhalten wolle, aber es wäre ehrlicher gewesen, hätte sie zugegeben, dass sie nicht mehr will. Diese Ehrlichkeit fällt natürlich schwer, denn wir wollen einander nicht verletzten. Finden es vielleicht auch übertrieben, den Kontakt abzubrechen, oder fürchten die Konfrontation. Und vielleicht haben wir einfach kein Skillset, wie man richtig Schluss macht. Dazu später mehr.

Ich habe mich nach diesen Erfahrungen gefragt, ob ich eine dieser toxischen Persönlichkeiten bin, vor denen gewarnt wird. Ich lese immer wieder, dass vor ihnen gewarnt wird, und nicht, dass sie vor sich selbst warnen. Bin ich also selbst eine toxische Persönlichkeit, weil zu mir schon Menschen gesagt haben, dass ich ihnen nicht guttue?

Du musst mir glauben, dass ich mich nicht rechtfertigen möchte, wenn ich diese Frage mit Nein beantworte. Trotzdem muss ich anerkennen, dass diese Bewertung nicht in meiner Hand liegt. Wie mich eine andere Person wahrnimmt und bewertet, was sie auf mich projiziert, kann ich nicht kontrollieren. Schon gar nicht, wenn ich keinen Einblick in ihre Gedanken und Gefühle bekomme, die im Geheimen eine eigene Dynamik entwickeln.

In meinem Optimismus denke ich, dass wir es hätten schaffen können. Ich glaube, dass es möglich gewesen wäre zu sagen: «Franzi, in der und der Hinsicht fühle ich mich gerade nicht gut mit dir.»

Woher ich das weiß? Es gibt Freundinnen und Freunde, die das gemacht haben. Die mich mit dieser Ansage aber nicht aus ihrem Leben entfernt, sondern sich ganz verletzlich gezeigt haben. Denn jemandem zu sagen, dass man sich nicht gut mit ihr oder ihm fühlt und gleichzeitig die Verantwortung für dieses Gefühl zu übernehmen, braucht viel Reife und Verletzlichkeit.

Solche Gespräche haben aufgrund ihrer verletzlichen Ehrlichkeit ein großes Potenzial. Ich habe mich immer sehr geehrt gefühlt, wenn Freunde den Mut hatten, mir gegenüber verletzte Gefühle zu äußern, mich in ihre Ängste, ihren Neid oder ihre Unsicherheit hineinblicken zu lassen. Es ging meistens gar nicht darum, dass wir unser Verhalten grundsätzlich verändern mussten, sondern dass wir wieder Vertrauen ineinander und in unsere Freundschaft fassten.

Ich finde es desillusionierend, dass ich mit meinem bloßen Sein, meiner Geschichte, meinem Aussehen und meinem Charakter schmerzliche Gefühle bei anderen Menschen und eben auch bei meinen Freunden hervorrufen kann. Gleichzeitig ist es eine wichtige Lektion, dass diese Gefühle nicht meine Verantwortung sind. Du kannst sie mir mitteilen, du kannst dich öffnen, aber du kannst nicht erwarten, dass ich von ihnen weiß, geschweige denn, dass ich für sie Verantwortung übernehme.

Bevor wir einander also allzu schnell als «toxisch» deklarieren und uns aus unserem Leben verbannen, würde ich mir wünschen, dass wir einander ehrlich fragen, was dahintersteckt. Je klarer ich für mich weiß, was wirklich los ist, desto klarer werde ich eine Grenze kommunizieren können. Ich würde mir auch wünschen, dass wir Verantwortung für unsere Gefühle übernehmen. Ich für meine, du für deine. Ich würde mir auch wünschen, dass du das Gespräch suchst, nicht, weil jedes Klärungsgespräch eine Lösung bringt, aber weil es ein Anfang wäre. Auch wenn es manchmal der Anfang vom Ende ist.

Und trotz aller Reifeschritte und wünschenswerter Reflexion sind wir hier nicht bei «Wünsch dir was». Ungesunde Dynamiken brauchen viel Arbeit und Gnade, dass sie Veränderungen erleben. Bei Freundschaften, die nach Konflikten an dieser Arbeit nicht interessiert sind, sollte man sich nicht unnötig die Zähne ausbeißen und einen Schlusstrich ziehen. Freundschaften müssen nicht um jeden Preis aufrechterhalten werden.

Ein Ende ist normal und manchmal notwendig, und wir brauchen Hilfe dabei, dieses Ende gut zu navigieren. Ich meine zwar auch, dass wir tendenziell in unserer Generation eher zu früh gehen, als zu lang aushalten, aber das lässt sich nicht pauschal beurteilen. Es scheint oft leichter, mich dem negativen Gefühl zu entziehen und den Auslöser für mein Gefühl zu verbannen, als nach dem wahren Ursprung zu suchen. Es ist auch leichter zu sagen: «Du tust mir nicht gut», als wirklich herauszufinden, was hier mit mir los ist.

Kurz nach Weihnachten sprach ich mit meinem Kollegen darüber, warum so viele Menschen gerade nach den Feiertagen erschöpft sind. Die Erwartungen an eine harmonische Zeit im Kreis der Familie sind zur Weihnachtszeit enorm hoch und die Realität oftmals eine andere. Gerade nach Weihnachten geht es in vielen Seelsorgegesprächen um die Dynamiken in der Herkunftsfamilie, um dysfunktionale Kommunikation und schwelende Konflikte. Mein Kollege meinte, dass die Unterscheidung zwischen dysfunktionaler und funktionaler Familie nicht so viel Sinn mache, da jede Familie ihre eigenen dysfunktionalen Dynamiken habe. Es gebe eben keine vollkommen funktionale Familie.

Der Unterschied zwischen Familien liege eher darin, ob man die Schwierigkeiten ausblende oder anspreche, nicht, ob sie vorhanden seien oder nicht.

Ich glaube, dass das Prinzip auch für Freundschaften hilfreich ist, weil die Frage danach, ob mir jemand «nur guttut» zu kurz greift. Anstatt allein darüber zu urteilen, ob ich den Kontakt zu Menschen abbreche, kann es hilfreich sein, sich von anderen Menschen die richtigen Fragen stellen zu lassen.

- Was kannst du tun, damit es dir in der Freundschaft besser geht?
- Was würde besser, wenn du den Kontakt abbrichst?
- Was wäre schlechter?
- Mit welchen deiner Werte geht der Abbruch einher, mit welchen kollidiert er?
- Was würdest du vermissen?

SCHLUSS MACHEN UND LOSLASSEN LERNEN

«Also lasst uns doch bitte wieder lernen, Schluss zu machen», schreibt der Journalist Arno Frank.[72]

Aber wie macht man denn gut Schluss? Beziehungsweise warum ist es wichtig, es zu lernen?

Ich leite ein Mentoring-Programm an einer theologischen Hochschule und vermittle Mentoren an Studierende. Im Vorgespräch betone ich immer wieder, dass eine Mentoring-Beziehung ordentlich beendet werden sollte, und wenn es mal knirscht, sollte man das ansprechen und sich nicht einfach nur nicht mehr melden. Warum ich das so betone? Weil es so häufig vorkommt.

Es gab in den letzten Jahren immer wieder Studierende, die anfingen, mich auf dem Campus zu meiden, und die die Konfrontation meiner Nachfragen scheuten. Sie hatten sich dann meist nicht mehr bei ihrem Mentor oder ihrer Mentorin gemeldet und fürchteten, dass ich sie auf ihr unklares Schlussmachen ansprechen könnte. Es produziert Frust auf allen Seiten: bei den Mentoren und Mentorinnen, die über die Gründe im Dunkeln gelassen werden, bei mir, weil mir Informationen zur Wiedervermittlung fehlen, und auch bei den Studierenden, denen das schlechte Gewissen nachhängt.

Die Schwierigkeit bei Freundschaften und der Unterschied zu Mentoring-Beziehungen ist, dass ihnen diese Vereinbarung fehlt. Wir vereinbaren in Freundschaften kein Zeitlimit und setzen keinen Vertrag auf. Wir merken manchmal noch nicht einmal, dass eine Freundschaft keine mehr ist. Wie kündigen wir also einen Vertrag, der nie geschlossen wurde? In diesem Punkt wird die Freiheit der Freundschaft zur schwammigen Ungewissheit, zu einem Frust- oder Angstpunkt.

Ist ein Trennungsgespräch nicht albern? Und per Nachricht eine Freundschaft zu beenden ist doch auch schlichtweg feige, oder nicht? Braucht es ein dezidiertes Schlussmachen, wenn man einfach kein neues Format findet, wenn man aus der Freundschaft rausgewachsen ist oder sie tatsächlich beenden will?

Schluss machen

Es gibt die Freiheit und manchmal auch die Notwendigkeit, eine Freundschaft zu beenden. Statt weiterhin die Frustration zu ertragen, die ungeklärte Enden mit sich bringen, kann man lernen, ein Ende zu kommunizieren. Dafür musst du dir das Bedürfnis nach dem Ende eingestehen, Verantwortung für deine Gefühle übernehmen und dich der anderen Person offenbaren. Für ein solches Gespräch schlägt der Psychologe Henry Cloud vor, ein klares Ziel zu formulieren: «Ich möchte in dem Gespräch deutlich machen, dass ich einen Schlussstrich möchte, aber ihr auch sagen, warum.» – «Ich möchte ihr sagen, dass ich ein Ende unserer Freundschaft brauche, so, wie wir sie gerade leben, und dass ich hoffe, dass wir einen Weg finden, an ihr zu arbeiten.» – «Ich will sagen, dass die Person mir wichtig ist, obwohl unsere Wege sich hier scheiden.»[73]

In der Vorbereitung auf ein solches Gespräch hilft es, wenn wir mit jemandem darüber reden, damit wir unsere Sorgen, aber auch unser Anliegen sortieren können. Es hilft auch, dass wir üben, was wir wie sagen wollen. Unsere Botschaft wird klarer ankommen, wenn sie nicht mit beschämenden Worten oder einem kalten Tonfall rübergebracht wird. Am Ende kann man dem Gegenüber Raum geben, die eigenen Emotionen zu äußern, und kann fragen, wie Gesagtes bei ihm oder ihr ankam. Wenn man auseinandergeht, ist das Wie entscheidend. Was bleibt? Wie bleibt es?

Verwirrende, ungeklärte Enden drehen Kreise und können uns innerlich aufreiben. Wir wissen doch nie, was die Zukunft bringt, denn vielleicht laufen wir uns irgendwann wieder einmal über den Weg. Wir wissen auch nicht, wie wir uns beide verändern und ob zu irgendeinem Zeitpunkt ein Neuanfang möglich sein wird. Wir sollten in unserem Beschluss, Schluss zu machen, klar sein. Ehrlich, respektvoll, aber klar. Wir hoffen, dass wir unsere Botschaft abfedern können, wenn wir sie hinter unklaren Worten verschleiern, das Ergebnis ist aber, dass man sich dann fühlt, als würde man zwischen den Seilen hängen. Cloud empfiehlt, dass ein Ende auch wirklich ein gewünschtes Ende sein sollte: «Lass keine Tür oder Fenster offen, wenn du es nicht willst. Schließ sie jetzt, damit du es nicht wieder tun musst.»[74] Wir tun mit dieser Klarheit nicht nur anderen einen Gefallen, sondern auch uns selbst.

Ich möchte eine Freundin sein, die dich nicht im Unklaren lässt. Ich möchte ein Mensch sein, der lernt, den notwendigen Schlussstrich im Leben nicht zu umgehen, sondern der sich ihm mutig stellt. Dafür brauche ich nicht nur eine Vision fürs Bleiben, sondern auch fürs Loslassen.

Ich habe vor einigen Jahren mit dem Bogenschießen begonnen. Hauptsächlich wegen meines Rückens, aber auch, weil Tauriel aus «Der Hobbit» mein heimliches Vorbild ist. Wer im Bogensport ist, der lernt, dass man im Grunde nicht in erster Linie das Treffen, sondern das richtige Loslassen übt. Nach zahlreichen Schüssen trifft man immer besser, aber das ist nur die Begleiterscheinung des richtigen Loslassens. Und loslassen wird leichter, wenn man es übt. In Freundschaften kann man das Loslassen üben, indem man sich mit seiner Versagensangst und den eignen Werten auseinandersetzt.

Wie gesagt, ich habe das Scheitern einer Freundschaft lange als persönliches Versagen gewertet. So, als würde ich meinen Wert von Freundschaft verraten. Das ist aber nicht die ganze Geschichte. Denn in der Anerkennung, dass nicht alle Freundschaften für immer sind, liegt auch etwas Heilsames und Befreiendes.

Doch Loslassen ist einfacher gesagt als getan, denn auch Loslassen müssen wir üben. In seinem philosophischen Roman illustriert der Autor Robert Pirsig das Dilemma des Loslassens anhand der südindischen Affenfalle:

«Die Falle besteht aus einer ausgehöhlten Kokosnuss, die an einem Pfahl angebunden ist. In die Kokosnuss kommt eine Handvoll Reis, nach dem der Affe durch ein kleines Loch greifen kann. Das Loch ist groß genug, dass er die Hand reinstecken kann, aber zu klein, um die Faust mit dem Reis wieder herauszuziehen. Der Affe greift hinein und ist auf einmal in der Falle gefangen – aber nur wegen seiner Wertestarrheit. Er ist außerstande, den Reis neu zu bewerten. Er vermag nicht zu erkennen, dass Freiheit ohne Reis mehr wert ist als die Gefangenschaft mit Reis. Die Dorfbewohner kommen, um ihn zu packen und fortzuschleppen. Sie kommen näher ... immer näher ... jetzt! Welchen allgemeinen Rat – keinen spezifischen, sondern allgemeinen Rat würden Sie dem bedauernswerten Affen in dieser Zwangslage geben?»[75]

«Lass los!», will ich ihm von außen zuschreien. Loslassen würde seine Freiheit bedeuten, auch wenn das Festhalten am Reis nicht an sich etwas Schlechtes ist.

Ebenso steht es um die guten Werte, die uns dazu bringen, an Freundschaften festzuhalten, treu zu bleiben, sich in Ausdauer zu bewähren: Es ist gefährlich, an ihnen festzuhalten, wenn es in einer Situation klüger wäre, loszulassen. Auch in einer Freundschaft ist das Bleiben nicht uneingeschränkt zu empfehlen. Hinter meinem Bleiben steckt auch Stolz. Ich werde nicht diejenige sein, die eine Freundschaft aufgibt. Ich passe besser in mein eigenes Freundschaftsbild, wenn ich bleibe.

Doch die Entscheidung, in einer Freundschaft zu bleiben, muss mit anderen Faktoren ins Gespräch gebracht, ausgelotet und unter Berücksichtigung von tiefgreifenden Veränderungen neu bewertet werden. Bleiben allein um des Bleibens willen verdeckt andere Gründe.

Eine Freundin erzählte mir, dass sie an der besten Freundschaft ihrer Teeniezeit festhält, die sich aber in den letzten Jahren stark verändert habe, weil sich beide in entgegengesetzte Richtungen entwickelt hätten. Ich fragte sie, warum sie an der Freundschaft festhalte, obwohl es so anstrengend war, diese Beziehung aufrechtzuerhalten. Sie antwortete: «Um der Vergangenheit willen. Um der gemeinsamen Zeiten willen. Wir haben so viel miteinander geteilt und sie kennt mich aus einer Zeit, in der ich noch ganz anders war.»

Ich möchte nicht von außen beurteilen, ob es ein guter oder schlechter Grund ist, an dieser Freundschaft festzuhalten. Sie fühlt sich aufgrund der Vergangenheit mit dieser

Freundin immer noch verbunden, selbst wenn die Gegenwart wenig mit der Vergangenheit zu tun hat.

Der Aufräumexpertin Marie Kondo wird das Zitat zugeschrieben: «Warum wir nicht loslassen können, hat eigentlich nur zwei Gründe: eine Verbundenheit mit der Vergangenheit oder die Angst vor der Zukunft.» – Vielleicht kannst und willst du eine Freundschaft um ihrer Vergangenheit willen nicht loslassen. Meine Frage wäre an der Stelle, ob es dann nicht gut wäre, die neuen Gegebenheiten als Ausgangspunkt zu nehmen? Kannst und willst du neu investieren oder verstaubt die Erinnerung an eine frühere Freundschaft als Karteileiche?

Andererseits blicke ich auf eine Freundschaft, bei der ich mir wünsche, ich hätte nicht so früh aufgegeben. Damals fehlte es mir an Selbstbewusstsein und an der Überzeugung, dass wir an einer Freundschaft arbeiten können, die sich für mich nicht gut anfühlt. Ich weiß, dass ich heute anders kommunizieren könnte.

Ein wichtiger Schritt des Loslassens ist, dass ich die Realität annehme. Mir klar darüber werde, was Sache ist. Ich habe mit Freunden darüber gesprochen, was das Schmerzhafte nach dem Ende von Freundschaften ist. Eine Freundin sagte, dass intime Infos, die man mit einer Freundin geteilt hat, nun Infos sind, die eine inzwischen «Fremde» über einen weiß. Eine andere sagte, dass sich die Freundschaft nach einem Bruch wie eine Lüge oder Illusion anfühle, als wäre man betrogen worden oder habe sich zutiefst in einer Person getäuscht. Ein Freund meinte, dass es einfach seltsam sei, wie ein Freund aus seinem Leben verschwand und sich nicht mehr meldete. Wenn nach einem Ende oder einem Bruch nie die Möglichkeit einer Aussprache besteht, kann eine Aufarbeitung besonders schwerfällig sein.

Ich musste es akzeptieren, wenn Freunde bewusste Schlussstriche zogen. Doch je ungeklärter, verletzender und unkommunizierter ich vor vollendete Tatsachen gestellt werde, desto zäher und schmerzhafter drehten sich in der Verarbeitung die Runden.

Es besteht ein Unterschied zwischen Verlust und Loslassen. Ein Verlust ist faktisch – manchmal ereilt er mich plötzlich, manchmal schleichend, aber unwiderruflich werde ich mit ihm konfrontiert. Loslassen hingegen ist eine Aufgabe, der ich mich in Verlusten stellen muss. Denn Verluste brauchen Zeit zum Trauern, für Heilung und möglicherweise auch Vergebung. Vergebung ist eine besondere Form des Loslassens.

Sie ist eine Kunst, ein Prozess und eine gefühlte Unmöglichkeit. Martin Grabe schreibt übers Vergeben: «Vergebung ist die schwerste Form des Loslassens. Aber dort, wo sie gelingt, fördert sie uns, formt unsere Persönlichkeit und macht uns beziehungsfähig.»[76]

Vergebung macht uns beziehungsfähig. Und für die Beziehung hat Gott uns geschaffen. Ich erlebe es in meinen Beziehungen, dass ich Vergebung aussprechen darf, wo Menschen mich verletzt haben, und selbst Vergebung empfangen darf, wenn ich falsch gehandelt habe. Mein Blick geht dann nicht nur auf mich, sondern auf Jesus, der uns darin vorausgegangen ist und durch sein Leben und Sterben Vergebung erwirkt hat. Wir dürfen ihm darin folgen, nicht an Bitterkeit festhalten zu müssen. Wir dürfen loslassen. Unseren Schlussstrich ziehen, innerlich frei werden. «Von Christus zu lernen: Je glücklicher einer ist, umso leichter kann er loslassen. Seine Hände krampfen sich nicht um das ihm zugefallene Stück Leben. Da er die ganze Seligkeit sein nennt, ist er nicht aufs Festhalten erpicht. Seine Hände können sich öffnen», schrieb Dorothee Sölle.[77]

- Kannst du deine Hände öffnen?
- Kannst du loslassen?

Und jetzt?

Genauso wie wir für Freundschaft eine Vision brauchen, brauchen wir auch eine Vorstellung davon, wie ihr Ende aussehen soll.

Ein Ende muss nicht bedeuten, dass eine Freundschaft schlecht war. Loslassen bedeutet nicht, dass früheres Festhalten schlecht war. Es ist okay, dass es Freundschaften auf Zeit gibt, und wir dürfen dieses «Für eine Zeit vertraut» mit Dankbarkeit und Wertschätzung feiern.

Bronnie Ware schreibt in ihrem Buch «Fünf Dinge, die Sterbende am meisten bereuen», dass es vielen Menschen am Ende leidtut, «den Kontakt zu Freunden nicht gehalten zu haben». Schmerz über Entfremdung. Herzschmerz ist auch in Freundschaften eine echte Erfahrung. Menschen leiden unter Freundschaftsabbrüchen und offengelassenen Enden und schauen mit Bedauern zurück. Wir müssen lernen, darüber zu sprechen und zu trauern. Und auch lernen, es zu äußern, wenn wir eine Freundschaft beenden wollen oder müssen.

Ich möchte ermutigen, dass wir um die Freundschaften, die uns wichtig sind, kämpfen und Veränderungen nicht einfach still als Freundschaftskiller akzeptieren. Ich möchte dich ermutigen, verletzliche Gespräche zu wagen, wenn dir deine Freundschaft wichtig ist. Ich möchte uns alle dazu herausfordern, ehrlich zu sagen, warum wir ein Ende wollen oder brauchen!

Suchen wir Freiheit von zu großer Enge? Brauchen wir unsere Kapazitäten woanders? Ist sie uns eigentlich nicht so wichtig? Oder ist sie schlicht nicht mehr existent aufgrund beidseitiger fehlender Investition?

Lasst uns Klarheit darüber schaffen, was hinter den ausblutenden Freundschaften steckt und was wir wirklich wollen.

«Menschen können meiner Meinung nach nur Ja zur Veränderung sagen, wenn sie wissen, wohin und wofür sie das Alte hinter sich lassen sollen und müssen.»[78]

Ich glaube, dass wir nicht an jeder Freundschaft festhalten können, müssen oder sollen. Manchmal ist es Zeit, sich zu verabschieden und ein Ende zu machen. Was brauchst du, damit es ein gutes Ende wird?

DEINE ENDEN

- Welche Freundschaften hast du bewusst beendet und warum?
- Bei welchen Freundschaften braucht es nach den vergangenen Jahren einen «Kassensturz»? Welche Freundschaften sind eigentlich keine mehr?
- Welche «Freundschaftsenden» hängen dir nach? Was fehlt zur Klärung?
- Welcher Verlust tat am meisten weh und warum?
- Welche Freunde sind deine «Karteileichen», und was willst du damit tun? Warum und woran hältst du fest?
- Braucht es in irgendeiner deiner Freundschaften ein bewusstes Ende des Bisherigen, um ein neues Format für die Freundschaft finden zu können?

Kapitel 10

HOFFNUNG. ODER: WARUM SIE BEI FREUNDSCHAFT DAS LETZTE WORT HAT

Ich hoffe, dass du den Geschmack von Hoffnung
auch an einem gewöhnlichen Dienstag schmecken
kannst: an dem dir nicht danach ist – aber an dem
du trotzdem aufstehst.[79]
— Morgan Harper Nichols

WARUM GLAUBEN WIR, DASS WIR ES SCHAFFEN?

Wir nippten an dem zu süßen Naturradler, und ich fragte die drei anderen: «Warum glauben wir, dass es möglich ist? Warum glauben wir, dass wir es schaffen? Dass wir es schaffen, Freundschaften verbindlicher zu leben, als wir es um uns herum erleben?»

Es muss etwas konspirativ ausgesehen haben, wie wir da im schummrigen Licht um den großen Holztisch herumsaßen und unsere Köpfe zusammensteckten. Wir hatten uns auf einer Party in eine Ecke zurückgezogen und steckten – umgeben von großen dunkelgrünen Zimmerpflanzen

– unsere Köpfe zusammen. Wir vier kannten uns vom Studium. Eine hatte ich schon lange nicht mehr gesehen, aber es war, als wäre zwischen uns keine Zeit vergangen. Wir sprachen über unsere Freundschaften. Unsere schönen und schweren Erfahrungen, unseren Schmerz und unsere Hoffnung. Wir vier waren Menschen, für die Freundschaft eine große Rolle spielte und in den vergangenen Jahren noch wichtiger geworden war.

Wir hatten Freunden Versprechen gegeben und uns verband die Hoffnung, dass wir unsere Freundschaften verbindlicher, gleichwertiger und langfristiger leben würden, als wir es vielfach selbst erfahren hatten und auch in unserer Umgebung sahen.

«Ist es anderen Menschen nicht so wichtig, oder ist es allen wichtig, aber es wird früher oder später einfach am Alltag scheitern? Warum glauben wir, dass wir es anders machen können, anders als viele aus der Generation vor uns und anders als viele Freunde in unserem Umfeld?» Ich blickte die anderen erwartungsvoll an.

Eine sagte: «Wir werden es schaffen, weil es uns wichtig ist. Weil es für uns ein Wert ist. Weil Freundschaften eben nicht automatisch hinter anderen Beziehungen und Entscheidungen verschwinden. Meine Freundinnen waren vor meinem Partner da.» Eine andere sagte: «Ich bin sehr dankbar für meinen Partner, der diesen Wert mindestens genauso wichtig findet. Ich weiß nicht, ob man es sonst schaffen kann.»

Die dritte sagte: «Ich weiß nicht, ob ich glaube, dass wir es schaffen. Für diesen Glauben gibt es für mich noch zu wenig Gründe. Ich hoffe es aber, und diese Hoffnung ist stark. Ich hoffe, dass wir in zwanzig Jahren zurückschauen und sagen können: Wir haben es geschafft.»

Und ich? Ich war mir selbst nicht sicher, ob wir es schaffen würden. Aber Hoffnung hatte ich auch.

AM ENDE BLEIBT HOFFNUNG

Wir haben Hoffnung. Hoffnung, weil wir ahnen, dass es möglich ist. Weil wir glauben, dass Freundschaft nicht von anderen Dingen des Lebens verdrängt werden muss und nur als oberflächliche Option ihr Dasein fristet.

Ernst Bloch schreibt in seinem Buch «Das Prinzip Hoffnung», Hoffnung sei ein aktives Gefühl. Hoffnung könne man lernen und damit Verantwortung für die Zukunft übernehmen.[80] Ich finde das eine sehr schöne Perspektive: Hoffnung als ein aktives Gefühl, das ich lernen kann.

Hoffnung zu lernen bedeutet, dass ich mich wieder und wieder darauf ausrichte, dass Gutes auf uns wartet. Hoffnung bedeutet für mich, dass ich überrascht werden kann. Hoffnung bedeutet für mich, dass Zerbruch nicht das Ende sein muss. Dass Licht am Ende über die Dunkelheit triumphiert und dass das Leben stärker ist als der Tod. Hoffnung wird in meinem Leben davon gespeist, dass ich an einen Gott glaube, bei dem sogar der Tod nicht ultimativ das Ende bedeutet. Wir Christen sprechen vom Auferstehungsglauben, davon, dass selbst der grausamste Tod nicht das letzte Wort hat. Hoffnung ist für mich die Weigerung, aufzugeben. Ich glaube an die Hoffnung, weil ich daran glaube, dass Gott seine Geschichte mit uns gut zu Ende schreibt, auch wenn das nicht zwangsläufig heißt, dass sie so ausgeht, wie ich es mir gedacht oder gewünscht habe.

Diese Hoffnung ist nicht schwach, sie ist keine ängstliche Schicksalsergebenheit, sondern übernimmt Verantwortung. Sie geht mutige Schritte, ist bereit zu lernen, zu vergeben und zu vertrauen. Ich glaube an Freundschaft, weil ich an einen Gott glaube, der sie möglich macht. Ich glaube an Freundschaft, weil sie immer wieder möglich sein wird. Solange wir leben, besteht die Möglichkeit, Freunde zu finden, Freundschaften zu vertiefen und sie zu verändern.

Ich glaube, dass Freundschaft immer wieder möglich sein wird – trotz Kollisionen und Schlussstrichen. In diesem abschließenden Kapitel geht es also darum, warum wir an Freundschaft festhalten sollen und was meine Hoffnung für die Zukunft ist.

OHNE SCHMERZ GEHT ES NICHT

Kennt ihr das, dass manche Begegnungen euch nachhängen, weil sie Fragen aufwerfen? Ich erinnere mich an eine Person zu meiner Zeit auf der Bibelschule, die inmitten einer lebendigen, offenen Gemeinschaft sehr zurückgezogen war, abweisend reagierte und so gut wie nie lächelte. Ich hatte den Eindruck, dass etwas mit ihr los war, aber es gab keine Gelegenheit, den Grund ihrer Traurigkeit zu erfahren. Die Begegnung mit ihr blieb eine offene Frage, die ich irgendwann vergaß.

Jahre später las ich ein Buch über eine tragische Lebensgeschichte, bei der ich wieder an sie dachte. In der Mitte des Buches gab es einen Teil mit Bildern der Familie – und plötzlich lächelte mich von einem Foto eben jene junge Frau aus der Vergangenheit an, deren Lächeln ich gar nicht kannte. In dem Buch beschrieb ihre Mutter den tragischen Verlust eines ihrer Kinder. Ich blickte auf das Datum und in meinem Kopf setzte sich ein Puzzle zusammen. Zu dem Zeitpunkt, an dem wir uns kennengelernt hatten, lag der Unfall nur kurze Zeit zurück. Die Antwort auf meine offene Frage lautete: Trauer. Die junge Frau litt damals im Stillen, warf damit Fragen auf, und Jahre später hielt ich eine Antwort in den Händen, obwohl ich die Frage vergessen hatte.

Ohne weitere Details rund um ihre konkrete Situation damals wie heute zu kennen, wurde dieses Erlebnis für mich symbolträchtig. Auf der einen Seite ist es ein Symbol dafür, dass dieses Leben und meine Freundschaften Ungereimtheiten beinhalten, deren Auflösung ich noch nicht erlebt habe: Vielleicht erscheint irgendwann das fehlende Puzzlestück, vielleicht aber auch nicht. Ich habe bei dem Thema Freundschaft offene Fragen, es gibt Widersprüche und Knoten, von denen ich noch nicht weiß, ob und wie sie sich lösen werden. Ich bin noch jung, und ob über mich am Ende des Lebens gesagt wird, dass ich eine gute Freundin war, steht noch aus.

Ich habe schon viele wertvolle Erfahrungen mit Freundschaften gemacht, die ich wie Konfetti in die Luft pusten möchte. Gleichzeitig haben sich schmerzvolle Erfahrungen, Verluste und Enttäuschungen in mein Herz gefressen, die mich misstrauischer und ängstlicher zurückgelassen haben.

Auf der anderen Seite ist diese Geschichte für mich zum Symbol für das Schweigen in Beziehungen geworden. Ich frage mich, wie es ausgesehen hätte, wenn wir um ihre Traurigkeit gewusst hätten. Wenn sie sich anvertraut hätte und mit ihrem Schmerz nicht allein geblieben wäre.

Wie würden unsere Freundschaften aussehen, wenn wir unseren Schmerz mitteilen würden? Wenn wir unsere Kollisionen, unsere Trauer und unsere Sehnsüchte sichtbar machten? Wenn wir über unsere Enttäuschungen sprechen würden?

Ich erlebe meine Generation zum einen als gläsern: Ich schaue über Social Media in so viele Leben und bekomme persönliche Einblicke in den Alltag mir unbekannter Menschen. Wir geben viel preis und kreieren den Anschein von Verbundenheit. Zum anderen wählen wir aber so sorgfältig aus, *was* wir zeigen, dass wir über unseren tatsächlichen Zustand komplett hinwegtäuschen können. Denn wir sind auch gläsern im Sinne von fragil: dünnhäutig, wenig widerstandsfähig, fühlen uns schnell angegriffen und wollen Schmerz um jeden Preis vermeiden. Wir ziehen uns aus Beziehungen lieber zurück, als sie konstruktiv zu hinterfragen.

Ich bin in meinem Leben schon mehreren Menschen begegnet, die nach Brüchen und Enttäuschungen zu der Überzeugung gekommen waren, dass sich Freundschaft nicht lohnt. Früher oder später endet sie, verschwindet hinter der Partnerschaft, Familie und anderen Verpflichtungen. Sie wird zum Nebenschauplatz, zu einem «Wäre schön, doch Zeit dafür gibt es nicht». Warum überhaupt investieren, wenn man ahnt, dass sie sich verändern wird, dass man sie nicht sichern kann und man Loslassen lernen muss?

Wenn wir uns auf Freundschaft einlassen, werden wir kein schmerzfreies Leben haben. Wo wir in Freundschaften investieren, werden wir Leid erfahren. Das nervt, denn Freundschaften bestechen doch eigentlich durch ihre Freiheit und Leichtigkeit. Doch ohne das Wagnis, sich immer wieder neu verletzlich zu machen, werden wir das richtig Große verpassen: die Erfahrung, von den eigenen Freunden geliebt zu werden.

Es sind einmal mehr Worte von C. S. Lewis, die mich zutiefst herausfordern und ermutigen:

«Lieben heißt verletzlich sein. Liebe irgendetwas, und es wird dir bestimmt zu Herzen gehen oder gar das Herz brechen. Wenn du ganz sicher sein willst, dass deinem Herzen nichts zustößt, dann darfst du es nie verschenken, nicht einmal an ein Tier. Umgib es sorgfältig mit Hobbys und kleinen Genüssen; meide alle Verwicklungen; verschließ es sicher im Schrein oder Sarg deiner Selbstsucht. Aber in diesem Schrein – sicher, dunkel, reglos, luftlos – verändert es sich. Es bricht nicht; es wird unzerbrechlich, undurchdringlich, unerlösbar.»[81]

Zu lieben bedeutet, sich verletzlich zu machen. Wir alle haben im Hinblick auf Freundschaften auch Federn gelassen, bezweifeln vielleicht, dass es sich lohnt, daran festzuhalten. Doch zu glauben, dass wir ein Leben voller Liebe erfahren werden, wenn wir niemanden wirklich nah an uns heranlassen, ist ein Irrtum. Und jemanden nah an sich heranzulassen ist ein Weg, der herausfordert. Aber ich möchte es uns zusprechen, dass es ein Weg ist, der sich lohnt. Freundschaft wird sich immer auszahlen. Ich möchte lieber geliebt haben und enttäuscht werden, als Freundschaft in ihrer Tiefe, Schönheit und Freiheit nicht zu erleben. Ich möchte nicht aufhören, mich aufs Neue zu öffnen, mich verletzlich zu machen und in jeder neuen Lebensphase wieder auf Freundschaft zu hoffen und an sie zu glauben.

An meiner Wohnzimmerwand hängt ein gerahmtes Zitat, das lautet: «Have a heart that never hardens, a temper that never tires, and a touch that never hurts.»

A heart that never hardens. Ein Herz, das sich nie verhärtet. Wenn wir unser Herz davor schützen wollen, nicht verletzt zu werden, dann wird aber genau das passieren, was C. S. Lewis hier in solch eindringliche Worte kleidet: Wir leben mit verhärteten Herzen weiter. In Distanz zu Menschen, die echte und bleibende Weggefährten sein könnten. Ich wünsche mir für mich, aber auch für dich, dass wir uns nach Kollisionen und Beziehungsabbrüchen nicht einigeln und meinen, dass Freundschaft sich weder lohnt, noch wir sie wirklich brauchen. Ich wünsche uns, dass wir uns dem Wagnis stellen. Uns fragen, was wir brauchen, um wieder neu anzufangen, um es nochmals zu versuchen? Ein Schlüssel zur Wiederherstellung des verlorenen Glaubens an die Freundschaft ist Versöhnung.

VERSÖHNT

«So viel an euch liegt, haltet mit allen Menschen Frieden»[82], lautete der Predigttext. Es war wenige Tage vor einer Predigt, die ich zum Thema «Friedensstifter» halten sollte, und ich blieb an dem Ausdruck «so viel an euch liegt» hängen. In einer Freundschaft bestand ein Konflikt, den ich schon mehrfach versucht hatte anzugehen, doch ich stieß bei der anderen Person nicht auf Verständnis und Gesprächsbereitschaft. Aus meiner Perspektive wäre es die Verantwortung der anderen gewesen, sich zu entschuldigen, und gleichzeitig tobte der Sturm einer ungeklärten Situation ja in mir, ohne dass ich genau wusste, wie es für die andere Person war. Mein Gegenüber ist für den Sturm in mir nicht verantwortlich, und ich entschied mich, einen weiteren Versuch zu starten, denn ich litt unter dem Konflikt, und ich tat es letztendlich um meinetwillen.

Ich will eine Friedensstifterin sein, für dieses «So viel an mir liegt» Verantwortung übernehmen und, wenn möglich, auch ein weiteres Mal die Hand zur Versöhnung ausstrecken. Darüber lässt sich viel leichter schreiben, als es in die Tat umzusetzen. Ich habe dieser Person also ein weiteres Mal geschrieben und sie um ein Gespräch gebeten. Mich ein weiteres Mal verletzlich gezeigt und ein weiteres Mal lief ich Gefahr, dass die andere Person verletzend reagiert, indem sie mich ignoriert, die Bitte abweist oder schlimmer noch: irgendetwas Böses schreibt. Obwohl letzteres nur scheinbar das größere Übel bedeutet hätte, denn dann wäre zumindest ein für alle Mal klar gewesen, wer der Bösewicht in unserem Konflikt war. Doch das für mich Unvorstellbare passierte, und die Person sagte für ein Gespräch zu. Es war lang, tränenreich und endete damit, dass wir einander um Vergebung baten. Für mich ein kleines Wunder, wie sie manchmal in der Predigtvorbereitung passieren.

Seither ist dieses «So viel an euch liegt» für mich ein Gradmesser geworden – kann ich noch einmal etwas sagen, einen Schritt gehen, die Hand erneut ausstrecken oder eine Nachricht schreiben, um zur Versöhnung beizutragen? Habe ich alles getan, was «an mir» liegt?

Manchmal muss ich auch anerkennen, dass ich wirklich keinen Schritt mehr tun kann, denn zur Versöhnung gehören immer zwei. Ich kann Frieden nicht herstellen, wenn die andere Person die Schritte ihres «So viel an mir liegt» nicht auch geht.

Das zu akzeptieren bedeutet für mich einen Verlust und muss als Trauer und Abbruch verarbeitet werden, wie ich in Kapitel 9 erläutert habe.

Die Versöhnung im oben beschriebenen Fall führte mich in die Freiheit, auch wenn nicht in die wiederhergestellte Freundschaft. Irgendwie möchte ich glauben, dass jede Freundschaft zu retten ist, weil ich an Wunder und Wiederherstellung glaube, selbst wenn sie zunächst unmöglich scheinen.

Gleichzeitig erfährt nicht jede Freundschaft einen Neuanfang, weil manches Wunder bei uns Menschen in unserer Menschlichkeit auch ausbleibt. Versöhnung ist dennoch erstrebenswert, selbst wenn es in der Freundschaft weder ein Zurück noch ein Weiter gibt. Denn wenn wir sie nicht anstreben, wird der Konflikt in unserem Inneren ausgetragen. Sich um Versöhnung zu bemühen ist aufwendig, es aber sein zu lassen, wird mich auf lange Sicht mehr kosten. Es wird mich Friede und Freude kosten, mich bitter und misstrauisch werden lassen. Wir brauchen für Wiederherstellung Vergebung. Und Vergebung meint nicht «Schwamm drüber», sondern ist das Eingeständnis dessen, was zwischen uns schiefgelaufen ist, wo wir einander verletzt und Fehler gemacht haben.

In dem großartigen Beziehungsbuch «Relationships, a mess worth making» schreiben die Autoren, dass Vergebung ebenso ein Ereignis in der Vergangenheit ist wie auch ein Prozess, der in die Zukunft hineinreicht: «It is a past promise you keep in the future.»[83]

Vergebung ist ein Versprechen, das ich in der Zukunft halten will. Versöhnung zu leben, ist für mich die Entscheidung, mich immer wieder aufzumachen. Frieden zu leben, um Entschuldigung zu bitten, Fehler einzugestehen, mir etwas sagen zu lassen, mich mit mir selbst zu versöhnen und Vergebung auch weiterzugeben. Das ist ein Prozess und keine Kunst, die ich schon perfektioniert hätte.

Ich sprach mit einer Freundin darüber, wie eine Freundschaft durch einen Konflikt zerbrach trotz des Versuchs, sich auszusprechen und zu versöhnen. Sie fragte mich, ob ich rückblickend wieder so handeln würde? Ich bin heute an einem anderen Punkt und weiß, dass ich manche Konflikte in meinen Beziehungen anders angehen könnte. Aber es scheint mir auch nicht fair zu sein, meinem jüngeren Selbst oder auch anderen Personen diesen Spiegel vorzuhalten und sie zu beschämen. Ich antwortete, dass ich es damals für richtig hielt, den Konflikt anzusprechen, und in Übereinstimmung mit meinen Werten und meinem Wissen handelte, auch wenn es der Anfang vom Ende einer Freundschaft war und nicht das gewünschte Ergebnis dabei herauskam.

Ja, die Geschichte ist anders verlaufen, als ich mir das gewünscht hätte. Aber ich bin gleichzeitig stolz auf die Reifeschritte, die mein jüngeres Selbst im Navigieren dieser Freundschaft gegangen ist. Wir können auch an unserem Scheitern reifen. Und die Hoffnung bleibt, dass wir manchmal das Ende der Geschichte noch gar nicht kennen, wenn wir für Versöhnung offenbleiben.

In einer Freundschaft habe ich erlebt, dass wir uns nach einem Abbruch Jahre später wiedertrafen. Wir sprachen darüber, warum es damals auseinandergegangen war, und wir zeigten einander Puzzleteile unserer Geschichte, die wir damals nicht ansprechen konnten. Wir fingen noch mal neu an. Sprachen über das uns mögliche Format und stellten unsere Freundschaft unter veränderten Voraussetzungen neu auf. Unsere Freundschaft ist heute anders als zu unserer Studienzeit, dafür nicht weniger wertvoll und nicht zwangsläufig weniger zuverlässig. Meine Hoffnung ist, dass wir Schlussstriche wagen, um neue Formate miteinander entdecken zu können. Denn nur, weil die Freundschaft, wie sie war, endet, muss das nicht schlecht sein.

WENN «FRIENDS» WEITERGEGANGEN WÄRE

Die Macher der bekannten TV-Serie *Friends* sehen das etwas anders und bedienen damit ein, wie ich finde, gängiges Klischee unserer Zeit. Nachdem zwischen 1994 und 2004 zehn Staffeln von «Friends» ausgestrahlt wurden, gab es 2021 eine Wiedervereinigungs-Sendung der sechs Freunde. Darin erklären die Serien-Erfinder, warum die Geschichte der sechs Freunde nach zehn Jahren zu Ende gehen *musste:* «Friends endet, wie viele andere Serien auch, als die Protagonisten feste Partnerschaften eingehen, Eltern werden und die Clique als Ersatzfamilie nicht mehr gebraucht wird. Das Leben in klassischen Kleinfamilienstrukturen ist schlicht langweiliger als das zwischen zwanzig und dreißig mit all der Sinnsuche, den Liebeleien, dem Ausgehen, Herumgereise, Ausprobieren von Jobs und Lebensentwürfen. Und vielleicht wäre es auch einfach zu traurig, anzuschauen, wie die Freundinnen und Freunde keine Zeit mehr füreinander hätten und ständig Verabredungen mit ‹Du, sorry, ich schaff's heute doch nicht› absagen würden, weil sie nach Job, Kinderbetreuung und Eheproblemen einfach zu müde sind, um abends noch im Café *Central Perk* abzuhängen. Den Reiz dieser Serie machte genau das im Titellied besungene *I'll be there for you* aus: die bedingungslose Freundschaft, das Kümmern und Füreinanderdasein.»[84]

Aus kinematografischer Sicht ist es sicher nachvollziehbar, dass die Serie enden musste, und Fortsetzungen um der Fortsetzung willen sind meistens eine schlechte Entscheidung.

Doch für das Thema Freundschaft sehe ich das anders. Wie ich in Kapitel 1 anmerke, ist genau diese Argumentation ein zentraler Kritikpunkt: Das *I'll be there for you* gilt nur so lange, bis man die Freunde als Ersatzfamilie nicht mehr zu brauchen meint? Dahinter verbirgt sich ein verkürztes und oberflächliches Freundschaftsverständnis. Freundschaft bleibt dann eine Zwischenphase. Nach der Ablösung von der Herkunftsfamilie wird die Freundschaft zur Ersatzfamilie, bis man eben eine eigene Familie hat. Damit konzentriert sich Freundschaft für die meisten Menschen vor allem auf die Teeniezeit und ihre Zwanziger. Ein solches Denken empfinde ich als verkürzt: Denn Freundschaft verliert ihre Funktion im Verlauf des Lebens nicht, auch wenn sich die Anzahl meiner Freunde und die Formate natürlich ändern. Ich denke an Gordon MacDonalds *Happy Few* und muss den Friends-Machern vehement widersprechen, denn dabei geht es doch gerade um die Handvoll Freunde, die in *allen* Lebensphasen dabeibleiben. Sie sind kein Platzhalter für das Eigentliche, sondern erfüllen als Freunde ihre Aufgabe als Wegbegleiter und Wegbegleiterinnen durch dieses Leben. Freundschaft bleibt wichtig, ganz gleich, was das Leben mir zuwirft, weil Freundschaft nur dann in ihrem Potenzial völlig ausgeschöpft wird, wenn man in ihr bleibt.

Ich träume von einem *I'll be there for you*, das nicht daran zerbricht, dass ich heirate, Kinder bekomme, die Kinder aus dem Haus gehen, meine Ehe kriselt, die Midlife-Crisis mich packt, ich Verluste erleide und am Grab geliebter Menschen stehe. Ich wünsche mir, dass ich in all diesen Phasen Freunde zur Seite habe und sie bleiben, auch wenn sich unser Format ändert.

Ich bin der Überzeugung, dass die Entscheidung zu bleiben die Grundlage für ein Vertrauen bildet, die das auch aushält. Die aushält, dass nach einem Umzug Skypedates zur Fortführung der Freundschaft helfen, dass nach dem zweiten Kind der Austausch zwischen Stillen und Kindergerenne stattfindet, der gemeinsame Urlaub auf ein Wochenende zusammengestaucht wird, man wieder Briefe schreibt oder gemeinsam ganz neue Ideen findet.

Wenn uns unsere Freundschaften wichtig sind, sollten wir sie nicht dem Zufall überlassen, denn rein zufällig wird man nicht miteinander alt. Außerdem sollten wir auch vermeiden, Freundschaften durch einen Partner zu ersetzen. Ich meine zu beobachten, dass das vielfach passiert, und es macht mir Sorgen. Denn ich halte meine Freunde nicht nur für wichtige Weggefährten, sondern auch für eine kluge Investition: Ich glaube, dass meine engen Freunde mich zu einer besseren Tochter, Schwester und Pastorin machen. Ich glaube auch, dass gute Freundschaften unsere Partnerschaften besser machen und dass gute Partnerschaften umgekehrt unsere Freundschaften besser machen. Ich glaube, dass gute Freundschaften Familien entlasten und Familien unsere Freundschaft bereichern.

Ich sehe das bei Freunden, dass ihre Partnerinnen und Partner Seiten an ihnen zum Vorschein bringen, die im Kreis von Freundschaft nicht hervorgebracht werden konnten. Das gilt auch andersherum: Freunde können andere Seiten in dir zum Vorschein bringen, wie es dein Partner vermag. Die Vorstellung, dass ich mich zwischen meinem Partner und meinen engsten Freunden entscheiden müsste, führt mich in ein echtes Dilemma.

Wen würdest du wählen? Ist es ganz klar? Warum ist es so klar?

Für mich fühlt sich die Wahl so an, als könnte ich nur verlieren. Ich möchte keine Partnerschaft, die sich als ein geschlossenes System gegen den Rest der Welt stellt. Ich möchte mit meiner Partnerschaft und meiner Familie eingebettet sein in Freundeskreise. Meine Kinder sollen keine zwei Minuten überlegen müssen, wer die besten Freunde ihrer Eltern sind.

Ein Gebet für meinen zukünftigen Mann ist, dass er starke Freundschaften lebt und mit in die Partnerschaft einbringt. Ich will nicht sein bester Freund sein. Ich wünsche mir, dass er den schon hat oder noch findet. Ganz schön idealistisch vielleicht. Aber die Alternative, ein Leben ohne Freunde, erscheint mir furchtbar einsam und würde für mich schwere Verluste bedeuten.

Gleichzeitig ersetzen meine Freundschaften keinen Partner. Keine meiner Freundschaften kann dem Wunsch nach einem Partner entsprechen, und die Erwartung würde sie überfrachten. In ihrer Tiefe und Unersetzbarkeit kommen sie beim Thema Partnerschaft an ihre Grenze.

Freundschaft ersetzt keine Partnerschaft, genauso wenig wie Partnerschaft Freundschaft ersetzt. Und gleichzeitig wird die Abwesenheit eines Partners ganz praktisch durch Freundschaften gefüllt. In meiner Lebensphase ist Raum für eine größere Zahl an Freundschaften, die meine Freizeit, Wochenenden, meinen Urlaub füllen und mein Bedürfnis nach menschlicher Nähe, Intimität und Freundschaft stillen. Sie stillen keine Sehnsucht nach einem Partner und machen sie gleichzeitig erträglich und lebbar. Das kann auch für andere Beziehungsmängel gelten. Vielleicht fehlen dir echte Freundschaften, vielleicht leidest du an zerbrochenen Familienbeziehungen, einem unerfüllten Kinderwunsch oder verfrühten Verlusten.

Unser Schmerz in dem Bereich unseres Mangels wird nicht weniger, nur weil wir dankbar sind für die Bereiche, die ausgefüllt sind. Und dennoch tragen sie dazu bei, dass der Schmerz nicht alles überschatten muss. Sie werden zur Ressource, ihn ertragen zu können, ihm Ausdruck zu verleihen. Meine Freunde helfen mir, mit Mangel und Verlusten in meinem Leben umzugehen. Auf Weisen, die ich nicht erwartet hatte. Sie sind mein Resonanzraum, mein Dorf.

Sie ersetzen keine Verluste in anderen Bereichen und werden gleichzeitig zu denjenigen, die mir darin am meisten helfen. Meine Freundschaften sind meine Lebensüberraschungen und Antworten auf Fragen, die ich davor nicht hätte formulieren können.

EIN BLICK ZURÜCK UND EIN BLICK NACH VORN

Ich habe am Anfang geschrieben, dass mein 13-jähriges Selbst eine andere Lebensvorstellung hatte, als dass ich mit 33 Jahren Single sein und ein Buch zum Thema Freundschaft schreiben würde. Ihr hätte diese Zukunft damals Angst gemacht, auch wenn die 33-Jährige diese Perspektive nicht ganz fair findet, weil sie ihr Leben sehr gerne mag. Die Angst der 13-Jährigen kommt daher, dass ihr Leben anders verläuft, als sie gehofft hatte und ihr beigebracht und vorgelebt wurde.

Ich würde mein 13-jähriges Selbst aber ermutigen wollen, dass sie keine Angst zu haben braucht. Ich könnte ihr sagen, dass sie ihre Berufung gefunden hat und dass das für sie eine große Bedeutung haben wird. Ich würde ihr zusprechen, dass ihr Leben reich an Liebe sein wird, weil sie einen Platz in der Kirche und gute Freundschaften gefunden hat. Ich würde ihr gerne Mut machen, dass ihr Glück nicht damit steht und fällt, dass alles so kommt, wie sie es sich erträumt hat oder die Kultur ihr vorgibt.

Aber kann ich das? Kann ich ihr versprechen, dass nicht nur ihr, sondern auch anderen Menschen Freundschaften wichtig sein werden? Dass wir bereit sind, für unsere Freunde Opfer zu bringen, und sich Freundschaften auch über das nette Kaffeetrinken hinaus als tragfähige Beziehungen erweisen? Dass wir aufhören, Menschen in ihren Sehnsüchten schnelle Lösungen anzubieten, sondern bereit sind, uns zu investieren, da zu sein, in unserem Leben treue Begleiter zu sein, nicht nur in unseren schönen, sondern auch in unseren schmerzhaften Momenten? Haben wir eine solide Vision für unsere langlebigen Freundschaften?

In den Höhen und Tiefen meiner Freundschaftserfahrung möchte ich trotz allem glauben, dass es sich immer wieder lohnt, sie zu suchen, zu finden und ihre tiefen Geschenke zu erleben. Es gibt Momente, die mir Hoffnung machen, dass wir auf einem guten Weg sind. Und es gibt Momente, in denen mein Blick nach vorne schwer wird. Momente, in denen nicht nur ich mich frage, ob ich auch in den kommenden Jahren Freunde haben werde, die ganz nah an mir dranbleiben werden, sondern auch ich mich selbst frage, ob ich dazu bereit bin. Zu bleiben, auch wenn es schwerfällt.

Doch dann denke ich wieder an ihr Potenzial, dieses Leben so viel tiefer, bunter und reicher zu erfahren. Mich selbst, andere und Gott auf Weisen kennenzulernen, die mir ohne Freundschaften verborgen blieben. Der Preis ist nicht zu hoch. Freundschaft wird in ihrer Bedeutung unterschätzt und ihr Rückgang in unserer Gesellschaft ist kein gutes Zeichen. David Whyte, dessen Gedanken mich herausfordern und inspirieren, schreibt über Freundschaft: «Die Dynamik wird in ihrer bleibenden Kraft im menschlichen Dasein fast immer unterschätzt. Ein kleiner werdender Kreis an Freunden ist das erste schreckliche Anzeichen eines Lebens, das in Schwierigkeiten geraten ist.»[85] Freundschaften sind für mich daher keine Option, kein Nice-to-Have, sondern eine Investition in Tiefgang, Ehrlichkeit, Veränderung und Hoffnung. Das Leben, nach dem ich mich sehne, rechnet mit Freundschaft.

AUS FREIHEIT GEBLIEBEN

Es wurde schnell dunkel und die Gäste gingen langsam. Ich war zum Sonntagsgeburtstagskaffee eingeladen und erhob mich ebenfalls – man will Gastfreundschaft ja nicht überstrapazieren.

«Du bist gern noch eingeladen zu bleiben», raunten mir meine Freunde zu.

Ich blieb also sitzen und wiegte das Baby meiner Freunde in den Schlaf, während sie die anderen Gäste zur Tür brachten.

Enge Freunde sind eingeladen zu bleiben. Terminlos zu bleiben, sodass man die Zeit vergisst. Bis man irgendwann den Schlafanzug anzieht, Pizza bestellt und spontan über Nacht bleibt.

Freundschaft ist eine Einladung zu bleiben. Einfach zu sein. Man hört auf, zu suchen und zu fragen, zu performen und Fehler zu vermeiden. Man *ist* einfach. Sein ohne Tun-Müssen. Man gehört zusammen, hinterfragt den Status nicht ständig, sondern lässt sich fallen.

Eine solche Freundschaft ist ein Geschenk, das Gefühl von Zugehörigkeit, Wärme und Annahme. So wie ich bin, darf ich sein.

In dem Kultfilm Bridget Jones kocht die gleichnamige Heldin an ihrem Geburtstag ein furchtbares Dinner für ihre drei Freunde. Ihr bester Freund spricht einen Toast auf sie aus: «Auf Bridget, die zwar nicht kochen kann, die wir aber lieben, so wie sie ist.» Solche Freundschaften sind Freundschaften, die zum Bleiben einladen, auch dann, wenn alle anderen Gäste gehen.

Doch selbst wenn die Schönheit des Bleibens sich gerade im Nicht-Tun-Müssen zeigt, so ist das Bleiben dennoch auch eine Aufgabe.

Das Bleiben in Freundschaften will gelernt sein, muss gelernt werden, wenn wir sie in der Tiefe ihrer Möglichkeiten erleben wollen. Man kann das Bleiben nicht testen, nicht vorwegnehmen und man wird erst erleben, was es bedeutet, wenn man es tatsächlich tut. Tatsächlich bleibt. Durchhält, dranbleibt, investiert. Die Lebendigkeit einer langjährigen Freundschaft werde ich nur im Bleiben erfahren. Ich werde nie bezeugen können, was sie bedeutet, wenn ich immer gehe, Freundschaften ausbluten, wegbrechen und ziehen lasse. Ich werde solche Freundschaften nicht erleben, wenn ich mir alle Optionen offenhalte, mich nie auf bestimmte Freunde festlege. Dietrich Bonhoeffer schreibt so treffend: «Nicht im Möglichen schweben, sondern das Wirkliche tapfer ergreifen.»[86]

Gerade bei Freundschaft gibt man sich gern mit dem Möglichen zufrieden und verpasst, was es bedeutet, dass man Freundschaft tatsächlich lebt und erlebt. Wir sehnen uns nach Freiheit, suchen sie aber im Loslösen und weniger in der Bindung. Doch wirkliche Freiheit finden wir nicht darin, unverbunden zu sein, uns alles offenzulassen und alle Möglichkeiten scheinbar vor uns liegen zu haben. Die Kehrseite unseres postmodernen Freiheitsverständnisses ist ein Nicht-Festlegen: Wir halten uns viele Optionen offen und leben in dem Anschein, dass uns alle offenstehen, ganz gleich, ob sie es auch wirklich tun. Der Theologe Bernd Wannenwetsch sagt: «Freiheit wird essenziell im Konjunktiv verortet.»[87]

Ich beraube mich durch das Nichtfestlegen der eigentlichen Erfahrung. Ein Leben im Konjunktiv, des alles Möglichen, klingt sehr viel anziehender, als es in der Realität ist, und gaukelt uns eine Freiheit vor, die eine Illusion ist.

Denn wir sind und bleiben Menschen, die sich danach sehnen, gekannt zu werden. Die sich nach Nähe und Verbundenheit sehnen, die man nicht im Bestaunen der eigenen Möglichkeiten erleben kann. Freundschaft lässt sich im Schwebezustand nicht tief und echt erleben. Ganz im Gegenteil: Da, wo ich mich entscheide, festlege, binde und verbindlich zeige, erlebe ich die Freiheit, nach der ich mich sehne. Die Freiheit, ich selbst sein zu können und damit angenommen und geliebt zu werden.

Freundschaft kommt von Freiheit, und diese Freiheit braucht es unbedingt. Ohne Freiheit keine Freundschaft. Doch wir brauchen auch die Bindung, das tiefe Verbundensein, das Bleiben. Ohne Bleiben gibt es ebenfalls keine bleibende Freundschaft.

In den wenigen Jahren, in denen ich mir selbst und meinem Freundschaftsverhalten nachgespürt habe, ist mir bewusst geworden: Je mehr ich lerne zu bleiben – bei mir selbst, bei Gott und in der Freundschaft, desto freier darf ich mich fühlen. Es ist ein Geheimnis, das sich nicht erklären, aber erfahren lässt. Je mehr ich in meinen Freundschaften bleibe, desto freier werden sie. Bleiben und Freiheit sind in dem Sinne zwei Seiten derselben Medaille. Wir sind eingeladen zu bleiben und erfahren darin echte Freiheit. Im Bleiben erfahre ich, wie meine Sehnsucht nach Freiheit erfüllt wird. Die Idee der Freiheit, meine Sehnsucht nach ihr erfahre ich nicht in der Loslösung und Unverbundenheit, sondern in tiefer Bindung.

Freundschaft kommt daher nicht nur von Freiheit, sondern führt mich auch zu ihr. Und diese Freiheit erfahre ich, wenn ich bleibe. Denn Freundschaft ist nicht nur schön, sondern auch schmerzhaft – und in beidem: lebenswichtig.

Und jetzt?

Ich denke an die oben erwähnte Gesprächsrunde zurück, als ich fragte, warum wir glauben, dass wir es schaffen könnten, Freundschaft anders zu leben, und nicht am Ende unseres Lebens bedauern müssten, keine tiefen Freundschaften gekannt zu haben. Und obwohl ich zu der Zeit zweifelte, eine gute Freundin sein zu können, ist die Hoffnung mittlerweile stärker geworden. Die Hoffnung, dass Neuanfänge möglich sind, die Hoffnung, dass ich wachsen darf, dazulernen kann und überrascht werde. Ich habe Hoffnung, dass wir als Gesellschaft wieder neu über Freundschaft nachdenken und sprechen. Und inmitten dieser Hoffnung möchte ich meine Schritte gehen, um eine gute Freundin zu sein.

DEINE HOFFNUNG

- Was ist dir im Laufe des Buches wichtig geworden? Was ärgert dich? Was fordert dich heraus?
- Was lässt dich auf das Potenzial von Freundschaft hoffen oder an sie glauben?
- Welchen Schmerz trägst du aus vergangenen Freundschaften noch in dir?
- Schau dir nochmals deine Vision aus Kapitel 3 an – was möchtest du anpassen, was bedeutet sie konkret?
- Was kannst du heute tun, damit Freundschaften in deinem Leben neu wichtig werden können?
- Was erhoffst du dir von deinen Freundschaften in Zukunft?

EPILOG

Ein seltsames Gefühl überkam mich, als ich die letzten Zeilen dieses Buchs schrieb. Ich stand auf, setzte Wasser für eine Kanne Tee auf und versuchte, das Gefühl in Worte zu fassen. *Ich hatte es mir anders vorgestellt*, fuhr es mir durch den Kopf. War es Enttäuschung, war es Überraschung?

Als ich mit meiner Buchcoachin über die Vision dieses Buches sprach, stand vor allem meine Begeisterung für das Thema im Vordergrund. Ich wollte über die Schönheit und den Reichtum von Freundschaft sprechen und träumte von einem Freundschaftsratgeber mit Infos, Tipps und Tricks zum Gelingen von Freundschaften.

Ich war losgezogen, wälzte mich durch Literatur, Blogs und Zeitungsartikel, führte Interviews und Umfragen und schrieb, was das Zeug hielt. Je länger ich daran arbeitete und mit je mehr Menschen ich darüber sprach, desto unsicherer fühlte ich mich jedoch. Ich war mit größerem Selbstbewusstsein losgezogen, als ich am Ende fühlte.

Ich wollte Freundschaftsexpertin werden und merkte, dass ich das gar nicht kann. Freundschaften entziehen sich meiner Expertise, denn sie laufen nicht nach einem Schema ab. Sie sind anders, als erwartet, weil Menschen anders sind, als wir erwarten. Meine Freundschaften entsprechen nicht meinen Erwartungen. Meine Erwartungen sind geprägt von Disney, Hollywood und tief liegenden Sehnsüchten. Meine

Freundschaften sind alle in ihrer Form auch unperfekt, und früher oder später kommt es zu Kollisionen.

Hinzu kam, dass ich merkte, dass ich dieses Buch gerne aus einer größeren Distanz geschrieben hätte. Aus der Sicherheit heraus, dass ich es geschafft hatte, aus der Perspektive der weisen Rückschau. Dafür bin ich zu jung, zu unfertig, und zwischendrin verließ mich manchmal der Mut. Mir fielen Fehler ein, Unzulänglichkeiten, Enttäuschungen und momentane Herausforderungen, deren Ende noch aussteht. Ist das nicht zu verletzlich, zu nah? Werde ich mich in fünf Jahren widerrufen wollen?

Ich hatte mir das Buch sachlicher vorgestellt. Ich merkte im Prozess, dass ich nicht allgemein über Freundschaft schreiben kann. Ich kann über *meine* Freundschaften schreiben, denn da kenne ich mich aus, was sich echt und authentisch anfühlt. Ich kann über meine Fragen, Visionen, Kollisionen und Hoffnungen schreiben, aber nicht über die aller anderen.

Das Buch ist persönlicher geworden, als ich es geplant hatte. Für mich ist das okay, denn ich sage nichts, was ich nicht teilen will. Mir war nur wichtig, dass das Buch meinen Leserinnen und Lesern helfen kann, auch wenn es subjektiv geschrieben ist. Eine Freundin sagte im Hinblick darauf zu mir: «Das Universale liegt im Partikularen, vertrau, dass in deinem persönlichen Erleben etwas steckt, was allgemein anwendbar ist.» Hinter meiner Erfahrung stehen Fragen und Sehnsüchte, die wir ein stückweit teilen und mein aufrichtiger Wunsch ist es, dass du durch meine persönlichen Worte in Fragen und Überlegungen kommst, die deine Freundschaften inspirieren, bereichern und herausfordern.

Ich bin keine Freundschaftsexpertin in dem Sinn, dass ich nun über alles Bescheid wüsste. Es gibt in keiner meiner

Freundschaften den Punkt, an dem ich sagen könnte: «Da gibt's jetzt nichts mehr zu lernen.» Freundschaften kann man nicht absichern, nicht halten, man kann Freundschaft nicht haben, sondern nur leben. Und das wünsche ich mir für dich und für mich: dass wir bewusst Freundschaft leben. Ich träume davon, dass wir in unseren Freundschaften Potenzial sehen und Schritte gehen, dieses Potenzial auch zur Entfaltung zu bringen.

Möge Gott dich und deine Freundschaften segnen.

DANKE

Dieses Buch war für 2022 nicht geplant, aber im Hintergrund doch schon immer ein Plan. Danke Cris Hofmann, dass Du mich vor zehn Jahren gefragt hast, zu welchem Thema ich einmal ein Buch schreiben möchte, und mich schon damals ermutigt hast, es irgendwann einmal zu tun.

Ein besonderes Dankeschön gilt meiner Buchcoachin Rahel Dyck, die mich von A bis Z im Buchschreibeprozess begleitet, ermutigt und gefördert hat. Ohne Dich würde es dieses Buch nicht geben, denn von selbst hätte ich das Durchhaltevermögen auf dieser Reise nicht an den Tag gelegt.

Zutiefst dankbar bin ich auch meinen Eltern, Georg und Sara sowie meinen vier Geschwistern: Sarah-Lisa, Clemens, Anna-Lena und Claudius: Ihr gebt mir Wurzeln und Flügel, Heimat und Freiheit, Sicherheit und Vertrauen.

Dank gilt auch meiner Kirche, der Frankfurt City Church: Ihr seid ein Ort, an dem ich aufblühen kann, ehrlich sein darf und Gott immer besser kennenlerne. Danke für Euren Support.

Unglaublich wertvoll waren auch meine Testleserinnen und -leser, Freunde und Freundinnen, die meine ersten Kapitel oder letzten Kapitel gelesen und kritisch reflektiert haben. Eure Anmerkungen und Ermutigungen haben mich positiv herausgefordert und dieses Buch verständlicher gemacht.

Danke an meine Instagram-Community, die so zuverlässig und engagiert bei den Umfragen mitgemacht hat. Eure Beiträge haben meinen Freundschaftshorizont erweitert, mich zum Lachen und Nachdenken gebracht. Danke für alle Begegnungen mit Bekannten und Unbekannten, die mir Einblicke in ihre Erfahrungen, das Schöne und das Schmerzvolle, gegeben haben.

Danke an meine Freunde nah und fern, die mich inspirieren und für eine Wegstrecke mit mir gehen.

Zutiefst dankbar bin ich für meine engsten Freunde, meine *Happy Few*: Danke, dass Ihr in den Höhen und Tiefen dieses Lebens dabeibleibt. Mich daran erinnert, wer Gott ist, wer ich bin und sein möchte. Ihr teilt meine Sorgen und verdoppelt meine Freude. Ohne Euch wär mein Leben arm.

Inmitten meiner *Happy Few* ein besonderes Danke an Kim Diehl, die beim Lesen des Manuskripts weinen und lachen musste. Ohne Dich würde ich sehr viel weniger von Freundschaft halten und sehr viel weniger Freundschaft erleben. Danke für Deine Treue.

Ein großes Danke an den Fontis-Verlag und die tolle Zusammenarbeit mit Euch: Danke an Carolin Horbank für das tolle Coverdesign, an Samuel Ryba für den stimmigen Satz, an Rebecca Krämer für ihren unermüdlichen Einsatz, danke Anne Helke und Team für das gründliche Lektorat und an Elisabeth Schoft für das Marketing. Es ist mir eine Ehre, dieses Projekt mit Euch umgesetzt zu haben.

Zuletzt ein Danke an Jesus: Ich habe nicht daran geglaubt, dass es was wird. Aber irgendwie sollte es sein, und ich glaube, das verdanke ich Dir.

Also: Danke, Jesus, Du bester Freund von allen.

LITERATUR

Aelred von Rievaulx, *Über die geistliche Freundschaft*, Spee-Verlag: Trier 1978.

Benner, David G., *Sacred Companions. The Gift of Spiritual Friendship & Direction*, InterVarsity Press: Downers Grove 2002.

Bonhoeffer, Dietrich, *Widerstand und Ergebung*, DBW 8, Gütersloher Verlagshaus: Gütersloh 1998.

Bonhoeffer, Dietrich, *Gemeinsames Leben*, Gütersloher Verlagshaus: Gütersloh 1987, 31. Aufl. 2014.

Brown, Brené, *Dare to Lead. Brave Work, Tough Conversations, Whole Hearts*, Random House: London 2018.

Buber, Martin, *Ich und Du*, Reclam: Ditzingen 1995.

Carmichael, E. D. H (Liz), *Friendship. Interpreting Christian Love*, T. & T. Clark: London 2004.

Chapman, Gary D., *Die fünf Sprachen der Liebe Gottes*, Brunnen Verlag: Gießen 2020, 7., leicht überarbeitete und ergänzte Auflage.

Cloud, Henry und John Townsend, *Nein sagen ohne Schuldgefühle. Gesunde Grenzen setzen*, SCM Hänssler: Holzgerlingen 1992, 2. Aufl. 2017.

Cloud, Henry, *Necessary Endings. The Employees, Businesses, and Relationships That All of Us Have to Give Up in Order to Move Forward*, HarperCollins: New York 2010.

Cohen, Rhaina, «What if friendship, not marriage, was at the center of life?», in: https://www.theatlantic.com/family/archive/2020/10/people-who-prioritize-friendship-over-romance/616779/, zuletzt abgerufen am 28.12.2021.

Coleman, Sarah, «Why I didn't marry my best friend», in: https://www.crosswalk.com/family/marriage/relationships/why-i-didn-t-marry-my-best-friend.html, zuletzt abgerufen am 28.12.2021.

DWDS (Digitales Wörterbuch der Deutschen Sprache), «Freundschaft», in: https://www.dwds.de/wb/Freundschaft, zuletzt abgerufen am 27.12.2021.

Duden, «frei», in: https://www.duden.de/rechtschreibung/frei, zuletzt abgerufen am 27.12.2021.

Fernando, Ajith, *Reclaiming Friendship. Relating to Each Other in a Frenzied World*, Herald Press: Waterloo 1993.

Garbers, Steven, *Visions of Vocations. Common Grace for the Common Good*, InterVarsity Press: Downers Grove 2014.

Gopo, Patrice, *All the colors we will see. Reflections on Barriers, Brokenness, and finding our way*, Thomas Nelson: Nashville 2018.

Grabe, Martin, «Vergeben: Von der Kunst des Loslassens unter schwierigen Bedingungen», in: «Psychotherapie & Seelsorge», 3.2020, S. 35ff.

Grayling, A. C., *Friendship*, Yale University Press: New Haven 2013.

Härry, Thomas, *Die Kunst des reifen Handelns*, SCM Hänssler: Holzgerlingen 2018.

Hartl, Johannes, *Eden Culture. Ökologie des Herzens für ein neues Morgen*, Herder Verlag: Freiburg im Breisgau 2021.

Hill, Wesley, *Spiritual Friendship. Finding Love in the Church as a Celibate Gay Christian*, Brazos Press: Grand Rapids 2015.

Honneth, Axel, *Anerkennung. Eine europäische Ideengeschichte*, Suhrkamp Verlag: Berlin 2018.

Hunter, Drew, *Made for Friendship. The Relationship That Halves Our Sorrows and Doubles Our Joys*, Crossway Books: Wheaton 2018.

Jacobs, Alan, *How To Think. A Guide for the Perplexed*, Profile Books: London 2017.

Jones, Joshua D., *Can Christian Men and Women be Friends?*, Amazon Print: Leipzig 2015.

Kierkegaard, Sören, *Der Liebe Tun. Etliche christliche Erwägungen in Form von Reden*, Grevenberg-Verlag Ruff: Simmerath 2003.

Klumbies, Hans, «Michel de Montaigne verehrt die wahre Freundschaft», in: https://www.wissen57.de/michel-de-montaigne-freundschaft.html, zuletzt abgerufen am 28.12.2021.

Knoll, Rebekka und Rebecca Schild, *Freunde fürs Leben? Warum Freundschaften echte Nähe brauchen und wann es Zeit ist, loszulassen*, Edition Michael Fischer: München 2020.

Kreienbrink, Matthias, «Und dann kam das Ende», in: https://www.zeit.de/entdecken/2021-08/freundschaft-ende-urlaub-psychologie-drama, zuletzt abgerufen am 29.12.2021.

Kunz, Stefan, *Ihr seid meine Freunde! Von der Freundschaft mit Gott. Einführung in christliche Mystik*, Brunnen Verlag: Gießen 1997.

Lane, Timothy S. und Paul David Tripp, *Relationships. A Mess Worth Making*, New Growth Press: Greensboro 2008.

Lewis, C. S., *Die vier Arten der Liebe*; Fontis Verlag: Basel 1979, 11. Aufl. 2021 (früherer Titel: *Was man Liebe nennt*).

Lewis, C. S., *Pardon, ich bin Christ*, Fontis Verlag: Basel 2016.

Liere, Judith, «Für immer beste Freunde», in: https://www.zeit.de/kultur/film/2021-05/friends-reunion-serie-jennifer-aniston-popkultur, zuletzt abgerufen am 02.01.2022.

MacDonald, Gordon, *A Resilient Life. You Can Move Ahead No Matter What*, Thomas Nelson: Nashville 2004.

Meilaender, Gilbert, *Friendship. A Study in Theological Ethics*, University of Notre Dame Press: Notre Dame 1985.

Milek, Anne und Matthias Mehl, «Reden Frauen mehr als Männer?», in: https://www.spektrum.de/frage/reden-frauen-mehr-als-maenner/1656438, zuletzt abgerufen am 30.12.2021.

Montaigne, Michel de, *Über die Freundschaft und andere Essais*, Anaconda: Köln 2015.

Montgomery, L. M., *Anne of Green Gables*, Sterling Publishing Co., Inc.: New York 2004.

Needham, Kelly, *Friendish. Reclaiming Real Friendship in a Culture of Confusion*, Thomas Nelson: Nashville 2019.

Negel, Joachim, *Freundschaft. Von der Vielfalt und Tiefe einer Lebensform*, Herder: Freiburg im Breisgau 2020.

Nehemas, Alexander, *On friendship*, Basic Books: New York 2016.

Nichols, Morgan Harper, *All along you were blooming. Thoughts for boundless living*, Zondervan: Grand Rapids 2020.

Peterson, Eugene, *Leap Over a Wall. Earthy Spirituality for Everyday Christians*, HarperOne: New York 2011.

Pirsig, Robert, *Zen und die Kunst ein Motorrad zu warten*, Fischer Taschenbuch Verlag: Frankfurt am Main 1995.

Reinders, Hans, *Receiving the Gift of Friendship. Profound Disability, Theological Anthropology and Ethics*, Eerdmans Publishing: Grand Rapids 2008.

Röhrig, Dorothee, *Aus und vorbei! Woran Frauenfreundschaften zerbrechen und wie wir daran wachsen*, Kailash: München 2019.

Salathé, Tamara Guilia, «Der härteste Nebenjob ihres Lebens», in: https://www.zeit.de/zeit-magazin/leben/2021-09/trauzeugen-hochzeit-junggesellenabschied-freundschaft-planung, zuletzt abgerufen am 24.11.2021.

Schück, Jo, *Nackt im Hotel. Wie Freundschaft der Liebe* den Rang abläuft (*und der Familie)*, dtv Verlagsgesellschaft: München 2020.

Schwab-Jaggi, Regula, *Seelenschwestern. Weil tiefe Freundschaften uns durchs Leben tragen*, SCM R.Brockhaus: Holzgerlingen 2021.

Seitz, Emanuel, *List und Form: Über Klugheit*, Klostermann: Frankfurt am Main 2019.

Sölle, Dorothee, *Fantasie und Gehorsam, Überlegungen zu einer künftigen christlichen Ethik*, Kreuz-Verlag: Stuttgart 1968.

Sommer, Andreas Urs, «Auch du bist ein böser Mensch: über den Unterschied zwischen Gesinnungseuphorie und Haltungsethik», in: https://www.nzz.ch/feuilleton/gesinnung-versus-haltung-sind-wir-alle-boese-ld.1513692), zuletzt abgerufen am 14.12.2021.

Sühling, Esther, «Loslassen – ja. Aber wofür und wohin?», in: «Psychotherapie & Seelsorge», 3.2020, S. 27.

YouGov-Studie, Köln (2018), in: https://yougov.de/news/2018/07/26/deutsche-haben-37-enge-freunde-offene-kommunikatio/, zuletzt abgerufen am 04.12.2021.

Whyte, David, *Consolations. The Solace, Nourishment and Underlying Meaning of Everyday Words*, Many Rivers Press: London 2019.

Whyte, David, *The Three Marriages. Reimagining Work, Self and Relationship*, Riverhead Books: London 2009.

Wilson, Timothy D., *Strangers to Ourselves. Discovering the Adaptive Unconscious*, Harvard University Press: Cambridge 2002.

Zimmermann, Rainer, *Ernst Bloch: Das Prinzip Hoffnung*, De Gruyter: Berlin 2017.

ANMERKUNGEN

Die Literaturangaben im Anmerkungsapparat sind abgekürzt. Du findest die ausführlichen Quellenangaben im Literaturverzeichnis.

1 Buber, *Ich und Du.*

2 Aristoteles in: Seitz, *List und Form: Über Klugheit*, 187.

3 «Freundschaft», bereitgestellt durch das Digitale Wörterbuch der deutschen Sprache, <https://www.dwds.de/wb/Freundschaft>, abgerufen am 04.06.2022.

4 Vgl. Dudeneintrag «frei», online unter: https://www.duden.de/rechtschreibung/frei (abgerufen am 04.06.2022).

5 Vgl. Aristoteles in: Seitz, *List und Form: Über Klugheit*, 186.

6 Ebd. 187.

7 Aelred von Rievaulx, *Über die geistliche Freundschaft.*

8 Montaigne, *Über die Freundschaft.*

9 Carmichael, *Friendship*, 141.

10 Vgl. Cohen, «What if friendship, not marriage, was at the center of life?».

11 C. S. Lewis, *Die vier Arten der Liebe*, 83.

12 Ebd., 79ff.

13 Vgl. Coleman, «Why I didn't marry my best friend».

14 Lewis, *Die vier Arten der Liebe*, 85.

15 Schück, *Nackt im Hotel.*

16 Hartl, *Eden Culture*, 50.

17 Lewis, *Pardon, ich bin Christ*, 152.

18 Die frühsten Christen nannten sich «philoi tou theou» (aus dem Griech.: «Freunde Gottes»), vgl. Meilaender, *Friendship*, 2.

19 Das Buch ist auch auf Deutsch erschienen: Yancey, *Gnade ist nicht nur ein Wort : wie Gottes Güte unser Leben auf den Kopf stellt*, Witten : SCM R. Brockhaus, 2010.

20 Kunz, *Ihr seid meine Freunde!*, 65ff.
21 Von der Autorin aus dem Engl. übersetzt aus: Reinders, *Receiving the Gift of Friendship*, 365.
22 Von der Autorin aus dem Engl. übersetzt aus: Reinders, *Receiving the Gift of Friendship*, 347.
23 Von der Autorin aus dem Engl. übersetzt aus: Montgomery, *Anne of Green Gables*, 155.
24 Von der Aut. aus dem Engl. übersetzt aus: Meilaender, *Friendship*, 60.
25 Quarks Studie (über Instagram, Post 4. August 2020).
26 Im Laufe dieses Buchprojekts habe ich über Instagram regelmäßig Umfragen durchgeführt. In der Regel haben zwischen 150 und 250 Follower teilgenommen.
27 Lewis, *Die vier Arten der Liebe*, 103.
28 Vgl. Schück, *Nackt im Hotel*, 43.
29 Schück, *Nackt im Hotel*, 95.
30 Ebd., 65.
31 Von der Autorin aus dem Engl. übersetzt aus: Whyte, *Consolations*, 56.
32 Honneth, *Anerkennung*, 184 u.192.
33 Der Begriff der «Liebessprachen» lehnt sich hier an Gary Chapmans Buch «Die fünf Sprachen der Liebe» an. Chapman ist ein amerikanischer Beziehungsberater, der neben den «Geschenken, die von Herzen kommen» noch Zärtlichkeit, Lob & Anerkennung, Zweisamkeit/Zeit zu zwei und Hilfsbereitschaft zu den Sprachen der Liebe zählt.
34 1. Petrus 4,8.
35 Prediger 5,9.
36 Sprüche 27,17.
37 In einer Langzeitstudie aus dem Jahr 2020 wurde ein durchschnittliches Wörterpensum von 16.000 ermittelt (der exakte Wert bei Männern lag bei 15.669, bei Frauen bei 16.215). Statistisch fällt nicht so sehr ins Gewicht, wie viel Männer und Frauen reden, sondern worüber. Vgl. Milek, «Reden Frauen mehr als Männer?».
38 Sprüche 25,17.
39 Bonhoeffer, *Gemeinsames Leben*, 85f.
40 Härry, *Die Kunst des reifen Handelns*, 30.
41 Von der Autorin aus dem Engl. übersetzt aus: Benner, *Sacred Companions*, 75.
42 https://zeitzuleben.de/16-wundervolle-zitate-thema-freundschaft/ (Abgerufen am: 10.06.22).

43 Peterson, *Leap Over a Wall*, 54.
44 Benner, *Sacred Companions*, 67.
45 Lewis, *Die vier Arten der Liebe*, 85.
46 Benner, *Sacred Companions*, 41.
47 Kreienbrink, «Und dann kam das Ende».
48 Whyte, *Consolations*, 90.
49 Jakobus 5,16.
50 Von der Autorin aus dem Engl. übersetzt aus: Gopo, *All the colors we will see*, 141.
51 Ich spreche aufgrund der Einfachheit und meiner persönlichen Geschichte von Männern und Frauen. Das Kapitel heißt aber dennoch verallgemeinernd auch «Begehren», weil es hier um Freundschaft zu Personen geht, die man potenziell für eine Partnerschaft begehren könnte.
52 Brown, *Dare to Lead*, 44.
53 Härry, *Die Kunst des reifen Handelns*, 107.
54 Schück, *Nackt im Hotel*, 81.
55 Jacobs, *How To Think*, 125.
56 Ebd., 62f.
57 Sommer, «Auch du bist ein böser Mensch».
58 Härry, *Die Kunst des reifen Handelns*, Kapitel 7: «Menschen lieben, Menschen enttäuschen», 103ff.
59 Härry, *Die Kunst des reifen Handelns*, 110.
60 Lewis, *Die vier Arten der Liebe*, 85f.
61 Ebd.
62 Diese Idee ist eine Mischung aus Inputs, die ich bei Alan Jacobs und Thomas Härry aufgeschnappt habe.
63 Diese Formulierung ist von Brené Brown übernommen.
64 Schück, *Nackt im Hotel*, 91.
65 Salathé, «Der härteste Nebenjob ihres Lebens».
66 Kreienbrink, «Und dann kam das Ende».
67 Kierkegaard, *Der Liebe Tun*, 338.
68 Ebd. 334.
69 Ebd. 337.
70 Ebd. 338.
71 Whyte, *Consolations*, 67.
72 Vgl. Schück, *Nackt im Hotel*, 92.
73 Vgl. Cloud, *Necessary Endings*, 203.

74 Von der Autorin aus dem Engl. übersetzt aus: Cloud, *Necessary Endings*, 210.

75 Pirsig, *Zen und die Kunst ein Motorrad zu warten*, 1995.

76 Grabe, «Vergeben: Von der Kunst des Loslassens unter schwierigen Bedingungen», 35.

77 Sölle, *Fantasie und Gehorsam*, 65.

78 Sühling, «Loslassen – ja. Aber wofür und wohin?», 27.

79 Von der Autorin aus dem Engl. übersetzt aus: Nichols, *All along you were blooming*, 54.

80 Zimmermann, *Ernst Bloch: Das Prinzip Hoffnung*, 11.

81 Lewis, *Die vier Arten der Liebe*, 152–153.

82 Römer 12,18.

83 Lane, *Relationships. A Mess Worth Making*, 98.

84 Liere, «Für immer beste Freunde».

85 Von der Autorin aus dem Engl. übersetzt aus: Whyte, *Consolations*, 57.

86 Bonhoeffer, *Widerstand und Ergebung*, 571.

87 Bernd Wannenwetsch, Notizen zu seinem Vortrag in Eimeldingen, 19.11.2021